Gemütliche Genusstouren

Panoramawege für Senioren Südschwarzwald

35 aussichtsreiche Höhenwanderungen

J. BERG

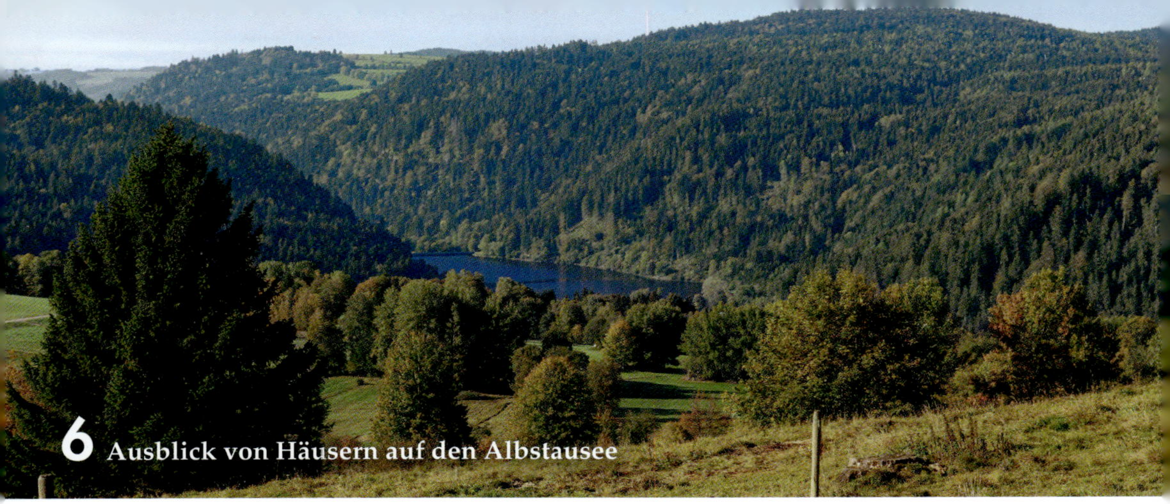

6 Ausblick von Häusern auf den Albstausee

Inhalt

Tourenüberblick 5

Mehr Freude am Wandern. 6

Aussichtsreich durch den Schwarzwald . . 8

Südschwarzwald 16

1 **Gugelturm und Klausenhof**. 18
Aus- und Einsichten bei Herrischried

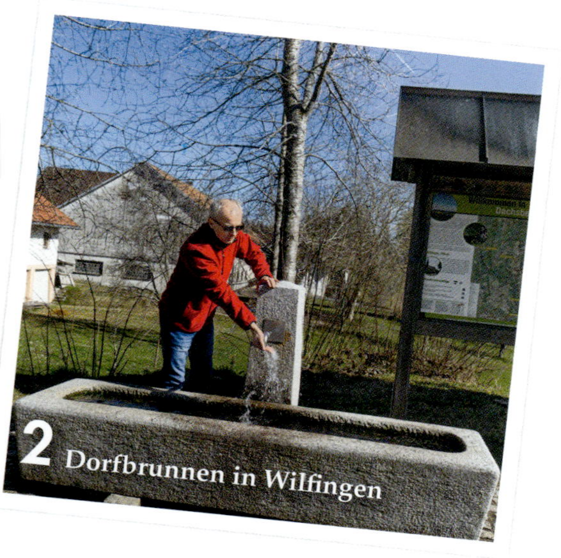
2 Dorfbrunnen in Wilfingen

2 **Loge über der Alb** 22
Spazierrunde der Wilfinger

3 **Logen von Dachsberg** 26
Aussichten bei Hierbach und Wolpadingen

4 **Auf den Gupfen** 30
Balkon über dem Hochrhein

5 **Dorf am Himmel** 34
Zur Marienkapelle von Höchenschwand

6 **Varianten bei der Rotrütte** 38
Auf dem Häuserner Panoramaweg

7 **Einmal Hotzenwald zum Verlieben**. 42
Auf dem Ibacher Panoramaweg

8 **Auf den Hochkopf**. 46
Aufstieg ab dem Weißenbachsattel

Hochschwarzwald 50

9 **Ehrenloge zwischen den Wiesen**. . . 52
Auf den Rümmelesbühl

10 **Rund um den Weiherkopf** 54
Vom Haldenhof zur Kälbelescheuer

11 **Zu Gast beim Gott des Lichts** 58
Belchen und Hohkelch

12 **Um das Haldenköpfle** 62
Einstieg beim Notschrei

13 **Auf den Schauinsland** 66
Kurze Runde ab der Bergstation

14 **Martin-Heidegger-Weg** 70
Aussichtsrunde über Todtnauberg

15 **Hasenhorn und Mauswinkel** 74
Auf den Todtnauer Hausberg

16 **Bernauer Panoramaweg** 78
Von Ankenbühl bis Bernau-Hof

17 **Abgespeckter Geißenpfad** 82
Zwischen Menzenschwand und Klusenwald

18 **Auf der Sonnenseite des Feldbergs** 88
Zur Sankt Wilhelmer Hütte

19 **Der Schluchsee aus der Vogelperspektive** 92
Varianten am Riesenbühl

20 **Auf dem Hirtenpfad** 96
Rund um das Raitenbucher Hochtal

21 **Auf dem Gschind-Rundweg** 100
Ausblicke und Wälder über Lenzkirch

22 **Auf der Sonnenseite vom Hochfirst** 102
Höhenklimaweg von Saig

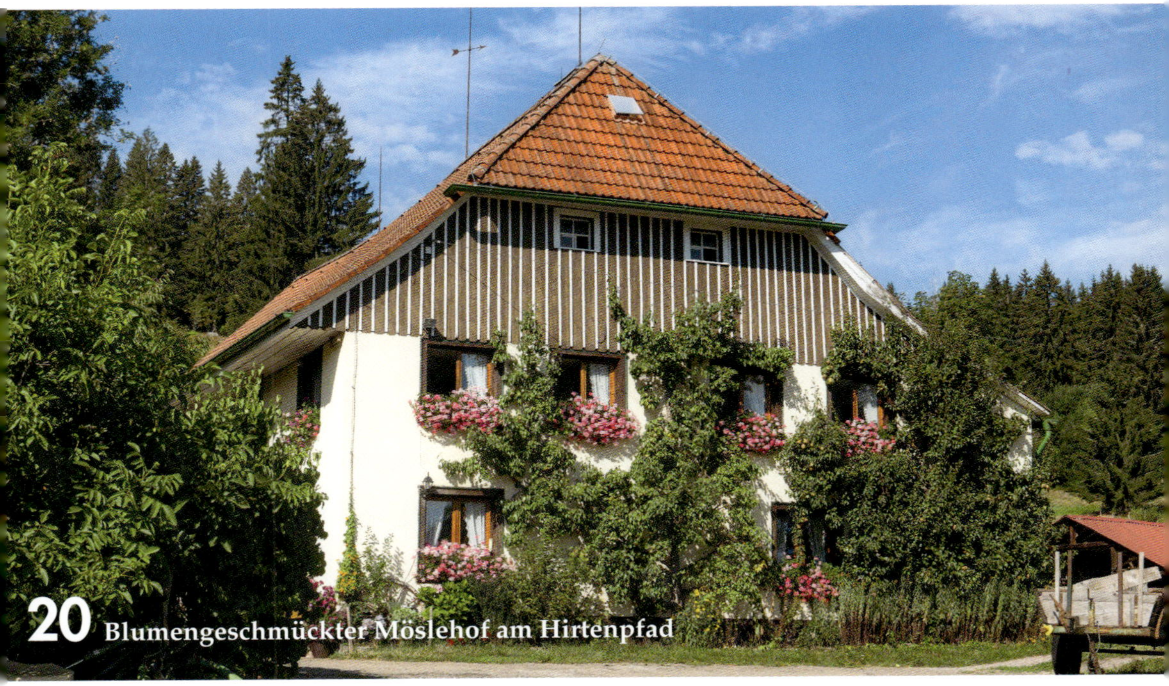

20 Blumengeschmückter Möslehof am Hirtenpfad

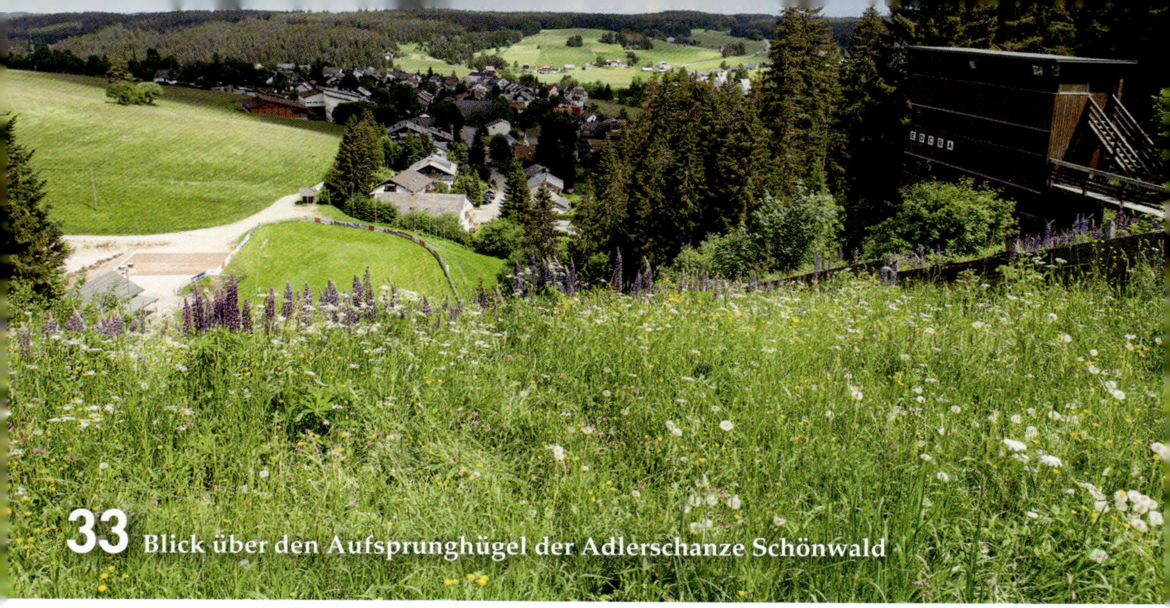

33 Blick über den Aufsprunghügel der Adlerschanze Schönwald

23 **Aussichten zwischen Galgen- und Lindenbuck** 104
Auf dem Panoramaweg von Bonndorf

24 **Aussichtsrunde am Roßberg** 108
Von Breitnau zur Wanderhütte am Fahrenberg

25 **Über den Höchstberg zur Hochebene** 112
Panoramaspazierweg bei Eisenbach

Mittlerer Schwarzwald 114

26 **Vom Kloster zur Wallfahrtskirche** 116
Von St. Peter auf den Lindenberg

27 **Wettstreit der Klöster** 120
Von St. Märgen nach St. Peter

28 **Berg der Kräfte** 124
Auf dem Kandel

29 **Reben unter dem Kandel** 128
Weinwanderung im Glottertal

30 **Edles Gewächs in malerischer Lage** 132
Weinlehrpfad Buchholz

31 **Ruine Hochburg** 136
Von Sexau auf den Hachberg

32 **Martinskapelle und Spechttanne** 140
Auf der Wasserscheide von Donau und Rhein

33 **Oberes Gutachtal** 144
Von Schönwald zum Reinertonishof

34 **Über Kirnach und Breg** 148
Vom Kesselberg zum Breghäusle

35 **Ehrenmal und Triberg-Blick** 150
Panoramastrecke am Kroneck

Zugabe 154

Register 156

Impressum 160

Tourenüberblick

Tour			Hm	km							
1	Gugelturm und Klausenhof	2.30 Std.	250 Hm	7,5 km	•		•		•		•
2	Spazierrunde der Wilfinger	1.30 Std.	100 Hm	4,4 km	•	•		•	•		
3	Hierbach und Wolpadingen	2.30–3 Std.	250 Hm	7 km	•				•		
4	Auf den Gupfen	3 Std.	200 Hm	8,9 km	(•)		•	(•)	•		•
5	Marienkapelle von Höchenschwand	1 Std.	40 Hm	2,5 km	•	•	•	•	•		•
6	Häuserner Panoramaweg	1 Std.	60 Hm	2,8 km	•	•	•	•	•		•
7	Ibacher Panoramaweg	4–5 Std.	350 Hm	11,8 km	(•)		•		•		•
8	Auf den Hochkopf	2 Std.	250 Hm	4,8 km	(•)		•		•	•	•
9	Auf den Rümmelesbühl	1.45 Std.	130 Hm	4,6 km				(•)	•		(•)
10	Rund um den Weiherkopf	2.30 Std.	300 Hm	5,8 km	•					•	•
11	Belchen und Hohkelch	2–2.30 Std.	400 Hm	5,1 km	•	(•)	•	(•)	•		•
12	Um das Haldenköpfle	2.30–3 Std.	150 Hm	7,7 km	•	•	•	•		•	•
13	Auf den Schauinsland	1 Std.	90 Hm	2,3 km	•		•	•	•	•	•
14	Martin-Heidegger-Weg	2.30 Std.	180 Hm	6,2 km	•		•	•	•		(•)
15	Hasenhorn und Mauswinkel	3 Std.	350 Hm	8,3 km	•		•			•	•
16	Bernauer Panoramaweg	3 Std.	280/230 Hm	8,2 km					•		•
17	Abgespeckter Geißenpfad	3 Std.	300 Hm	7,6 km	•		•	•	•		
18	Zur Sankt Wilhelmer Hütte	3 Std.	230 Hm	8,9 km	•	•	•	•	•		•
19	Varianten am Riesenbühl	2.15–2.45 Std.	180 Hm	6,2 km	(•)	(•)	•	(•)		•	•
20	Auf dem Hirtenpfad	2.30–3 Std.	300 Hm	8 km					•		
21	Gschind-Rundweg Lenzkirch	2.30 Std.	200 Hm	7,2 km					•		•
22	Höhenklimaweg von Saig	1.20 Std.	120 Hm	3,6 km	(•)	•			•		•
23	Panoramaweg von Bonndorf	2.30–3 Std.	120 Hm	7,2 km	(•)		•	(•)	•		•
24	Aussichtsrunde am Roßberg	2 Std.	160 Hm	5,8 km	•		•		•		•
25	Über den Höchstberg	1.45 Std.	100 Hm	5 km	•	•	•	•	•		•
26	Von St. Peter auf den Lindenberg	2.30 Std.	220 Hm	6,8 km	•	(•)	•	(•)	•		•
27	Von St. Märgen nach St. Peter	3.30 Std.	210/375 Hm	9,3 km	•		•		•		•
28	Auf dem Kandel	2.30 Std.	250 Hm	6,6 km	(•)		•			•	•
29	Weinwanderung im Glottertal	2.30–3 Std.	300 Hm	7 km	•		•	•	•		•
30	Weinlehrpfad Buchholz	1.45 Std.	80 Hm	5,2 km	(•)	•	•	•	•		•
31	Ruine Hochburg	2.30–3 Std.	150 Hm	6,4 km	•	•	•	•	•	•	•
32	Martinskapelle und Spechttanne	2.30 Std.	100 Hm	7 km	•	•	•	(•)		•	
33	Von Schönwald zum Reinertonishof	3 Std.	250 Hm	7,5 km	•	(•)	•		•		•
34	Vom Kesselberg zum Breghäusle	2 Std.	130 Hm	7 km	(•)	•		•	•	•	•
35	Ehrenmal und Triberg-Blick	3 Std.	250 Hm	7,6 km			•		•	•	•

Mehr Freude am Wandern

Die *Panoramawege für Senioren im Südschwarzwald* sind unser zweiter Schwarzwald-Wanderführer für die erfahrene Generation. Auch hier liegt der Fokus auf Wanderwegen mit geringen Steigungen und möglichst frei von Wurzeln. Bei der Recherche nach geeigneten Strecken und dem Gespräch mit anderen Wanderern wurde jedoch auch vermehrt der Wunsch geäußert, dass es schon ein bisschen mehr sein darf.

Einige Touren sind wieder komplett barrierefrei. Dazu zählen der Spazierweg zur Marienkapelle von Höchenschwand, der Höhenklimaweg von Saig sowie auch die Wanderung zur Sankt Wilhelmer Hütte am Feldberg. Daneben finden Sie aber auch Wanderungen, die auf kürzeren Abschnitten felsige oder von Wurzeln überzogene Pfade beinhalten. Diese Touren führen zu Zielen, die besonders bei älteren Wanderern beliebt sind – so etwa der Gugelturm bei Herrischried und der Hirtenpfad –, oder nutzen Wege und Pfade abseits der großen Touristenströme. An diesen Wanderungen werden insbesondere »rüstige Senioren« ihre Freude haben, die auch so manch jüngeren Wanderer hinter sich lassen.

Insgesamt sind die Anforderungen der *Panoramawege für Senioren* damit eine halbe bis ganze Stufe höher als bei den *Wanderungen für Senioren*. Doch auch hier warten ausgedehnte Spaziergänge und Halbtageswanderungen, die reichlich Zeit für Pausen und das Genießen der Landschaft lassen. Wir haben hier die Wahl: Selbstversorger kommen auf den einzelnen Strecken zu einigen Aussichtspunkten, bei denen man gerne verweilt. Wer lieber mit leichtem Rucksack unterwegs ist, findet mit den Berghütten und Höhengasthäusern Gelegenheiten für eine aussichtsreiche Einkehr.

Wir wünschen Ihnen viel Freude am Wandern

Ihre Annette und Lars Freudenthal

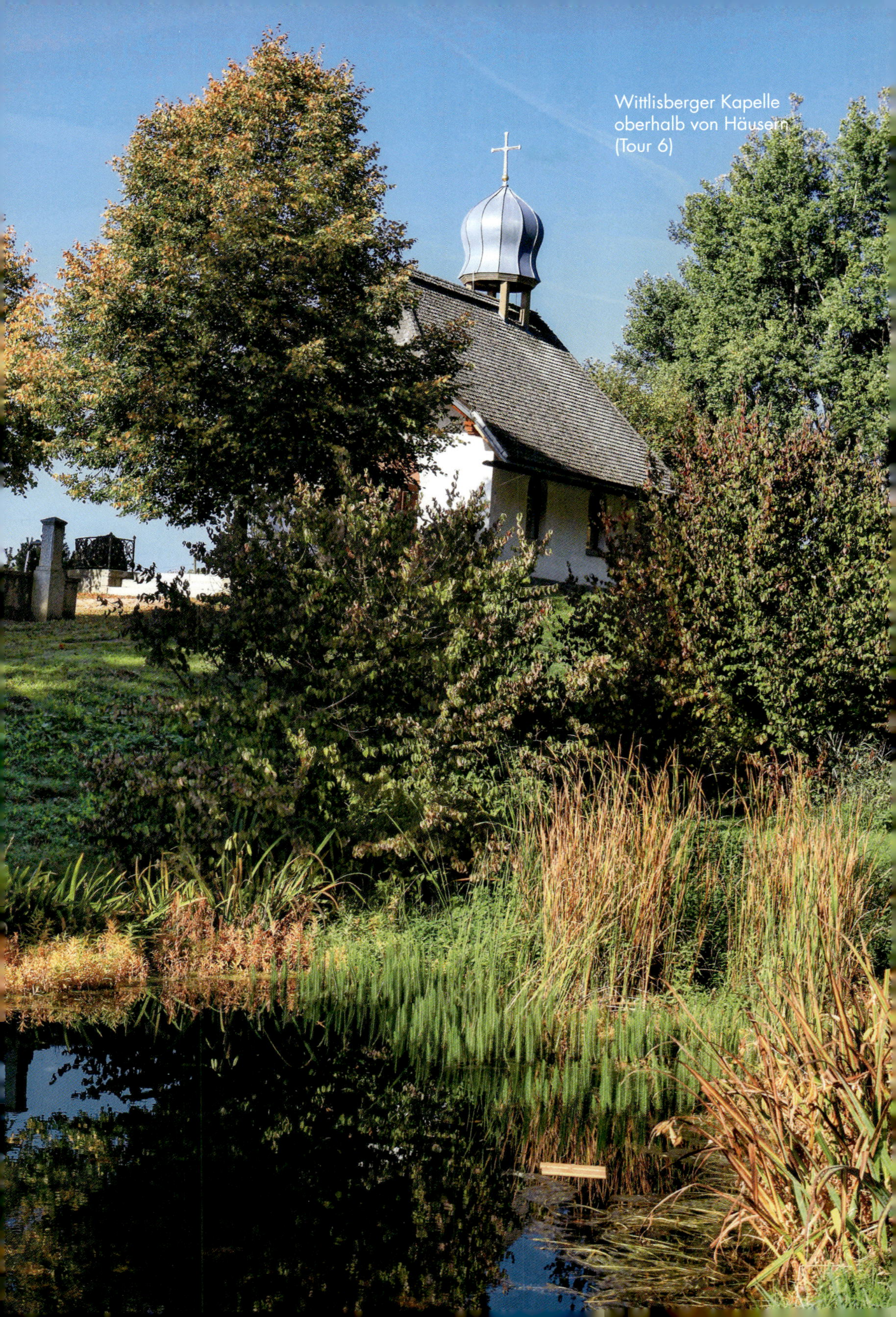

Wittlisberger Kapelle
oberhalb von Häusern
(Tour 6)

Aussichtsreich durch den Schwarzwald

Im Süd- und Hochschwarzwald finden wir reichlich schöne Aussichtsplätze und Felskanzeln. Dabei denken wir zuvorderst an den Belchen und das Feldbergmassiv. Beeindruckende Panoramen und Aussichten finden wir jedoch auch im Süden, wo der Schwarzwald in mehreren Stufen steil zum Hochrhein hin abfällt. So eröffnen sich uns in Höchenschwand – dem Dorf am Himmel – sowie in den Gemeinden Dachsberg und Ibach herrliche Fernsichten über das Rheintal hinweg zu den schneebedeckten Alpen. Genauso werden wir auf dem Panoramaweg von Bernau oder dem Aussichtsturm auf dem Hochkopf mit reizvollen Ausblicken über die Hochtäler reich verwöhnt. Zuletzt eröffnen uns selbst die Hügel am Westrand des Schwarzwalds weitreichende Blicke zum Kaiserstuhl sowie über die Oberrheinebene bis zum Jura und den Vogesen.

Einfacher Höhenweg bei Wilfingen (Tour 2)

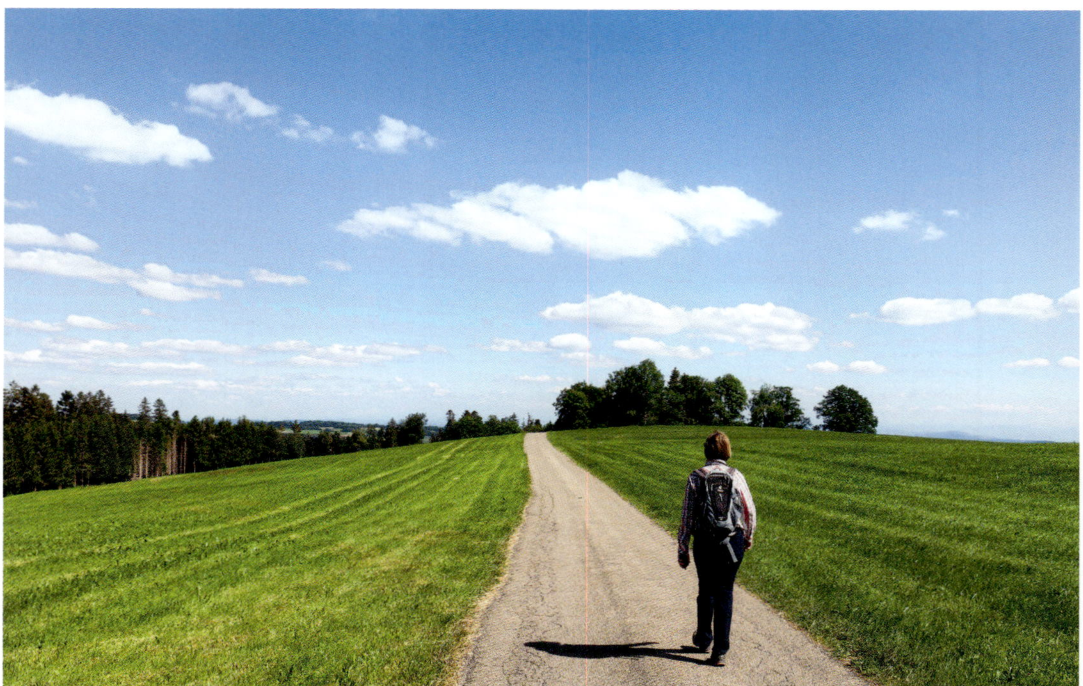

Hoch hinaus geht es schließlich mit der Belchenbahn. Mit ihr ist es sowohl betagten Naturfreunden als auch Familien mit kleinen Kindern ein Leichtes, einen der vier Schwarzwaldberge oberhalb der 1400-Meter-Marke zu erleben. Auf dem kurzen Gipfelrundweg sowie auch an vielen anderen Orten vermitteln uns Infotafeln Einblicke in die Geschichte und Entwicklung der Umgebung. Zusammen mit den Panoramatafeln wird der Schwarzwald mitsamt den Fernsichten zu den umliegenden Gebirgen greifbar, wir finden uns zusehends besser zurecht und bemerken auch die kleinen Dinge am Wegrand. Bei der Bewegung in der Natur und auf den Hochlagen gewinnen wir Abstand zum Alltag und bekommen den Kopf frei. Zuletzt wird eines immer wieder deutlich: Wer wandert, begegnet netten Menschen.

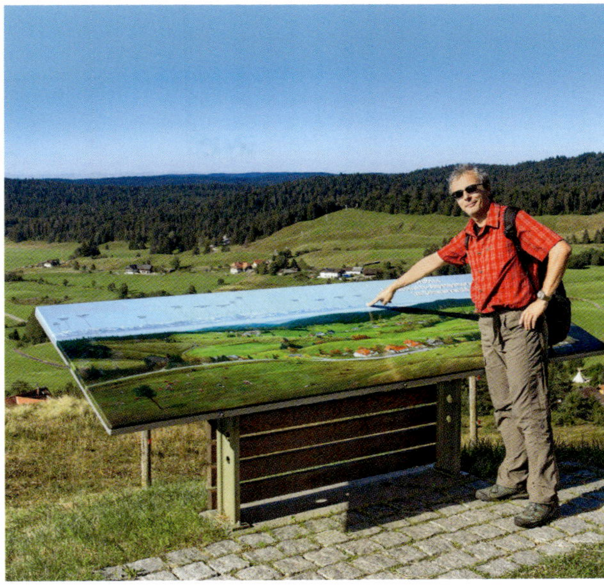

Panoramatafel am Ibacher Panoramaweg (Tour 7)

Gut gerüstet besser ans Ziel

Mit den »Panoramawegen für Senioren« bewegen wir uns überwiegend auf leicht und bequem zu laufenden Wegen. Die geringen Anforderungen der Touren verleiten dazu, zu Halbschuhen oder Turnschuhen zu greifen. Tatsächlich aber knicken auf den vermeintlich einfachen Wegen weit öfter Wanderer um, als man vermutet. Zudem wirken sich im ersten Moment bequeme, aber billige Freizeitschlappen negativ auf die Fußgesundheit aus. Wanderstöcke hingegen begünstigen eine aufrechte Körperhaltung und schonen die Gelenke. Vor allem aber helfen sie in unachtsamen Momenten, Stürze zu vermeiden. Wer einen Rollstuhlfahrer begleitet, der beim Schieben nicht großartig mithelfen kann, sollte aufgrund der höheren Kraftanstrengung möglichst leichte und atmungsaktive Funktionswäsche tragen. Dadurch bleiben

Wanderhemden auch an warmen Sommertagen länger trocken und man hat ein deutlich besseres Gefühl auf der Haut. Wer sitzt, benötigt hingegen wärmere Kleidung.

Verantwortung und Selbsteinschätzung

Alle in diesem Wanderführer beschriebenen Wanderungen orientieren sich an dem gemeinsamen Wegekonzept des Schwarzwaldvereins und des Naturparks Südschwarzwald, ergänzt durch wenige örtliche Beschilderungen. So führen uns die Wegweiser und Markierungen mit verschiedenen Rauten, Farben und Symbolen sicher von A nach B und wieder zurück zum Ausgangspunkt. Umgekehrt sind aufgelassene Wege oder nur schlecht begehbare Trampelpfade ein sicheres Indiz dafür, dass man einen Abzweig verpasst hat. Wenn sich der nächste, gut begehbare Weg nicht zufällig in Sichtweite befindet oder klar ist, wie man wieder auf den rechten Weg findet, ist es oft besser, auf sein Bauchgefühl zu hören und zur letzten Wegkreuzung zurückzukehren. Nachdem wir jetzt schon seit einigen Jahren im Schwarzwald unterwegs sind, wissen wir, dass sich Beschilderungen und Wegführungen von Zeit zu Zeit ändern. So können neu angelegte Themenwege oder Wandersteige mit eigener Kennzeichnung sogar die Farben der zuvor angebrachten Rauten beeinflussen. In so einem Fall ist es meist besser, der neuen Wegmarkierung zu folgen, da sie einen sicher ans Ziel oder zurück zum Ausgangspunkt bringt.

Interessante Internetadressen

www.naturpark-suedschwarzwald.de

Umfassende Informationen zu den Aufgaben und Besonderheiten des größten Naturparks in Deutschland

www.schwarzwaldverein.de

Gemeinsamer Auftritt der Ortsgruppen des Schwarzwaldvereins

www.schwarzwald-tourismus.info

Offizielle Seite der Schwarzwald Tourismus GmbH mit Tipps und Infos zu über 250 Ferienorten

www.wanderfuehrer-schwarzwald.de

Unsere eigene Seite mit unseren bisher erschienenen Wanderführern über den Schwarzwald sowie auch über die Schwäbische Alb, das Allgäu und das Elsass mit den Vogesen. Wer entspannter mit dem Outdoor-Navi unterwegs ist, findet hier außerdem GPS-Dateien zum Download.

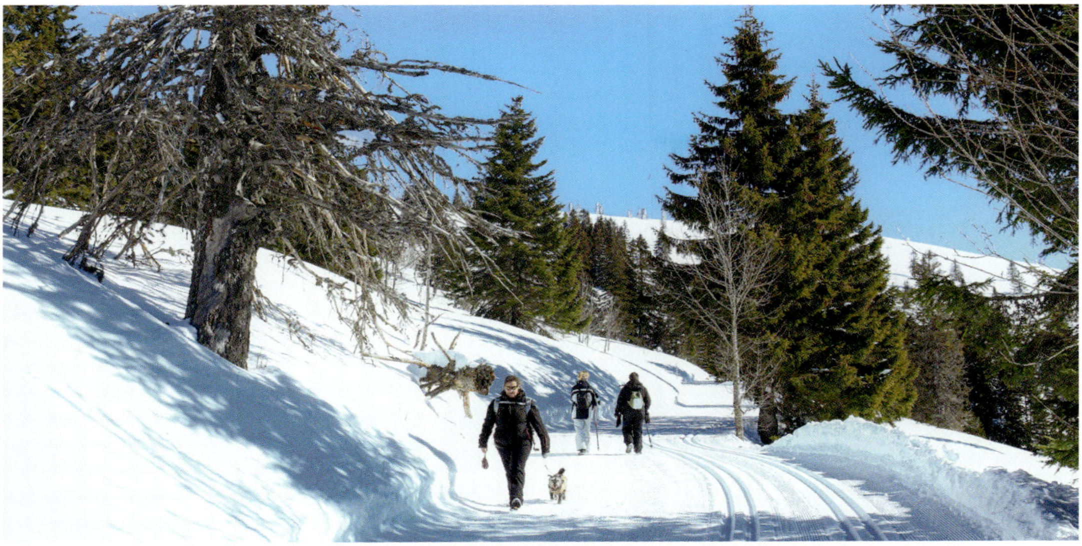

Im Winter wird der Weg zur Todtnauer Hütte für Langläufer und Spaziergänger präpariert (Tour 18).

Ein Ziel der *Panoramawege für Senioren im Südschwarzwald* ist es, am Ende der einzelnen Touren zufrieden auf die vergangenen Stunden und das Geleistete zurückzublicken. Dies gelingt am besten, wenn man sich – und seine Begleiter – richtig einschätzt. Wer im hohen Alter oder nach einer längeren Pause wieder mit dem Wandern anfängt, sollte die etwas längeren Touren wie den Ibacher Panoramaweg (Tour 7), den Abstecher vom Belchen zum Hohkelch (Tour 11) oder die Runde auf den Gupfen (Tour 4) erst dann in Angriff nehmen, wenn eine gewisse Grundkondition und Sicherheit im Gelände aufgebaut ist. Ebenfalls hilfreich ist es, die Entwicklung von Regenwolken im Internet, etwa auf www.meteoblue.com oder www.niederschlagsradar.de, zu beobachten. Im Zweifelsfall sollte man sich auch nicht davor scheuen, eine Tour abzubrechen bzw. nach dem Unwetter fortzusetzen.

Wandern im Winter

Wenn wir uns an unsere eigene Kindheit und Jugend erinnern, so war es damals durchaus gut möglich, im Winter Ski zu fahren. Selbst viele Orte der mittleren Lagen besaßen einen kleinen Schlepplift sowie auch passable Langlauf-

Unsere Favoriten

Auf den Rümmelesbühl, Tour 8
Um das Haldenköpfle, Tour 12
Hasenhorn und Mauswinkel, Tour 15
Weinwanderung im Glottertal, Tour 29
Zur Ruine Hochburg, Tour 31

loipen. In den letzten drei Jahrzehnten nahm die Anzahl an Tagen mit einer ausreichenden Schneedecke jedoch kontinuierlich ab, verschwanden etliche Lifte und hat so manch ein Spurgerät ausgedient. Selbst bei den höher gelegenen traditionellen Wintersportorten fällt immer wieder eine komplette Saison wortwörtlich ins Wasser. Es ist davon auszugehen, dass sich diese Entwicklung fortsetzen wird und sich die Ferienorte zunehmend umorientieren müssen. Deshalb sind in diesem Wanderführer einige Touren enthalten, die das ganze Jahr über möglich sind. Dazu zählen die Spazierrunde der Wilfinger (Tour 2), der Weinlehrpfad bei Buchholz (Tour 30) sowie auch die Touren im Glottertal (Tour 29) und zur Emmendinger Ruine Hochburg (Tour 31). Andere Strecken wie der Panoramaweg von Häusern (Tour 6), der Spazierweg von Höchst auf die Hochebene (Tour 25) oder der Weg zur Todtnauer Hütte und Sankt Wilhelmer Hütte (Tour 18) werden bei Schnee als Winterwanderweg unterhalten. Da keine der Touren länger als vier Stunden dauert, sind die Tage selbst Ende Dezem-

Am Hochschwarzwälder Hirtenpfad laden einige Bänke und Liegen zum Landschaftgenießen ein (Tour 20).

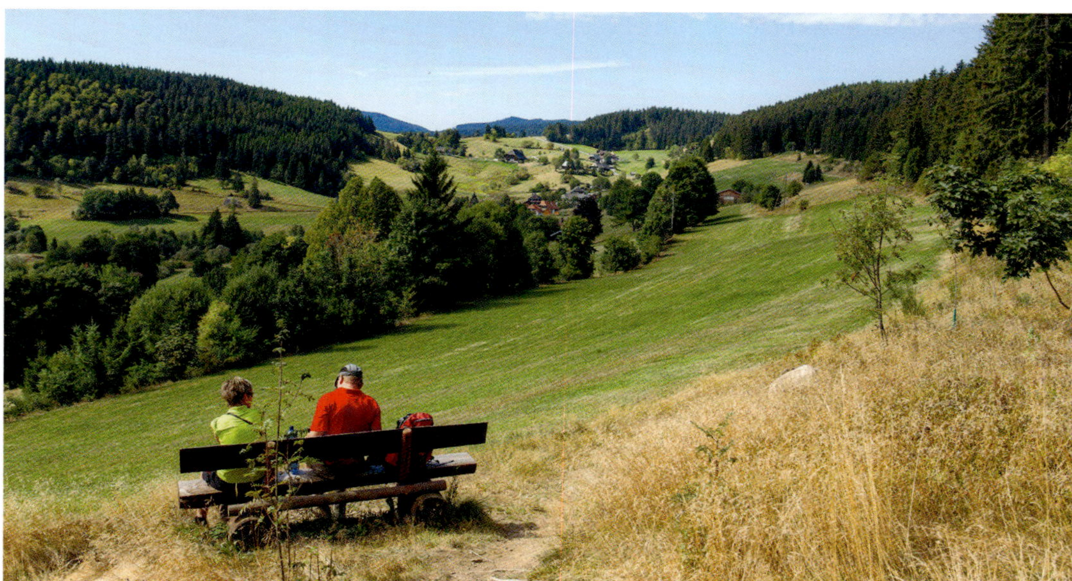

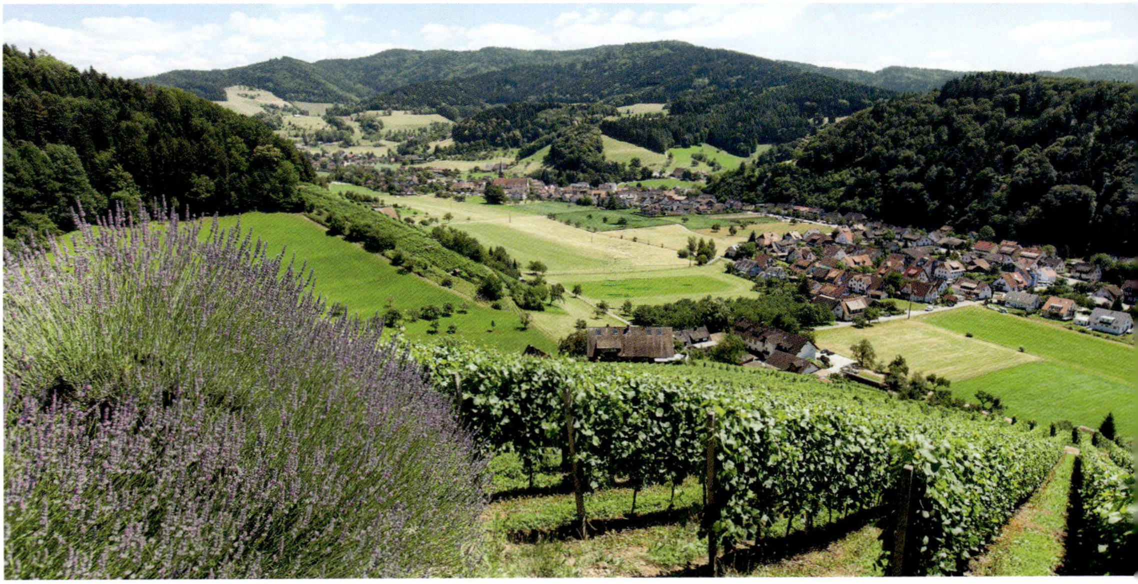

Malerische Aussicht über das Glottertal (Tour 29)

ber lang genug, um vor dem Sonnenuntergang wieder am Ausgangspunkt anzukommen. Einzige Ausnahme bildet hier der Ibacher Panoramaweg (Tour 7), und auch dieser lässt sich in der kurzen Variante gut an einem halben Tag erleben. Aktiven Wanderern bietet das Buch damit einige Ideen, um sich auch in der kühlen Jahreszeit fit zu halten, ehe sie wieder längere Strecken in Angriff nehmen.

Pause mit Genuss

Zu einer schönen Wanderung gehört natürlich auch eine Einkehr oder eine längere Rast. Unsere Wanderungen führen deshalb zu zahlreichen herrlich gelegenen Plätzen. Zudem kommen wir bei einigen Touren an einer oder mehreren Wirtschaften vorbei, sodass man sich mit Gleichgesinnten austauschen und beiläufig die *Panoramawege für Senioren im Südschwarzwald* weiterempfehlen kann.

Bei den Touren ohne Wirtschaft sowie auch unter der Woche, wenn viele Gaststätten und Ausflugslokale geschlossen sind, decken wir uns morgens bei einer Bäckerei ein oder plündern die heimische Vorratskammer. In dem Fall

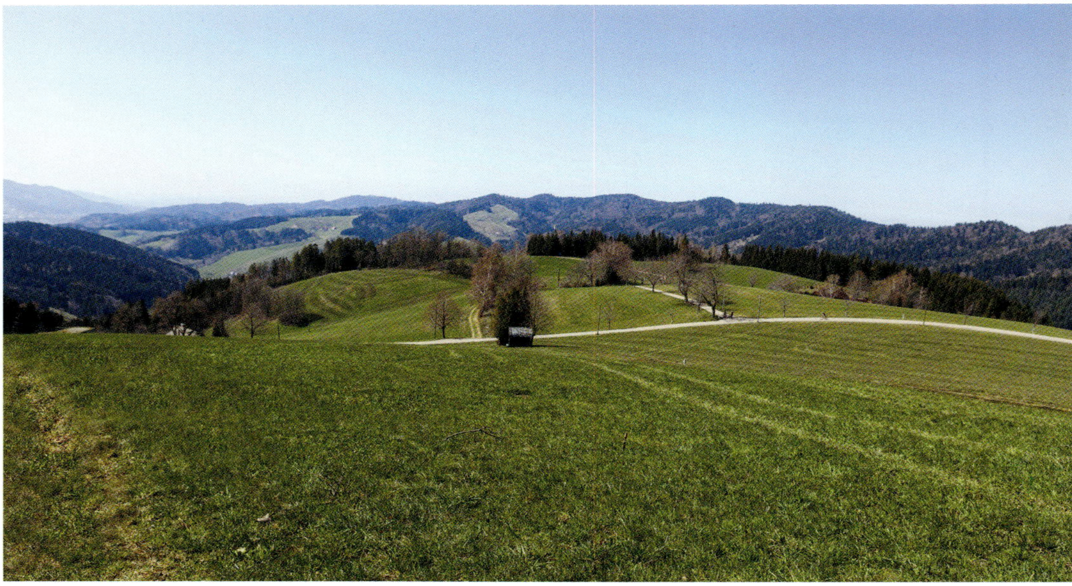

Sanfte Kuppen und Höhenzüge prägen die Landschaft bei St. Peter (Tour 26).

können wir uns auf selbst belegte Brote und Kuchen, vielleicht auch Knabbereien freuen, die genau unserem Geschmack entsprechen.

Anfahrt

Viele Wanderziele sind im Schwarzwald mit öffentlichen Verkehrsmitteln zu erreichen. Mit der KONUS-Gästekarte (**Ko**stenlose **Nu**tzung des ÖPNV im **S**chwarzwald) haben Sie freie Fahrt in allen neun Verkehrsverbünden der Ferienregion. Wer mit dem Auto anreist und ein Navi nutzt, kann die im Infokasten der einzelnen Touren angegebenen GPS-Koordinaten eingeben. Diese führen ihn punktgenau zum Ausgangspunkt der Wanderung bzw. zur nächstgelegenen Parkmöglichkeit.

Gehzeiten und Höhenangaben

Die genannten Zeiten beziehen sich auf die reine Gehzeit. Weil es bei vielen der Touren einiges zu entdecken gibt, beinhaltet diese auch die Zeit, in denen man sich umsieht und die Landschaft auf sich wirken lässt. Entsprechend der Zielgruppe haben wir das Durchschnittstempo mit etwa 2,8 km/h vergleichsweise niedrig gewählt. Pausen oder gar eine längere Einkehr sind in den angegebenen Zeiten jedoch nicht enthalten. Rechnen Sie bitte auch etwas Zeit für unvorhergesehene Änderungen ein, sodass Sie auch bei zusätzlichen Abstechern, bei kürzerem Verlaufen oder einem gesperrten Weg (z.B. aufgrund von Forst- oder Holzfällarbeiten) noch rechtzeitig zurück am Ausgangspunkt sind. Die Höhenangaben beinhalten die tatsächlich zu leistenden Höhenmeter. Lediglich kleine Kuppen und Senken mit nur geringem Höhenunterschied blieben unberücksichtigt. So stehen Sie nicht plötzlich vor einem großen Zwischenanstieg, der nirgends erwähnt wird. Wer mit dem Rollstuhl auf einem der barrierefreien Wege unterwegs ist, sollte möglichst schon vorher austesten, wo seine Grenzen sind. So macht eine Tour mit 200 Höhenmetern natürlich nur dann Sinn, wenn man diese 200 Höhenmeter auch schafft. Hilfreich können hier elektrische Zughilfen sein. Anders herum sind verschiedene Touren auch mit dem E-Bike möglich, womit wir zum Beispiel leicht und locker zur Sankt Wilhelmer Hütte (Tour 18) oder zum Breghäusle (Tour 34) radeln können.

Schwierigkeitsgrade

- **Leicht:** eher kurze Spaziergänge und Wanderungen, die keine oder kaum Trittsicherheit erfordern und nur wenige Steigungen beinhalten
- **Mittel:** Touren mit längeren Auf- und Abstiegen, die eine gewisse Kondition und zumindest etwas Trittsicherheit erfordern
- **Schwer:** Diese Touren richten sich an unsere »rüstigen Senioren«. Auf schmalen Pfaden stehen auch felsige sowie mit Wurzeln überzogene Abschnitte an. Eine gute Kondition am Berg ist von Vorteil. Die Touren dieser Kategorie lassen sich durch Varianten entschärfen bzw. abkürzen.

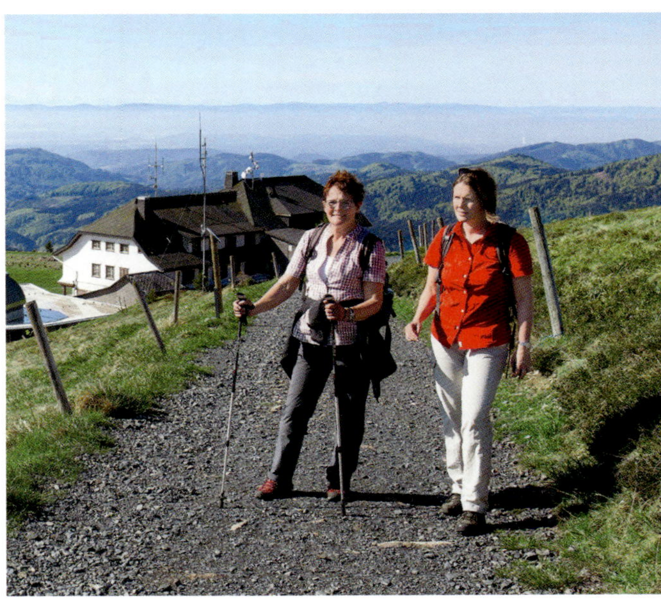

Auf dem Gipfelrundweg des Belchen (Tour 11)

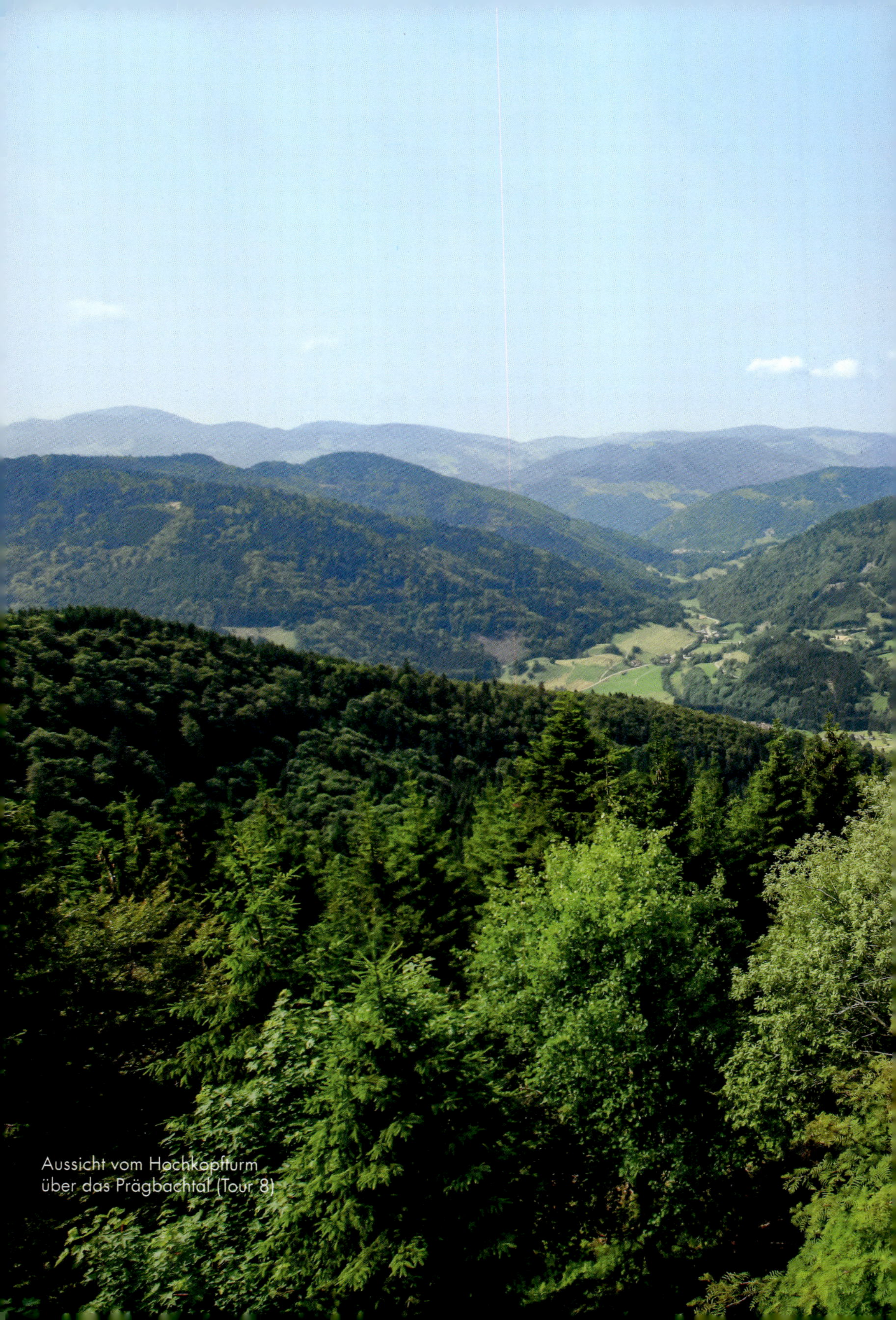

Aussicht vom Hochkopfturm
über das Prägbachtal (Tour 8)

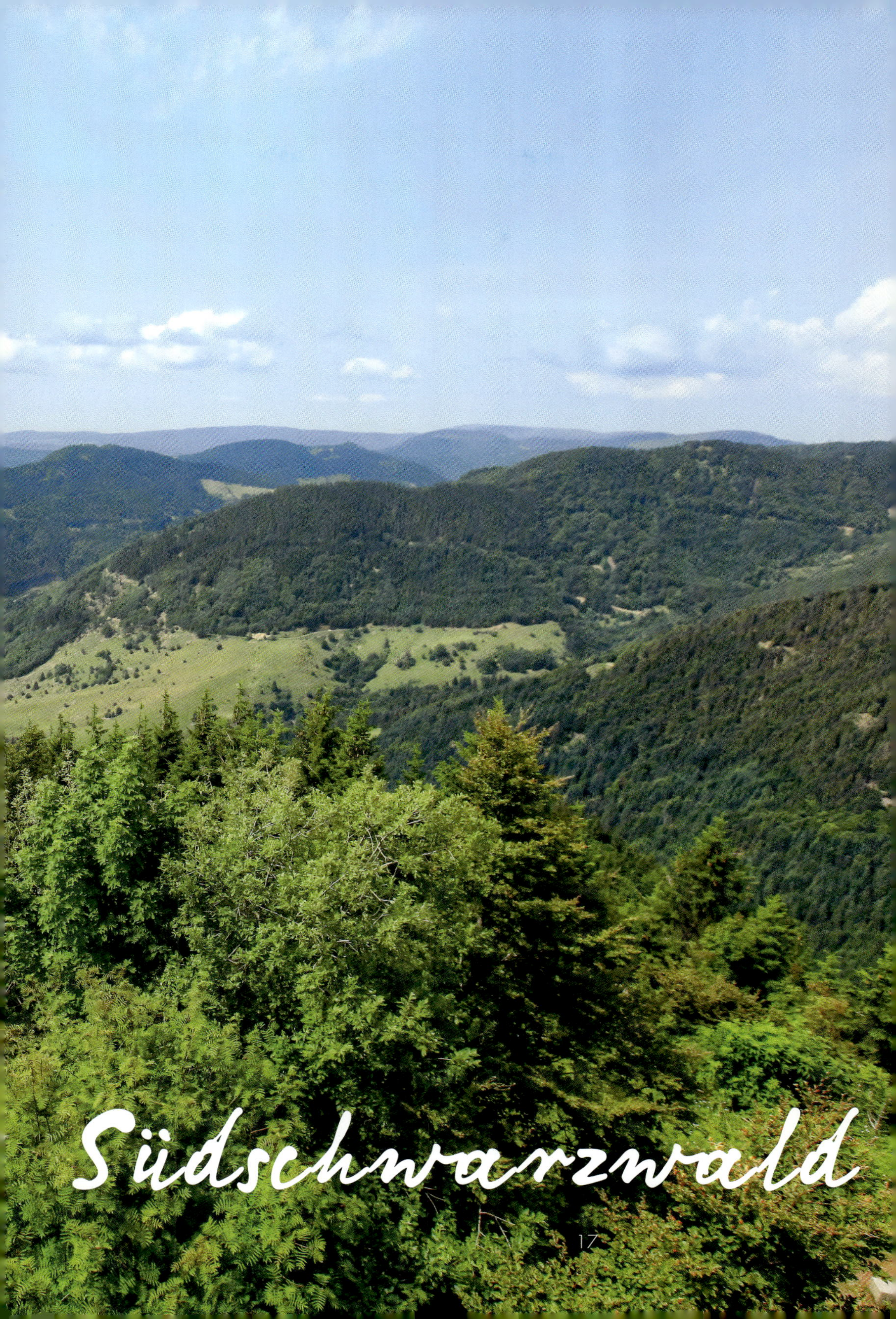

Südschwarzwald

1 Gugelturm und Klausenhof

Aus- und Einsichten bei Herrischried

- mittel
- 2.30 Std.
- 250 Hm
- 7,5 km

Unser erster Panoramaweg eröffnet traumhafte Fernblicke über den Jurapark zu den Alpen. Besonders eindrücklich wird dies auf dem Gugelturm. Im zweiten Teil der Runde bildet das Freilichtmuseum Klausenhof ein beliebtes Ausflugsziel.

Start in Herrischried Los geht es beim Parkplatz in der **Ortsmitte von Herrischried**, direkt an der Hauptstraße des Ferien- und Wintersportorts. Nach der ersten Orientierung laufen wir entlang der Hauptstraße am **Gasthaus zum Ochsen** vorbei und biegen rechts in die Hasengasse ein. Auf dem ersten Abschnitt der Wanderung orientieren wir uns an der schwarz-weißen Raute des Hotzenwald-Querwegs immer Richtung Gugelturm. Schon auf dem Weg vom Ortsrand zum Riesenbühl öffnet sich die Sicht

Wie eine Perlenkette reihen sich die Alpengipfel im Süden aneinander.

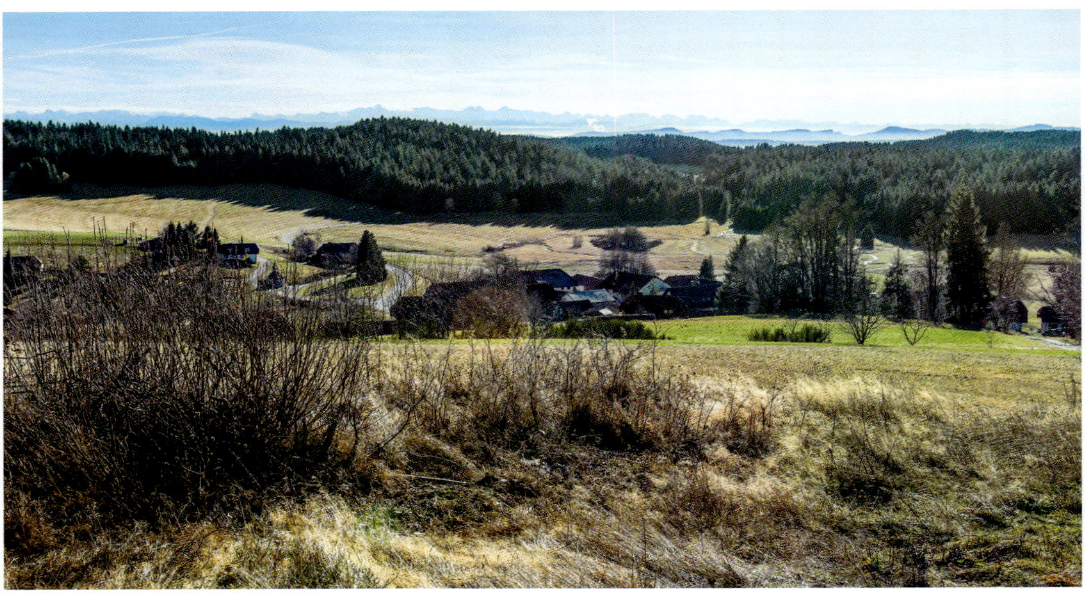

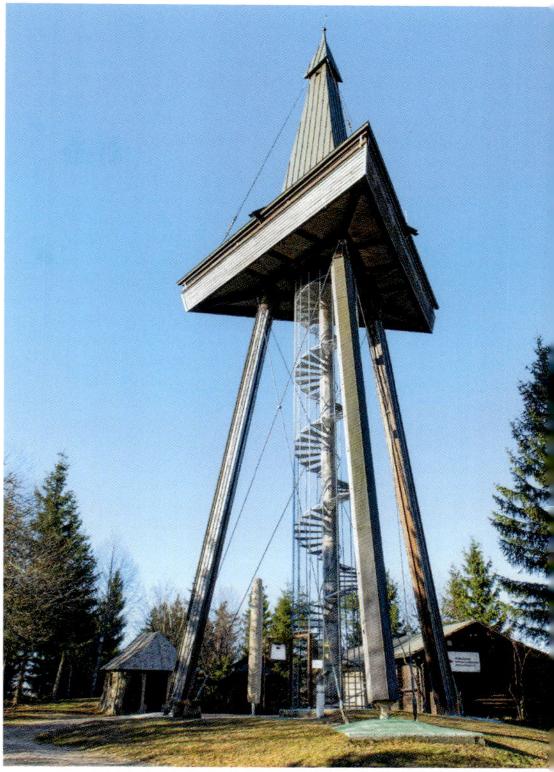

nach Süden über das Hochrheintal und den Jurapark zur Alpenkette. Mit diesem ersten schönen Eindruck zweigen wir beim Wegweiser **Riesenbühl** links auf den Pfad ab und durchqueren einen Waldstreifen.

Oberlauf der Murg Sobald wir nach gut 300 Metern den Wald wieder verlassen, kreuzen wir das Bächle Eschbrunn und orientieren uns beim Wegweiser **Giersbach-Singele** rechts. In diesem Bereich wird die Landschaft um uns herum von der Murg geprägt. Weil der Oberlauf des Wildbachs glazial überformt ist, schlängelt er sich hier oben durch Feuchtwiesen und moorige Flächen. Erst in den tieferen Lagen wird die Murg an Fahrt aufnehmen. Nachdem wir den Bach überquert haben, halten wir uns bei den ersten Häusern von Giersbach rechts und treffen auf die Landstraße. Dieser folgen wir nach Süden an der Bushaltestelle vorbei, biegen dann links ab und folgen der Beschilderung erst über offene Flächen, dann bergan durch den Wald bis hoch zum **Gugelturm**.

Der Gugelturm

Der »Neue Hotz« auf dem Gugel Die filigrane Konstruktion ist der zweite Turm, der auf dem Gugel errichtet wurde. Der Vorgängerbau befand sich auf der Anhöhe oberhalb der 1881 errichteten und erhaltenen Kapelle. Der auch als »Neue Hotz« bekannte zweite Aussichtsturm entstand zwischen 1971 und 1974. Er wurde zunächst auf drei Douglasienstämmen errichtet. Neben zahlreichen Ehrenamtlichen halfen bei dem Projekt auch Pioniere des britischen Militärs und der Bundeswehr mit. Fünf Jahre später wurde der Neubau als »gestalterisch und konstruktiv hervorragend ausgeführtes Holzbauwerk« ausgezeichnet. Allerdings zog bald Feuchtigkeit in die tragenden Stämme ein, bis sie 1992/94 durch Leimbinder ersetzt werden mussten. Direkt neben dem Wahrzeichen des Hotzenwalds lädt bei günstiger

Freilichtmuseum Klausenhof

Das Freilichtmuseum Klausenhof ist Mittwoch, Samstag und Sonntag von 14.30 bis 17.30 Uhr geöffnet. Beim Rundgang können die Wohnbereiche und die Brennerei sowie die Schmiede und der Wagenschopf besichtigt werden. Dem Museum ist außerdem die 1595 erstmals erwähnte Lindauer Säge angegliedert. Weitere Infos zum Museum sind bei der Hotzenwald-Touristinfo erhältlich.

Witterung das Gugelstüble zum Verweilen ein.

Auge, was willst Du mehr? Sowie wir die luftige Wendeltreppe emporgestiegen sind, sehen wir uns einem fantastischen Panorama gegenüber. In der Nähe sind die Hochlagen des Hotzenwalds, das weit unter uns liegende Hochrheintal und der Schweizer Jurapark zu sehen. Bei optimalen Bedingungen sehen wir im Osten bis zum Randen und im Westen bis zu den Vogesen. Im Süden schließlich reihen sich die Gipfel der Schweizer und französischen Alpen wie an einer Perlenkette aneinander. Das Panorama erstreckt sich vom Säntis und den Churfirsten im Osten bis zum Mont Blanc im Westen. Eine Tafel hilft beim Bestimmen der vielen Berge und Gipfel.

Zum Freilichtmuseum Klausenhof Nach dem Turmbesuch folgen wir dem Hotzenwald-Querweg weiter bis zum Wegweiser Gugeln. Dort trennen sich die Wege: Während der Querweg rechts nach Waldshut abbiegt, laufen wir geradeaus weiter und folgen der gelben Raute über »Häsele« nach **Kleinherrischwand**. Dort kreuzen wir ein zweites Mal die Landstraße, eh wir der Beschilderung über Schellenberg sowie an der St.-Wendelin-Kapelle nach Großherrischwand folgen. Dort lohnt sich ein Abstecher zum **Freilichtmuseum Klausenhof**. Der 1424 errichtete Hof zählt zu den ältesten Häusern im Schwarzwald. Zurück auf dem Wanderweg, erfolgt der weitere Rückweg nach Herrischried zunächst westwärts bis zum Wegweiser **Tannenboden**, dann in südlicher Richtung. Auf diesem letzten Abschnitt bewegen wir uns auf dem alten Glasträgerweg und überwinden eine Geländekuppe auf dem **Bühl**. Mit erneut herrlicher Sicht zu den Alpen spazieren wir von dort hinunter zur Straße und entlang dieser zurück zur Ortsmitte von Herrischried.

Wendelinuskapelle in Kleinherrischwand

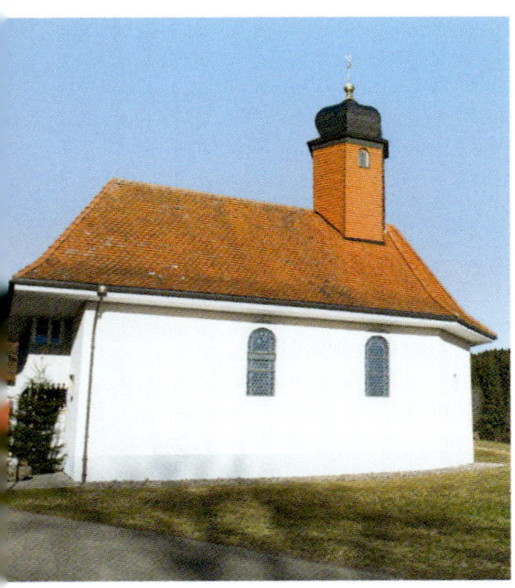

Wichtiges zur Tour

Tourencharakter
Technisch einfache Runde auf landwirtschaftlichen Straßen und Forstwegen, ein 700 m langer Abschnitt verläuft auf der schwach befahrenen Kreisstraße.

Ausgangspunkt/Endpunkt
Ortsmitte Herrischried, 880 m

Höchster Punkt
Gugel, 996 m

Anfahrt
GPS 47.6661, 8.0010
Bus/Bahn: Ab Bad Säckingen und Todtmoos fahren mehrere Buslinien zur Haltestelle Herrischried Rathaus.
Auto: Von der B 34 in Bad Säckingen oder Laufenburg nach Rickenbach abbiegen, anschließend der Beschilderung nach Herrischried folgen. Anfahrt auch ab Wehr, Todtmoos und der B 500 möglich.

Einkehr
Gugelstüble am Gugelturm, Ostern bis Ende Oktober Do, Sa und So ab 10 Uhr geöffnet, www.schwarzwaldverein-herrischried.de

Beste Jahreszeit
April bis Oktober

Karte
Karte des Schwarzwaldvereins 1:25 000, W265 Lörrach

Informationen
Hotzenwald-Touristinfo, Tel. 07764/920041, www.hotzenwald-schwarzwald.de

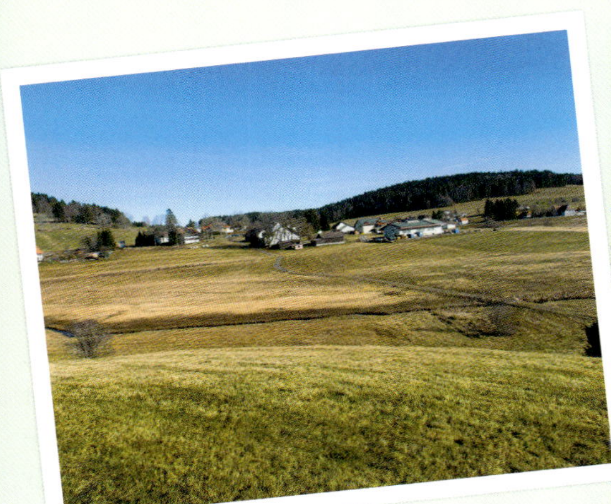

Feuchtwiesen und Anmoore prägen den Oberlauf der Murg.

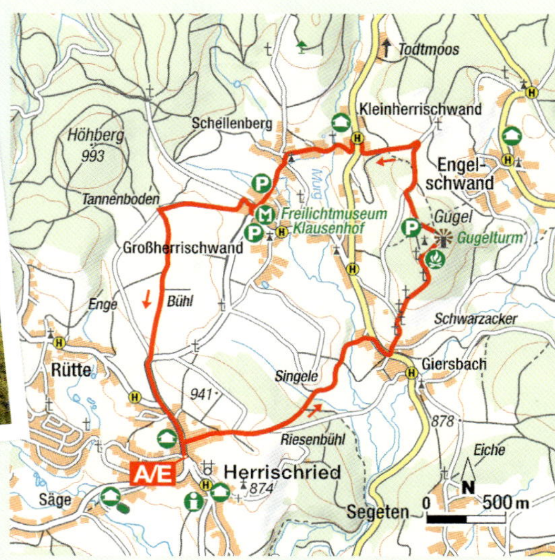

2 Loge über der Alb

Spazierrunde der Wilfinger

leicht

1.30 Std.

100 Hm

4,4 km

Im Süden von Dachsberg fällt das Hochplateau der Gemeinde steil zur Alb und dem Ibach ab. Entsprechend kurvig ist die Anreise über das Albtal nach Wilfingen. Oben angekommen, können wir uns über einen barrierefreien Spaziergang freuen.

Gerettete Kirche Direkt bei unserem Startpunkt lohnt die **Kirche zum Heiligen Pantaleon** einen Besuch. Sie ersetzte Ende des 17. Jahrhunderts die 1497 erstmals erwähnte Kapelle von Wilfingen. Nach dem Neubau der Pfarrkirche im benachbarten Hierbach sollte die Wilfinger Kirche in den 1890er-Jahren abgerissen werden. Grund war damals, dass sich die Gemeindemitglieder die Unterhaltskosten sparen wollten. Dem Protest engagierter Bürger haben wir den Fortbestand der Kirche zu verdanken. Von dem ursprünglichen Geläut musste 1942 eine Glocke für Kriegszwecke abgegeben werden. Nach Kriegsende wurde die verbliebene Glocke durch das heute noch erhaltene Glockenspiel ersetzt. Im Herbst erwartet uns im Innern der Kirche ein festlich geschmückter Erntealtar.

Beim Dorfbrunnen von Wilfingen startet unser Spaziergang.

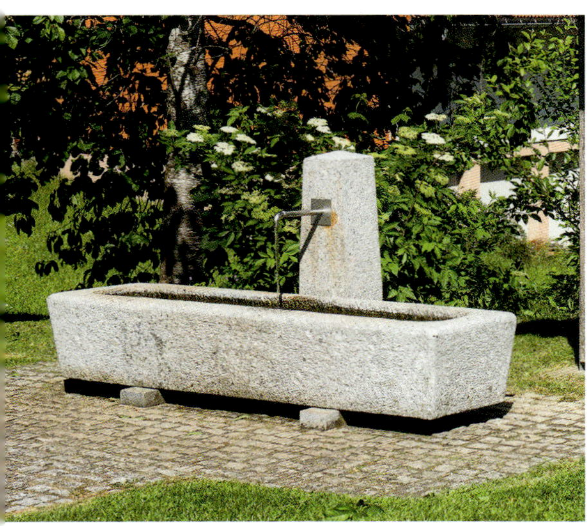

Auftakt mit Alpenpanorama Für die Wanderung laufen wir von unserem Startpunkt **Am Dorfbrunnen** durch die gleichnamige Straße bis zum **Corneliweg**. Dort biegen wir rechts auf den mit gelber Raute markierten Wanderweg ein und verlassen Wilfingen über die gestreckte Linkskurve. Bereits auf diesen ersten Metern öffnet sich im Süden die Sicht zu den Schweizer Alpen.

Am einzeln stehenden Haus vorbei, biegen wir links auf die ebenfalls als Fahrweg asphaltierte **Stellestraße** ab. Wenige Schritte weiter südlich finden wir ein geschickt platziertes Bänkle.

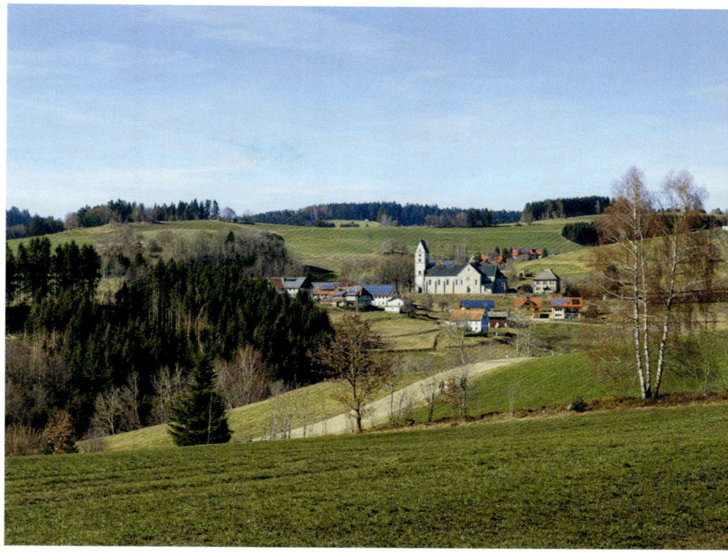

Die Aussicht nach Hierbach wird von der imposanten Pfarrkirche dominiert.

Auf der Stellestraße Weiter in nordwestlicher Richtung erreichen wir bald den Wegweiser **Buchmättle**. Wer sich nur mal sehr kurz die Beine vertreten will, kann dort links zum Bildstock an der Kreisstraße abkürzen. Alle anderen passieren geradeaus das Gehölz und wandern wieder sachte bergab. Der Blick reicht hier nach Nordwesten über offene Felder und Wiesen bis zum Wald jenseits vom Vogelbach. Wenden wir uns nach Osten, sind über das bewaldete Albtal hinweg wenige Häuser von Brunnadern zu erkennen. Wenn wir die nächste Waldinsel erreichen, lädt der Rastplatz beim 2001 angelegten **Cornelibrunnen** zum Verweilen ein. Wir orientieren uns rechts und kreuzen das Waldstück. Erneut mit Sicht bis zu den Alpen nehmen wir die Passage zwischen zwei Wiesen bis zum Waldrand.

Wechselnde Aussichten Dort trennen sich die Wege: Während der mit gelber Raute gekennzeichnete Wanderweg geradeaus hinunter ins Albtal führt, biegen wir mit der Stellestraße links ab. Damit wandern wir nun wieder leicht bergan bis zur **Aussicht Hierbach**. Schön zu sehen ist von der Anhöhe die aus grauem Albtal-Granit erbaute katholische Pfarrkirche. Mit diesem imposanten Eindruck biegen wir erneut links ab und treffen rund 650 Meter weiter auf die K 6529. Die nur schwach befahrene Kreisstraße nach Vogelbach ist mit einer gelben Raute als Wanderweg ausgewiesen. Fußgänger sind hier also keine Seltenheit, sodass wir der Straße guten Gewissens links bis zum **Bild-**

Bärenhof in Dachsberg

Der Hofladen vom Bärenhof bietet Speck, Schinken, Wurst und Fleisch von den hofeigenen Angusrindern sowie Käse, Wein, Nudeln und Marmelade. Öffnungszeiten sind Mi–Fr 16.30–18.30 Uhr sowie Sa 9–14 Uhr. Außerhalb der Öffnungszeiten ist in der RegioBox eine Auswahl an Spezialitäten erhältlich (Tel. 07755/457, www.baerenhof-dachsberg.de).

stock folgen können. Da wir nun wieder in südlicher Richtung laufen, haben wir auch wieder eine schöne Sicht zu den Alpen. Einzig störend ist die Wolkensäule über dem Kernkraftwerk von Leibstadt.

Direkt oder auf bekanntem Weg Bei dem Bildstock haben wir schließlich die Wahl: Wer lieber etwas weiter von der Straße entfernt wandert, gelangt links über den Feldweg zum Buchmättle. In dem Fall erfolgt der weitere Rückweg ab dort auf dem bereits bekannten Hinweg. Laufen wir geradeaus weiter, kommen wir als Nächstes am Sportplatz vorbei, eh wir auf direktem Weg hinunter nach Wilfingen laufen. Etwas unterhalb vom **Hofladen** des Bärenhofs ermöglicht uns die **Pizzeria Teufelsküche**, den Ausflug mit deutschen und italienischen Spezialitäten abzurunden. Benannt ist das Gasthaus übrigens nach einem Strudel, der weiter unten im Bachbett der Alb eine faszinierende Naturschönheit geschaffen hat.

Links unten: Blick über gemähte Bergwiesen nach Wilfingen

Rechts unten: Beim Bildstock bieten sich uns zwei Möglichkeiten für den Rückweg.

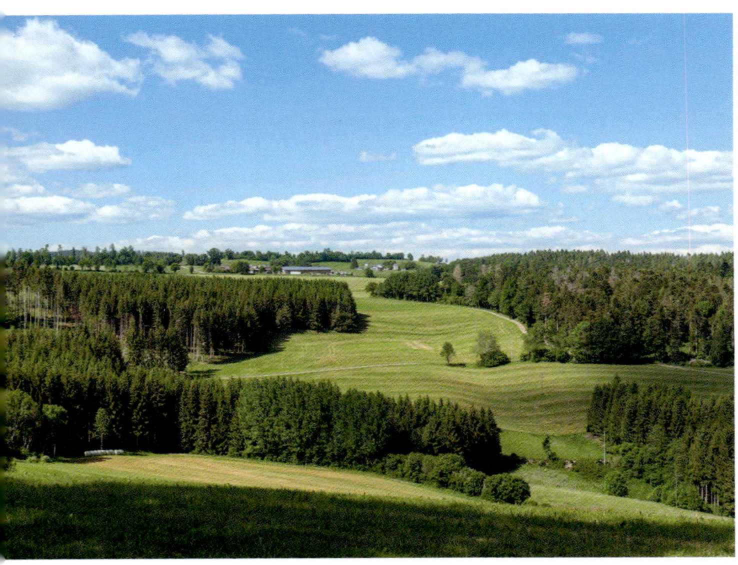

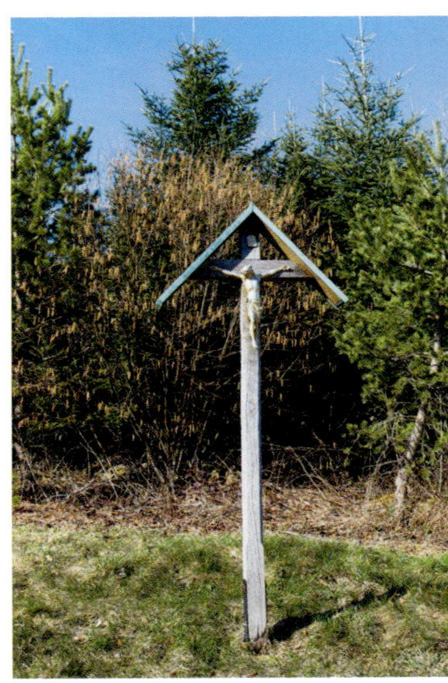

Wichtiges zur Tour

Tourencharakter
Barrierefreie Runde auf asphaltierten Landwirtschaftsstraßen und der nur schwach befahrenen Kreisstraße zwischen Vogelbach und Wilfingen. Bei Buchmättle ist eine Abkürzung möglich.

Ausgangspunkt/Endpunkt
Wilfingen, 763 m

Höchster Punkt
Aussicht Vogelbach, 820 m

Anfahrt
GPS 47.6682, 8.1029
Bus/Bahn: Keine Verbindung
Auto: Die Anfahrt erfolgt über die L 154 Albbruck–St. Blasien. Bei Niedermühle rechts auf die K 6529 abbiegen und der Straße nach Wilfingen folgen. Parkmöglichkeiten befinden sich entlang der Kirchmauer.

Einkehr
Pizzeria Teufelsküche Dachsberg, täglich ab 11 Uhr, Tel. 07755/939 52 25, Möglichkeit zur Selbstversorgung beim Hofladen Bärenhof

Beste Jahreszeit
Außer bei Schnee Ganzjahrestour

Karte
Karte des Schwarzwaldvereins 1:25 000, W266 Waldshut-Tiengen

Informationen
Touristinfo Dachsberg und Ibach, Tel. 07672/99 05 11, www.ferien-suedschwarzwald.de

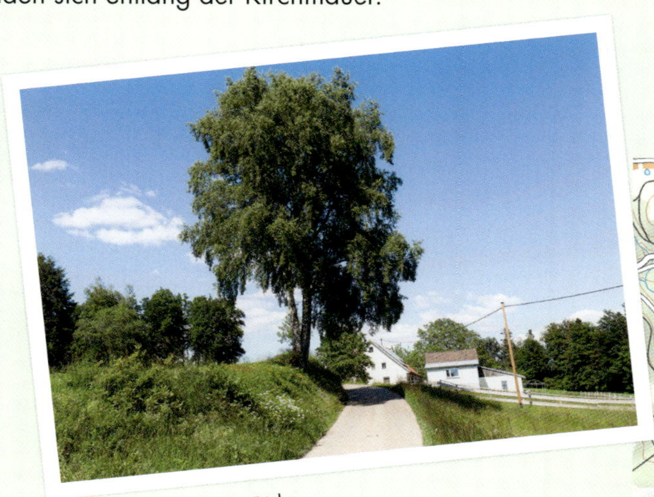

Landschaftsprägende Birke

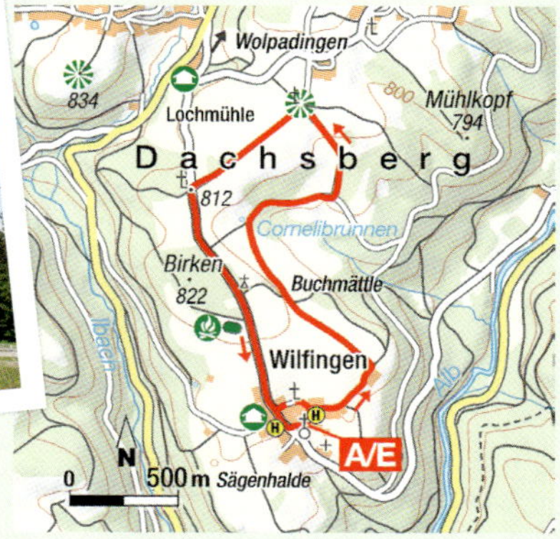

3 Logen von Dachsberg

Aussichten bei Hierbach und Wolpadingen

- mittel
- 2.30–3 Std.
- 250 Hm
- 7 km

Schon von Weitem beherrscht die aus Albtal-Granit erbaute Kirche das Ortsbild von Hierbach. Von dort wandern wir erst zum Kaiser-Rudolph-Platz, dann zur Panoramatafel über Wolpadingen. Hoch über dem Hochrhein gelegen, eröffnen uns beide Aussichtspunkte eine traumhafte Sicht bis zu den Alpen.

Erst einmal hinfinden Für die Anreise in die Gemeinde Dachsberg ist ein gutes Orientierungsvermögen von Vorteil, denn die Verkehrswege haben schon manch einen Autofahrer in die Irre geleitet. Vor unbeabsichtigten Umwegen sind selbst die Einwohner der umliegenden Gemeinden nicht gefeit. Um einer Odyssee vorzubeugen, empfiehlt es sich, ein Auto-Navi mitzunehmen. Ob dieses dann tatsächlich den direkten Weg wählt, bleibt zwar ungewiss, zumindest aber werden wir sicher zu unserem Ausgangspunkt bei der Kirche von Hierbach finden. Geparkt wird am Rand der Straße.

Pfarrkirche Seliger Bernhard von Baden

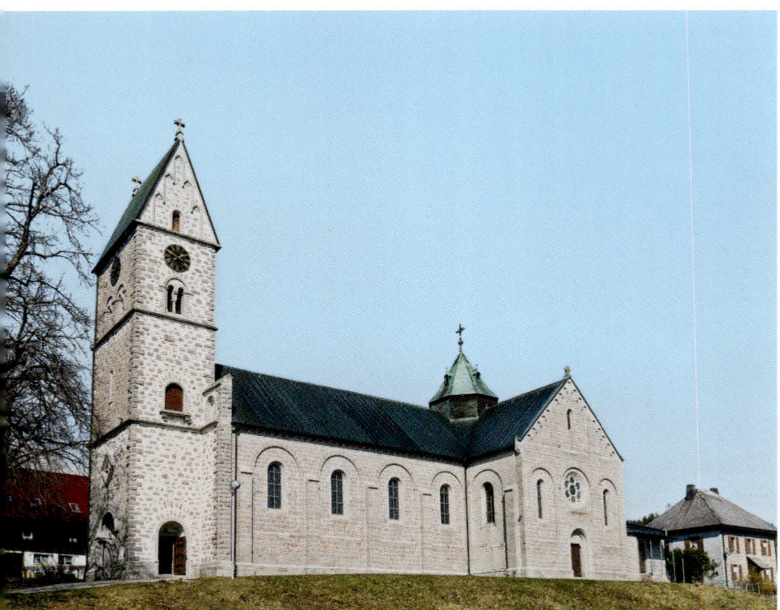

Anhöhe zwischen Vogel- und Sägebach Von der Pfarrkirche in Hierbach führt uns der erste Abschnitt durch die Kirchstraße nach Norden an Kaiserhofs Bauernladen vorbei in die offene Landschaft. Wo die Straße eine Schlaufe beschreibt, können wir mit der gelben Raute über die Wiese abkürzen. Beim Wegweiser Roßacker treffen wir wieder auf die Straße und kommen rechts zu einem **Marienbildstock** samt Bänkle. Da wir uns auf einer Anhöhe zwischen dem Vogelbach im Süden und dem bewaldeten Sägebachtal befinden, öffnet sich der Blick nach Nordwesten bis zu den Häusern von Fröhnd und Hierholz.

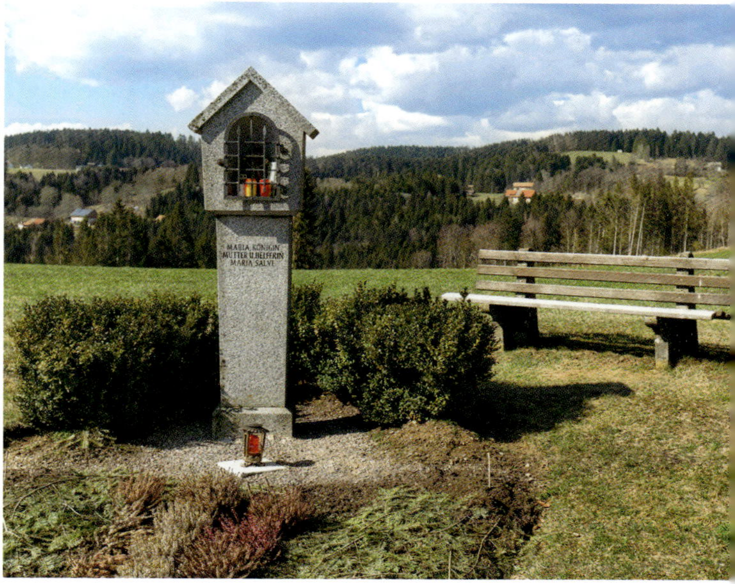

Bildstock auf der Anhöhe zwischen dem Sägebach und Vogelbach

Kaiser-Rudolph-Platz Beim Bildstock lassen wir den Talrainweg links liegen und erreichen geradeaus den **Kaiser-Rudolph-Platz** mit der Florianshütte. Bei günstiger Witterung sind im Süden zahlreiche Gipfel der Schweizer Alpenkette zu erkennen, angefangen beim Säntis im Osten bis hin zum Wildstrubel, einer bis zu 3244 Metern hohen Gebirgsgruppe der Berner Alpen im Westen der Schweiz. Eine als Kupferstich angefertigte Panoramatafel hilft vor Ort, die einzelnen Berge sowie auch weitere Landmarken in der Umgebung zu bestimmen. Auf dem Platz befinden sich außerdem ein Schwenkgrill sowie mehrere Bänke und Tische.

Panoramatafel Berg 400 Meter weiter wechseln wir rechts auf den landwirtschaftlichen Weg und folgen der gelben Raute entlang von Feldgehölzen zum

Seliger Bernhard von Baden

Angesichts der wenigen Häuser von Hierbach wirkt die Pfarrkirche überdimensioniert. Tatsächlich wurde sie in den 1880er-Jahren erbaut, nachdem die Kirche in Willingen zu klein geworden war. Als Baumaterial kam Albtal-Granit zum Einsatz, der bei der Mündung des Vogelbachs in den Ibach abgebaut wurde. Die Kirche ist dem Seligen Bernhard von Baden geweiht und bildet heute das Wahrzeichen für den südlichen Dachsberg.

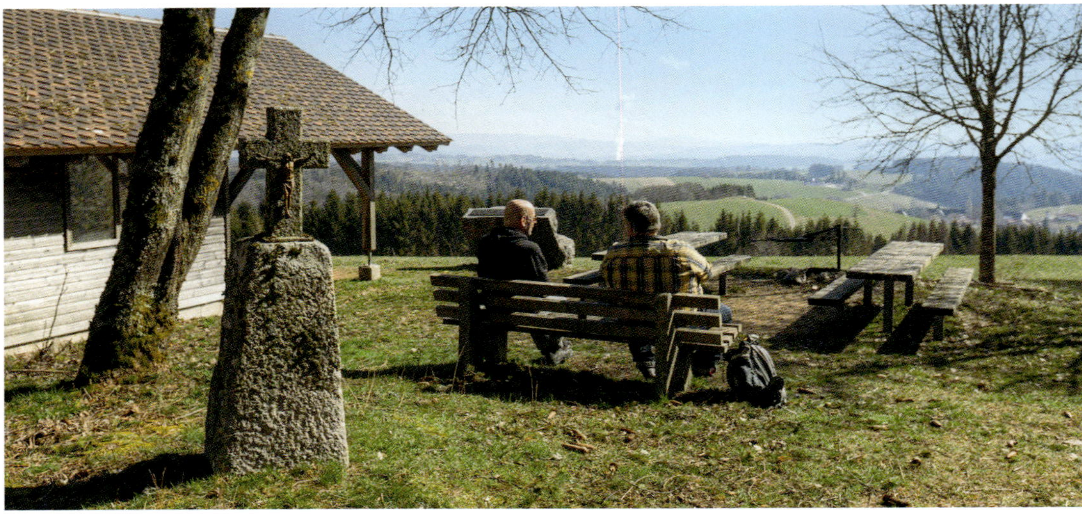

Aussichtsreiche Rast beim Kaiser-Rudolph-Platz

Wegweiser **Hinter der Talmatt** und ab dort erneut rechts durch Waldstücke sowie auf dem Heinemann-Weg über den Wegweiser **Rotzenmoos** bis zur **Metallfabrik** in Wolpadingen. Hier treffen wir auf den Albsteig und gönnen uns den Abstecher in Richtung Wittenschwand bis hoch zur **Panoramatafel Berg**. Auf der Anhöhe lädt ein sonnenexponierter Rastplatz zum Verweilen ein. Auch hier hilft eine Panoramatafel beim Bestimmen der einzelnen Alpengipfel, eh wir auf selbem Weg zum Wegweiser bei der Metallfabrik zurückkehren, um dort links abzubiegen.

Geißberg und Vogelbach Nach gut 200 Metern biegen wir beim Wegweiser **Wolpadingen** rechts von der Dorfstraße in die Straße Am Geisberg ab. Damit verlassen wir den Albsteig und wandern mit der gelben Raute erst in südlicher Richtung, eh wir beim Haus Nr. 8 rechts auf den wasserdurchlässigen Weg wechseln. Bei der Gabelung am **Geißberg** halten wir uns links. Nach einem halben Kilometer geht unser Weg in einen besser ausgebauten Weg über. Sowie wir den **Vogelbach** überquert haben, folgen wir links dem Forstweg talwärts bis zum Wegweiser **Am Rain**. Ab dort geht es links wieder leicht bergan durch die Paradiesstraße bis hoch zur **Kirche in Hierbach**, wo wir auf eine nicht immer ganz leichte, aber lohnenswerte Tour zurückblicken können.

Wichtiges zur Tour

Tourencharakter
Überwiegend bequem zu wandernde Runde auf wenig befahrenen Straßen, landwirtschaftlichen und Forstwegen. Ohne den Aufstieg zur Panoramatafel entfallen 40 Höhenmeter.

Ausgangspunkt/Endpunkt
Kirche Hierbach, 815 m

Höchster Punkt
Panoramatafel oberhalb Wolpadingen, 940 m

Anfahrt
GPS 47.6862, 8.0914

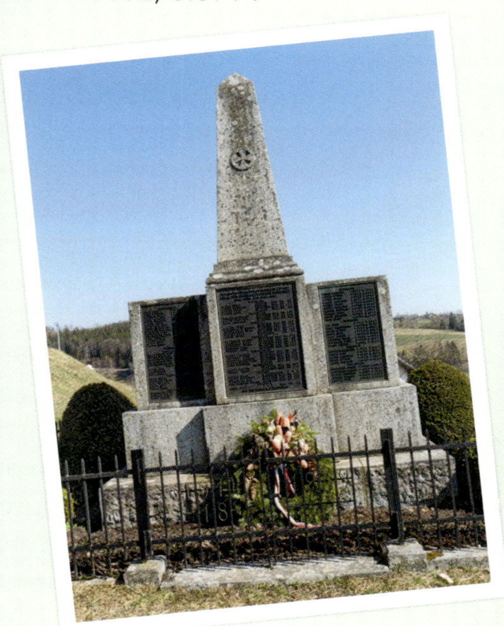

Kriegerdenkmal der südlichen Gemeindeorte von Dachsberg

Bus/Bahn: Keine Verbindung
Auto: Die Anfahrt erfolgt über die L 150 St. Blasien–Todtmoos. Bei der Urberger Säge auf die K 6590 nach Dachsberg abbiegen. Der Straße bis Vogelbach folgen, dort rechts in die Bachstraße nach Hierbach abbiegen. Von Süden ist die Anfahrt über Wilfingen möglich. Im Ort gibt es nur wenige Parkmöglichkeiten.

Einkehr
Kaiserhofs Bauernladen, Sa von 8–14 Uhr, sehr schöne Rastmöglichkeiten

Beste Jahreszeit
März bis Oktober

Karte
Karte des Schwarzwaldvereins 1:25 000, W266 Waldshut-Tiengen

Informationen
Touristinfo Dachsberg und Ibach, Tel. 07672/ 99 05 11, www.ferien-suedschwarzwald.de

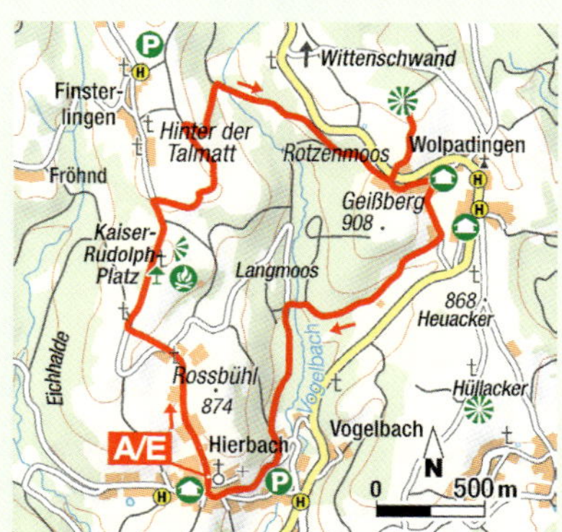

4 Auf den Gupfen

Balkon über dem Hochrhein

- mittel
- 3 Std.
- 200 Hm
- 8,9 km

Bei der Runde auf den Gupfen begegnen wir dem Wegweiser »Fernblick«. Er beschreibt vortrefflich, was uns auf dieser Wanderung erwartet. Denn wo der Schwarzwald nach Süden zum Hochrhein abfällt, ist die Sicht auf die Alpenkette frei.

Auf den Gupfen Vom Parkplatz an der B500 führt der Weg um die Brauerei Waldhaus herum zur Waldhausstraße sowie links am Sportplatz vorbei nach **Remetschwiel**. Bei der Hagwaldhalle biegen wir erneut links in die Albtalstraße ab. Sowie wir die Unterführung der B500 durchquert haben, erreichen wir Bannholz. Dort biegen wir rechts in die als Klosterweg ausgewiesene Gupfenstraße ab und halten uns beim Wegweiser Im Keit halb links, sodass wir schnurstracks auf den **Gupfen** zulaufen. Der Pavillon oben auf der Kuppe ist schon aus der Ferne gut zu sehen und bietet eine erste Rastmöglichkeit. Die Aussicht hier oben gibt einen Vorgeschmack auf das, was uns im weiteren Verlauf der Tour erwartet.

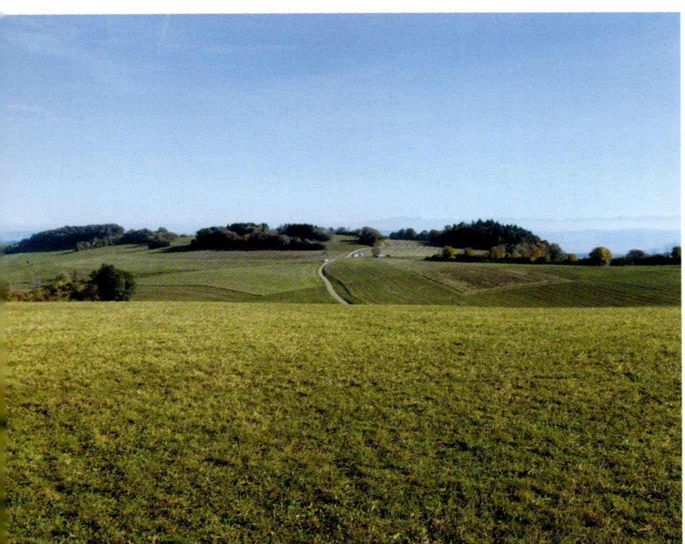

Aussicht über die Hochfläche und das Rheintal zu den Alpen

Samlischbuck Nach der kurzen Verschnaufpause folgen wir dem Weg bis zur Einmündung beim Wegweiser unterhalb vom **Samlischbuck**. Auf dem nächsten Abschnitt orientieren wir uns an den Schildern in Richtung Hungerberg. Damit geht es jenseits des Fahrwegs quer über die Weide sowie am nördlichen Rand des Wäldchens auf dem Samlisch-

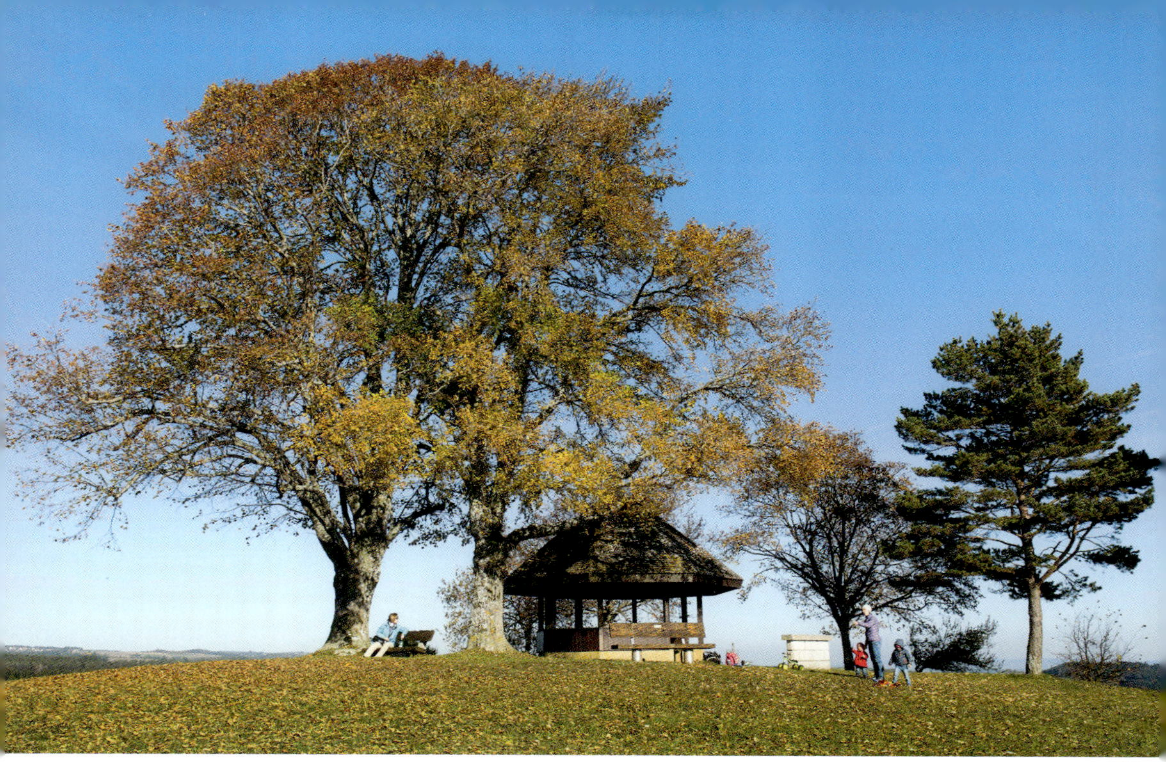

Auf dem Gupfen laden Bänke nebst einem Pavillon zum Verweilen ein.

buck vorbei. Während der Beweidung ist der Wanderweg möglicherweise unterbrochen. In so einem Fall können wir nach links ausweichen und den dann oft schon vorhandenen Trampelpfad zwischen Weide und Acker nutzen. Sowie wir wieder auf den mit gelben Rauten markierten Wanderweg treffen, geht es entlang eines Gehölzstreifens bis zu einer Wegkreuzung mit aufgestelltem Kreuz.

Hungerberg Fernblick Jenseits der Straße öffnet sich bald die Sicht über das Schlüchttal und das Hochrheintal zu den Schweizer Ostalpen. Einzig mehrere Hochspannungsleitungen trüben das Traumpanorama, das aber auch nur am Rand. Der angenehm zu begehende Höhenweg bietet reichlich Gelegenheit, sich an der herrlichen Aussicht zu erfreuen. Wir bleiben auf dem Klosterweg, bis wir den Wegweiser **Hungerberg Fernblick** erreichen. Spielt die Sicht mit, reihen sich in der Ferne tatsächlich unzählige Gipfel aneinander. Mit diesem tollen Eindruck biegen wir mit der gelben Raute links vom Klosterweg nach **Außer Ay** ab. Damit öffnet sich bald der Blick nach Norden, womit als Nächstes die Berghänge nördlich des Haselbachs ins

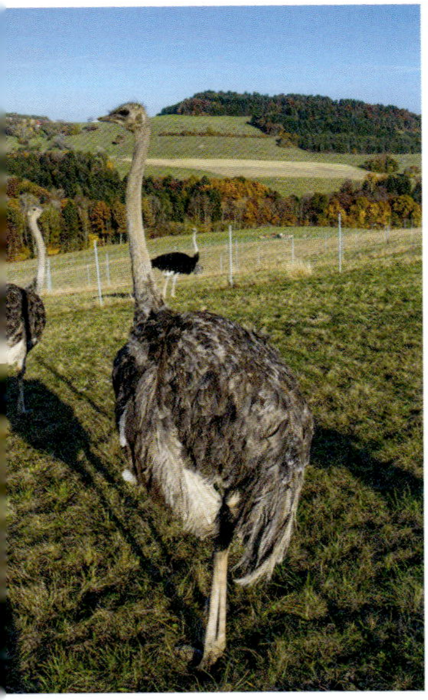

Straußendame bei Außer-Ay

Sichtfeld rücken. Als Besonderheit passieren wir bei Außer Ay eine Straußenfarm. Die groß gewachsenen Vögel kommen bis an den Zaun heran und dürfen gerne fotografiert, keinesfalls aber gefüttert werden.

Ay Nach dem Hof nutzen wir die Zufahrtsstraße, treffen nahe der **Haselbachbrücke** auf den Rosenwanderweg von Nöggenschwiel und biegen am Ende der Straße links nach Ay ab. Nach knapp 200 Metern entlang der Kreisstraße ginge es rechts nach Waldhaus. Wir indes laufen geradeaus weiter bis zum Rastplatz und **Brunnen des Schnupfvereins Ay**. Wer mit dem Schnupfen von Tabak nichts anfangen kann, hat nichts zu befürchten. Der Verein ist heute vor allem kulturell aufgestellt und engagiert sich mit Festen und Veranstaltungen für die Dorfgemeinschaft in Ay. Beim Dorfplatz biegen wir links in die Waldkircher Straße ein, überqueren den Haselbach und zweigen mit der Beschilderung des Rosenwanderwegs in den Weg Zum Hirzenberg ab.

Auf dem Rosenwanderweg Damit geht es südlich des Haselbachs wieder bergan, eh wir in Bannholz auf unseren Hinweg auf den Gupfen sowie auch wieder auf den Klosterweg treffen. In entgegengesetzter Richtung haben wir auf diesem bald die Durchgangsstraße erreicht, wo wir erst rechts, 150 Meter weiter links in den **Aispergweg** abbiegen. Auf diesem führen uns der Rosenwanderweg sowie auch der Klosterweg weiter bergan bis an den Waldrand. Links ab können wir auf den letzten Metern gerne nochmals innehalten und ein letztes Mal die Sicht über das Hochrheintal zu den Schweizer Alpen genießen. Zurück beim Parkplatz an der B 500, bietet sich anschließend die Brauerei Waldhaus an, um die Tour in geselliger Runde ausklingen zu lassen.

Klosterweg

Der Klosterweg verbindet auf knapp 30 km die Domstadt St. Blasien mit dem einst zu Vorderösterreich gehörenden Waldshut und den früheren klösterlichen Besitzungen südlich des Rheins. Im Zuge der Säkularisation büßte der Klosterweg im Jahr 1807 seine Bedeutung ein, der Verlauf der Bundesstraße orientiert sich jedoch an dem historischen Weg. Seit 2001 ist der Klosterweg als Wanderweg erlebbar.

Wichtiges zur Tour

Tourencharakter
In weiten Teilen verläuft die Wanderung auf wenig befahrenen Straßen und sehr bequem zu laufenden, breiten Wanderwegen. Viele Abschnitte haben schöne Aus- und Fernsichten.

Ausgangspunkt/Endpunkt
Brauerei Waldhaus, 780 m

Höchster Punkt
Nahe Brauerei Waldhaus, 785 m

Anfahrt
GPS 47.6830, 8.1582
Bus/Bahn: Ab St. Blasien, Häusern und Waldshut fährt die Buslinie 7322 zur Haltestelle Waldhaus B 500, Weilheim.
Auto: Die Brauerei Waldhaus befindet sich direkt an der B 500 Titisee–Waldshut nahe dem Abzweig nach Nöggenschwiel.

Einkehr
Brauerei Gasthof Waldhaus, Di–Sa ab 11 Uhr, So ab 10 Uhr, Tel. 07755/1600, www.gasthofwaldhaus.de

Beste Jahreszeit
Ganzjahrestour

Karte
Karte des Schwarzwaldvereins 1:25 000, W266 Waldshut-Tiengen

Informationen
FerienWelt Südschwarzwald, Tel. 07761/568 30, www.ferienwelt-suedschwarzwald.de

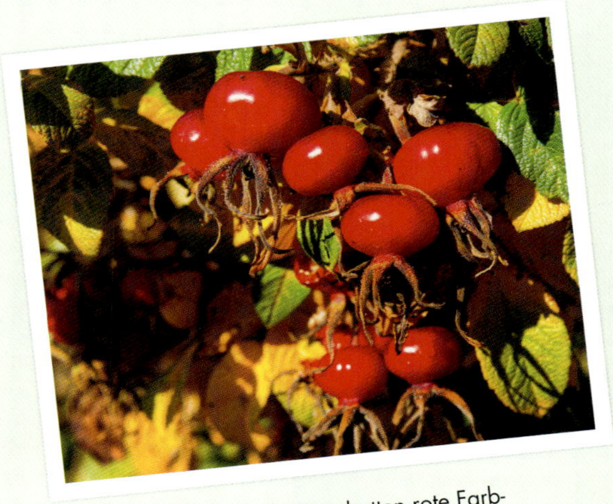

Im Herbst zaubern reife Hagebutten rote Farbkleckser in die Landschaft.

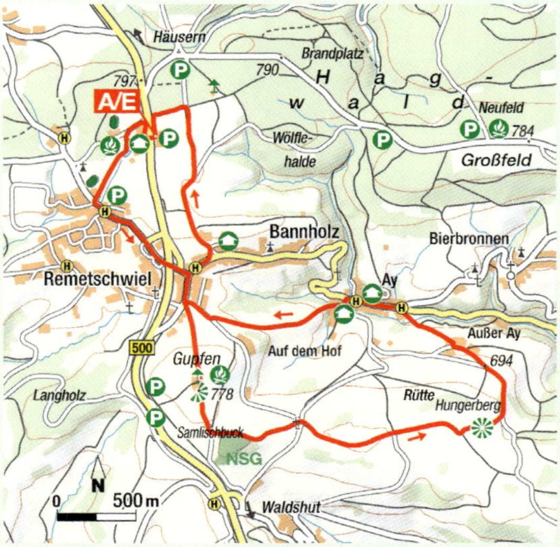

5 Dorf am Himmel

Zur Marienkapelle von Höchenschwand

- leicht
- 1 Std.
- 40 Hm
- 2,5 km

Wer von Norden nach Höchenschwand fährt, erlebt bei klarer Sicht einen Wow-Effekt. Hinter der Fußgängerbrücke der B 500 sieht man sich einem grandiosen Alpenpanorama gegenüber. Diese traumhafte Kulisse machte den Ort auch als »Dorf am Himmel« bekannt.

Tribüne über dem Hochrhein Gerne sprechen wir bei beeindruckenden Aussichtspunkten von einer Loge vor den Alpen. So könnten wir es auch bei Höchenschwand halten. Allein käme es dem Ort nicht gerecht. Der beliebte Kur- und Ferienort erstreckt sich über ein sonnenverwöhntes, leicht nach Süden geneigtes Hochplateau. Dadurch gleicht die Landschaft eher einer Tribüne, die dazu verführt, den Blick in die Ferne schweifen zu lassen.

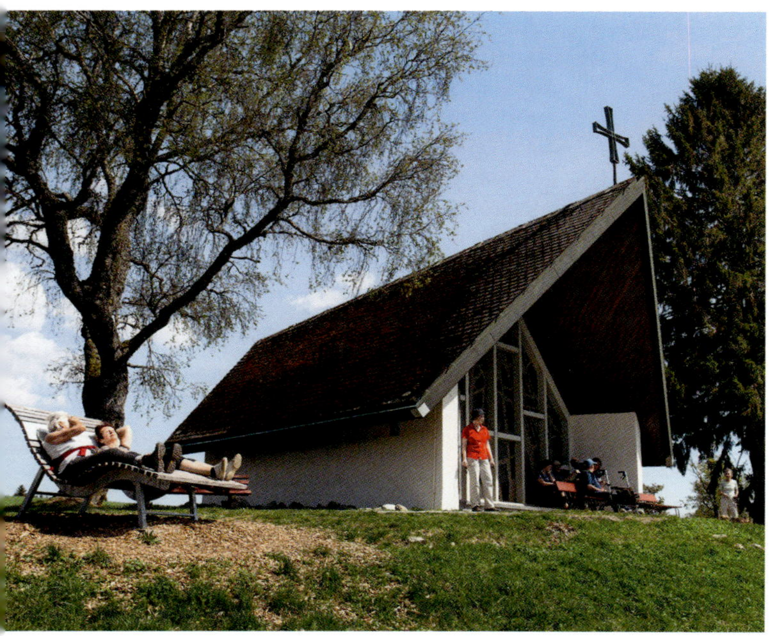

Marienkapelle von Höchenschwand

Rundumsicht im Rothaus-Zäpfle-Turm Als Startpunkt haben wir das **Haus des Gastes** mit der Touristinformation gewählt. Ab der Vorderseite des Gebäudes laufen wir zunächst vor zur Kurpromenade und biegen rechts auf den mit roter Raute und weißem Strich gekennzeichneten Mittelweg ein. Rund 100 Meter weiter nutzen wir die **Unterführung der B 500** und biegen sogleich links ab. Nach wenigen Schritten im Wald

> **Höchenschwander Strohskulpturen**
>
> Seit 2001 findet jeden zweiten Herbst der Strohskulpturen-Wettbewerb von Höchenschwand statt. Auf einer Wiese unterhalb der B500 bzw. beim Bauernmarkt in Frohnschwand buhlen dann liebevoll und mit viel Aufwand geschaffene Kunstwerke um die Gunst der Besucher. Alle Figuren werden von Vereinen der Gemeinde angefertigt, welche an den Wochenenden außerdem die Bewirtung übernehmen (www.strohskulpturen-hoechenschwand.de).

orientieren wir uns bei den nächsten Abzweigen jeweils links, sodass wir den Wald in südlicher Richtung wieder verlassen. Am Gebäude und Parkplatz der Teamwelt vorbei, passieren wir als Nächstes den **Rothaus-Zäpfle-Turm**. Der 51,3 Meter hohe Aussichtsturm wurde 2003 eröffnet und ist gegen ein geringes Entgelt zugänglich. Besucher finden auf der Plattform eine Alpenpanoramakarte samt Fernrohr, das beim Bestimmen der vielen Gipfel hilft.

Loipenhaus Höchenschwand Weiter geradeaus folgen wir dem Fahrweg um das Fußballfeld herum sowie geradeaus am **Wohnmobilstellplatz** vorbei zum **Loipenhaus**. Das Ausflugslokal ist täglich geöffnet und sowohl im Sommer als auch im Winter ein beliebter Ausgangspunkt für Spaziergänge und Wanderungen. Während sich die (Enkel-)Kinder über die Ziegen im Streichelzoo freuen oder sich auf dem Spielplatz austoben, können wir es uns auf der Sonnenterrasse bei Kaffee und Kuchen gut gehen lassen. Bekannt ist das Loipenhaus außerdem für seine herzhaften Vesperteller mit Schwarzwälder Schinken und Wurst aus der Region. Das ist kein Wunder, denn der als Themenweg ausgewiesene Schinkenweg von Höchenschwand führt direkt am Loipenhaus vorbei.

Marienkapelle 200 Meter weiter entlang des Waldrands befindet sich der nach dem Lokal benannte Wegweiser Loipenhaus. Dort biegen wir links zur **Marienkapelle** ab. Bei der nach Südwesten ausgerichteten Kapelle laden neben einer Himmelsliege mehrere, zum Teil überdachte Bänke zum Verweilen ein. Neben der Sicht zu den westlichen Alpen bekommen wir damit einen schönen Blick über den

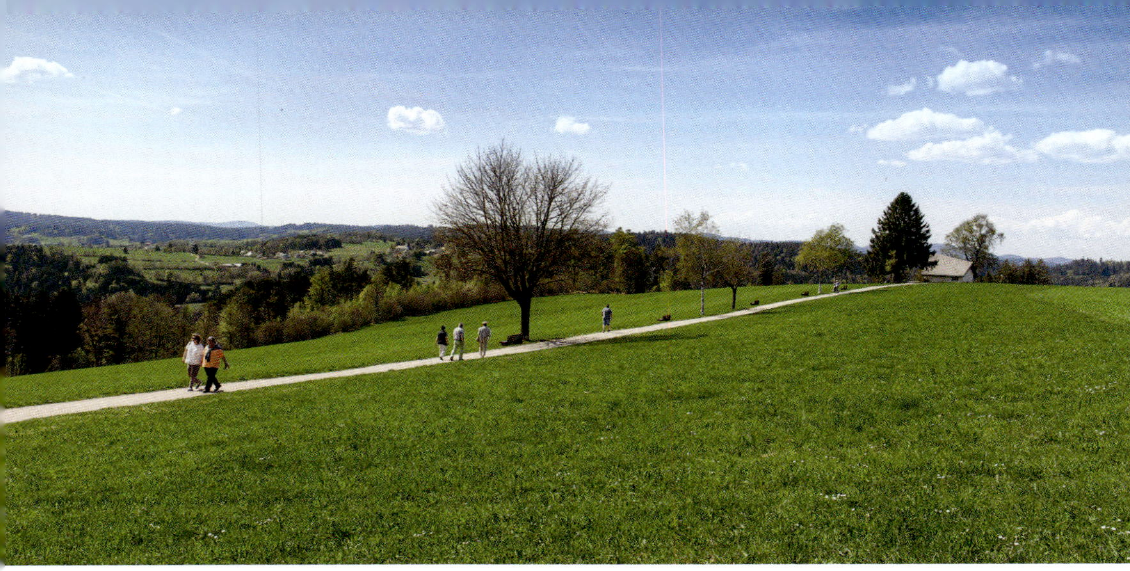

Bei Höchenschwand bewegen wir uns auf barrierefreien Wegen.

Hotzenwald und das Feldberggebiet. Die Kapelle selbst wurde durch den Höchenschwander Hotelier Bernhard Porten gestiftet und am Fest Maria Geburt am 8. September 1966 eingeweiht. Porten hatte den Standort so gewählt, dass er auch von Kranken und älteren Menschen gut zu Fuß zu erreichen ist. Offenbar hatte er Erfolg. Denn auch nach einem halben Jahrhundert belegen immer wieder neue Kerzen, wie beliebt dieser friedliche Ort ist.

Auf der Loipenhausrunde Bei der Marienkapelle schwenkt der auch als Loipenhausrunde ausgewiesene Weg nach Osten. Mit diesem biegen wir bei der T-Kreuzung links ab, nehmen anschließend die Rechtskurve und biegen links auf die Zufahrt zum Natursportzentrum ein. Am Ende der Straße haben wir die Wahl: Links lockt erneut das Loipenhaus. Für den Rückweg indes biegen wir rechts zur **Fußgängerbrücke** ab. Jenseits der Bundesstraße kommen wir an der ehemaligen Kurklinik Silvasana vorbei. Seitdem der Klinikbetrieb 1997 eingestellt wurde, liegt das weitläufige Areal brach. Zuletzt scheiterten 2017 Pläne, auf dem Gelände einen modernen Wohnkomplex inklusive Gastronomie und Schwimmbad zu errichten, an der Finanzierung. Sowie wir das Gelände passiert haben, treffen wir wieder auf die Kurpromenade, wo wir rechts in der Ortsmitte einige weitere Möglichkeiten zur Einkehr und links zurück zum **Haus des Gastes** finden.

Wichtiges zur Tour

Tourencharakter
Der barrierefreie Spazierweg nutzt die Unterführung sowie später die Brücke über die B 500, sodass die Bundesstraße sicher gekreuzt werden kann. Noch leichter wäre der Start beim Natursportzentrum von Höchenschwand.

Ausgangspunkt/Endpunkt
Haus des Gastes Höchenschwand, 1004 m

Höchster Punkt
B-500-Brücke, 1015 m

Anfahrt
GPS 47.7365, 8.1657
Bus/Bahn: Es bestehen Busverbindungen ab Waldshut und Seebrugg (mit Umstieg in Häusern) zur Haltestelle Kurhaus Höchenschwand.
Auto: Über die B 500 Titisee–Waldshut bis nach Höchenschwand fahren. Am nördlichen Ortsrand in die Dr.-Rudolf-Eberle-Straße zum Haus des Gastes abbiegen. Alternative Parkmöglichkeiten bestehen westlich der B 500 beim Natursportzentrum.

Einkehr
Loipenhaus Höchenschwand, werktags ab 11 Uhr, an Sonn- und Feiertagen ab 10 Uhr, Tel. 07672/92 22 43, www.loipenhaus-hoechenschwand.de

Beste Jahreszeit
Bei wenig Schnee Ganzjahrestour

Karte
Karte des Schwarzwaldvereins 1:25 000, W258 Titisee-Neustadt

Informationen
Touristinformation Höchenschwand, Tel. 07672/481 80, www.hoechenschwand.de

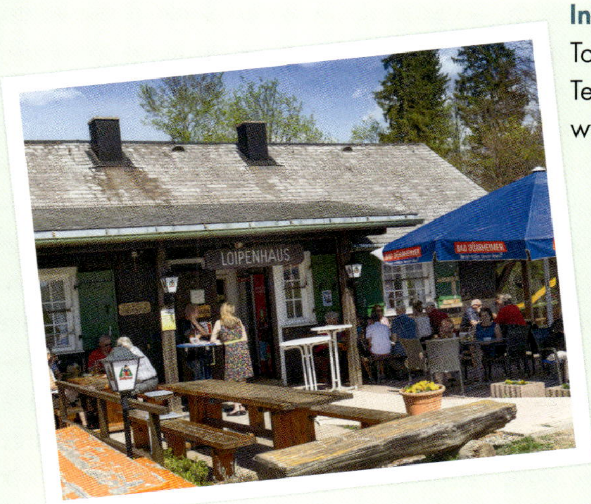

Loipenhaus

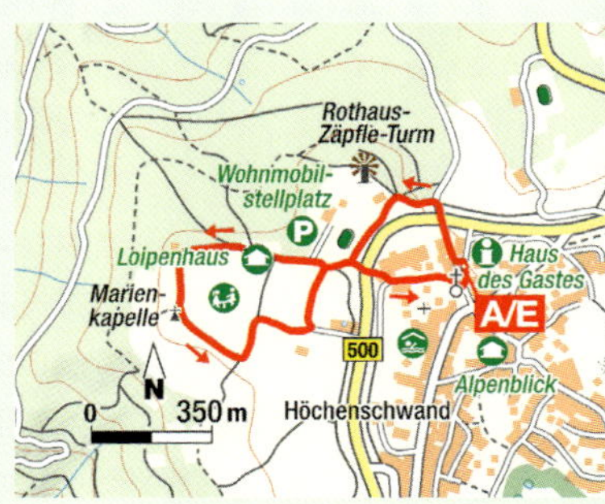

6 Varianten bei der Rotrütte

Auf dem Häuserner Panoramaweg

leicht

1 Std.

60 Hm

2,8 km

Der Panoramaweg von Häusern gleicht mehr einem Spaziergang als einer Wanderung. Damit ist er auch an einem regnerischen Tag zwischen zwei Schauern gut möglich. Und selbst bei Schnee können wir hier schöne Eindrücke von der dann winterlichen Landschaft sammeln.

Tour für alle Fälle Den Rundweg zwischen Häusern und Rotrütte hätten wir auch treffend als »Die geht immer« betiteln können. Ganz gleich, ob wir aussichtsreich in den Tag starten wollen, ein volles Programm nur wenig freie Zeit lässt oder sich erst am späten Nachmittag die Sonne zeigt – eine Stunde Laufen lässt sich mit etwas gutem Willen eigentlich immer irgendwo unterbringen. Das gilt selbst dann, wenn wir die etwas längere Variante wählen und zunächst hoch zur Wittlisberger Kapelle gehen.

Soll ich oder soll ich nicht?

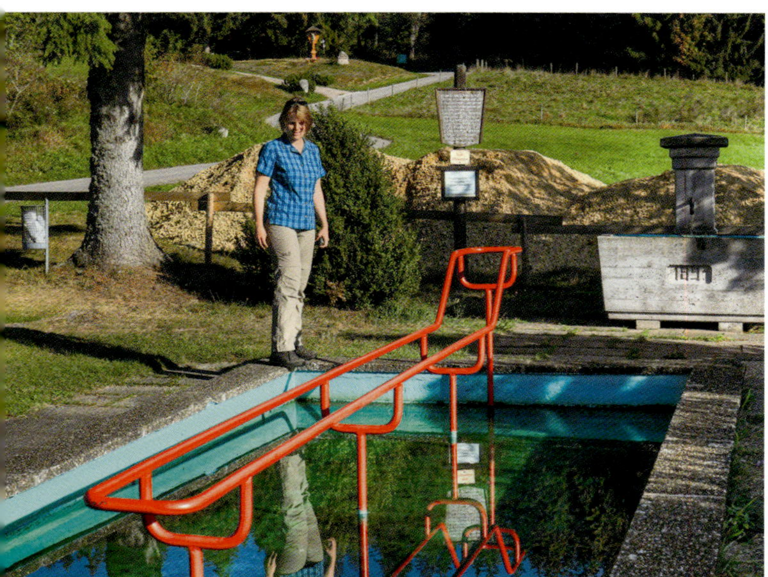

Ein historisch-erfrischender Auftakt Der Einstiegspunkt in den Panoramaweg von Häusern befindet sich beim Wegweiser **Scheuerrain**. Bei den wenigen Parkmöglichkeiten markiert eine in Stein gefasste Tafel den Standort des Wittlisberger Hofs. Als Lehenshof gehörte er damals zum Kloster in St. Blasien und gilt als Ursprung der Gemeinde Häusern. Im Zuge der Säkularisation bzw. der

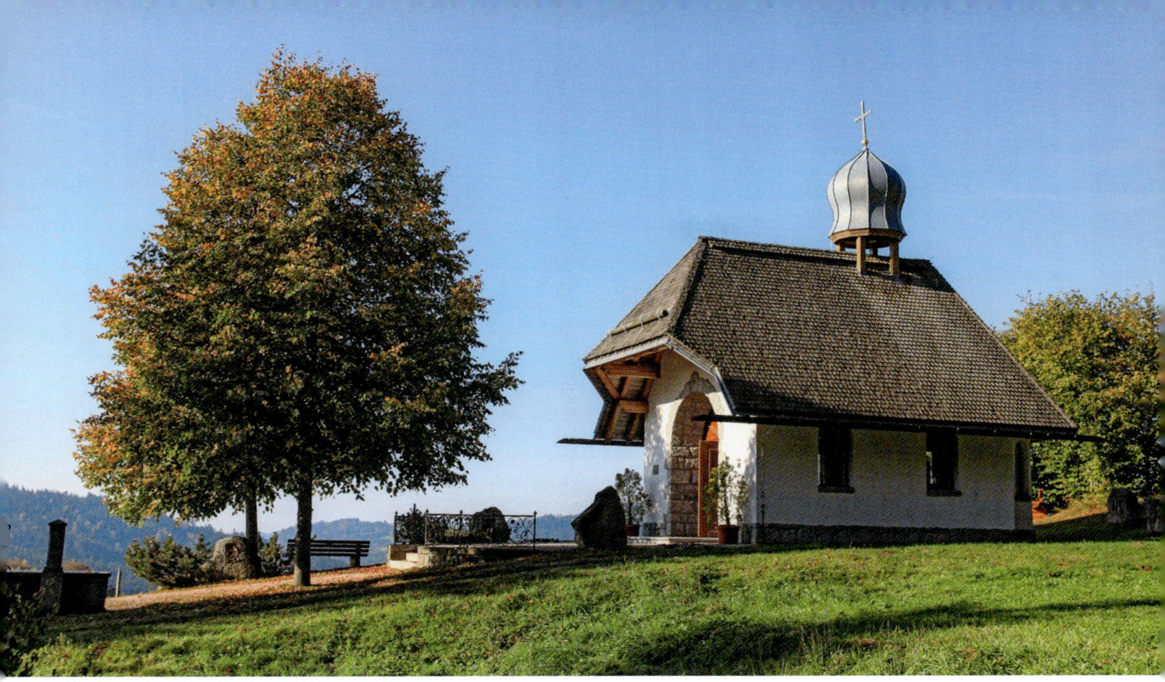

Aufhebung des Klosters wurden der Hof und die dazugehörende Kapelle 1813 abgerissen. Heute lädt rechts der Straße eine Kneippanlage mit Fuß- und Armbecken zu einer wohltuenden Abkühlung ein. Zugleich müssen wir uns entscheiden: Wer sich den Anstieg zur Rotrütte sparen will, folgt der Kennzeichnung gelbe Raute nach Westen in Richtung Bücken. Auf dem Weg dorthin öffnet sich mehrmals die Sicht über den Albstausee sowie bis zu den Alpen.

Wittlisberger Kapelle

Panoramaweg von Häusern

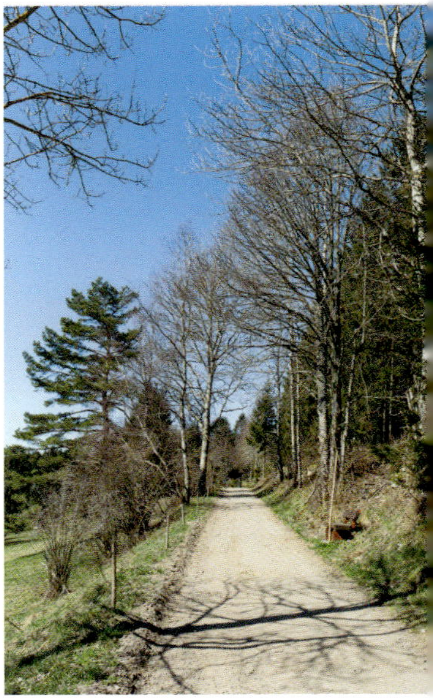

Wittlisberger Kapelle und Grillplatz Rotrütte Alle anderen folgen der Straße sowie hier auch dem Mittelweg weiter bergan bis zur **Wittlisberger Kapelle**. Das malerische Gotteshaus wurde 1995 durch eine private Stiftung ermöglicht und ist der Mutter Marias, der Heiligen Anna, gewidmet. Als Besonderheit finden wir rechts vom Eingang einen Baustein der ersten Annakapelle von Jerusalem in der Wand integriert. Auf der Südseite der Kapelle laden mehrere Bänke zum Verweilen ein. Gleich danach kommen wir zum **Grillplatz Rotrütte**. Er ist Teil einer weitläufigen Freizeitanlage mit Spielgeräten für die Kleinen und einigen weiteren Rastbänken. Wenn die Parkbucht beim Scheuerrain belegt ist, findet man hier sicher noch Platz.

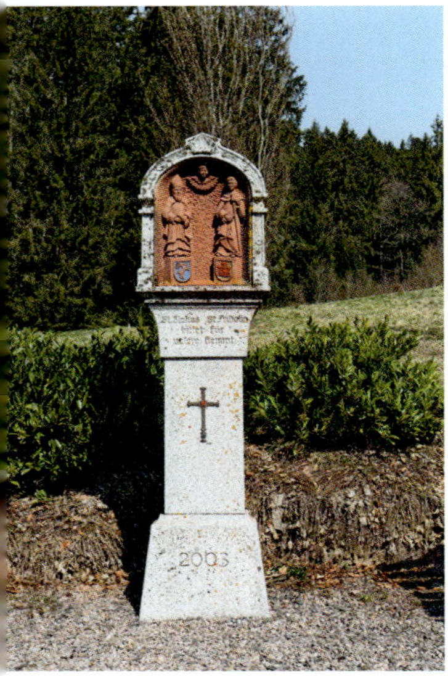

Bildstock der Heiligen Blasius und Fridolin

Wo der Mittelweg in den Wald eintaucht und bei der Gabelung rechts nach Blasiwald abzweigt, wechseln wir in etwa geradeaus auf den nicht gekennzeichneten Weg. Nach einer kurzen Passage im Wald öffnet sich die Sicht wieder und gelangen wir mit der nächsten Linkskurve wieder auf den Panoramaweg.

Alpenpanorama mit Potenzial Weiter in westlicher Richtung passieren wir bald einen **Bildstock**, eh wir beim Wegweiser **Bücken** links abbiegen. Bei klarer Luft lohnt es, kurz innezuhalten: Über dem nahen Bergrücken ist dann der Kamm der Berner Alpen mit dem berühmten Trio Eiger, Mönch und Jungfrau zu sehen. Weiter östlich befindet sich das Finsteraarhorn, der mit 4275 Metern höchste Berg der Berner Alpen. Da bei unserer Begehung im Jahr 2020 eine nahe Fichtenpflanzung bereits weitgehend abgestorben war, können Sie sich wahrscheinlich über eine zunehmend bessere Sicht auch zu den weiter westlich gelegenen Bergen freuen.

Rückweg über Häusern Bei der Gabelung unterhalb des Wegweisers halten wir uns erneut links, sodass wir in nun östlicher Richtung auf den Wald zulaufen. Mit erneut schöner Sicht nach Süden folgen wir der gelben Raute zunächst am Waldrand, dann über offenes Gelände bis zum Wegweiser **Auf den Mauern**. Wer keine Lust hat, in den Ort hinunterzulaufen, kann wenige Schritte weiter abermals links auf den Winterwanderweg wechseln. Andernfalls wandern wir einfach geradeaus weiter und kommen durch das Neubaugebiet zum Wegweiser **Alte Post** nahe der Bushaltestelle an der B 500. Ab dort erfolgt der letzte Abschnitt auf dem bereits bekannten Mittelweg hoch zum **Scheuerrain**.

Waldfreibad

Zwischen Häusern und Höchenschwand lädt das Waldfreibad zum Badespaß und Entspannen ein. Das 50 x 17,5 m große Becken mit Nichtschwimmerbereich ist über eine Schwimmschleuse mit der beheizten Liegehalle verbunden. Für das leibliche Wohl sorgt das Café-Restaurant. Das Bad wird durch einen privaten Förderverein betrieben (www.waldfreibad.com).

Wichtiges zur Tour

Tourencharakter
Technisch sehr einfache Runde auf breiten Wegen. Die Variante ohne Wittlisberger Kapelle ist barrierefrei und auch mit dem Rollstuhl gut zu schaffen.

Ausgangspunkt/Endpunkt
Scheuerrain, 923 m

Höchster Punkt
Rotrütte, 975 m

Anfahrt
GPS 47.7580, 8.1667
Bus/Bahn: Es bestehen Busverbindungen ab Seebrugg und Waldshut zur Haltestelle Häusern B 500 nahe dem Blasiwaldweg bzw. Mittelweg.
Auto: Über die B 500 Titisee–Waldshut bis nach Häusern, dort auf den Blasiwaldweg hoch zum Grillplatz Rotrütte abbiegen, der Straße bis Scheuerrain oder alternativ an der Kapelle vorbei zum Grillplatz folgen.

Einkehr
Gastronomie in Häusern, sehr schöner Grill-, Rast- und Spielplatz Rütte

Beste Jahreszeit
Ganzjahrestour

Karte
Karte des Schwarzwaldvereins 1:25 000, W258 Titisee-Neustadt

Informationen
Touristinformation Häusern, Tel. 07652/ 120 60, www.hochschwarzwald.de/ Haeusern

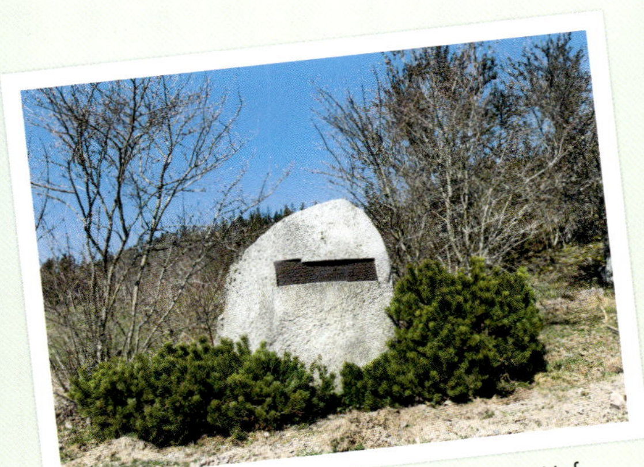
Gedenkstein an den ehemaligen Wittlisberger Hof

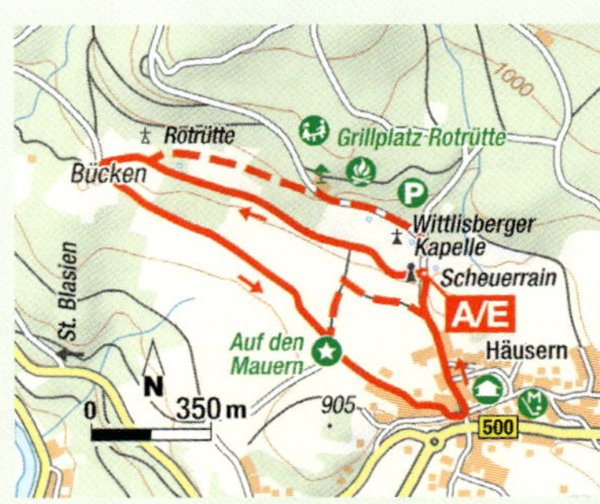

7 Einmal Hotzenwald zum Verlieben

Auf dem Ibacher Panoramaweg

mittel

4–5 Std.

350 Hm

11,8 km

Der Ibacher Panoramaweg zählt zu den schönsten Touren im Hotzenwald. Auf einer Höhe bis zu 1100 Metern eröffnet er uns fantastische Aussichten zu den höheren Lagen im Hochschwarzwald. Blicken wir nach Süden, reihen sich dort die imposanten Gipfel der Schweizer Alpen aneinander.

Dem Schluchtensteig entgegen Als Genießerpfad ist der Ibacher Panoramaweg in beide Richtungen beschildert. Schöner finden wir es, die Wanderung im Uhrzeigersinn zu erleben. Damit führen uns die ersten Schritte vom Parkplatz bei der **Kohlhütte** zu einem Brunnen, wo wir rechts abbiegen und ein Stück etwas unterhalb der Landstraße laufen. Auf diesem Abschnitt teilen wir uns den Weg mit dem Schluchtensteig, nur dass wir diesem entgegenlaufen. Bei der Bushaltestelle kreuzen wir die K6525. Nach 200 Metern entlang der Kreisstraße schwenkt der Genießerpfad erst leicht nach Norden, um dann einen Linksbogen um eine Gehölzgruppe zu beschreiben.

Im Hochsommer bilden Weidenröschen reich blühende Bestände.

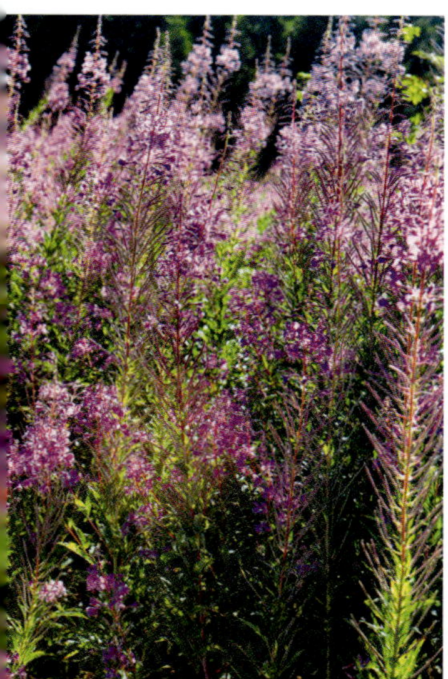

Rastplatz Lampenschweine Wo der Pfad endet, folgt rechts ein Abschnitt auf einer Straße. Nach gut 350 Metern verlassen wir diese beim **Wachtbühl** wieder und folgen, scharf links, dem Genießerpfad in die nun zunehmend reizvolle Landschaft. Beim Wegweiser Langwinkel führt links ein Pfad zum Rastplatz **Lampenschweine**. Den sollten wir uns unbedingt für eine erste Pause merken. Bei guten Sichtverhältnissen reihen sich im Süden die Alpengipfel vom Selbsanft im Osten bis zum Oldenhorn im Südwesten der Schweiz auf. Die vor Ort aufgestellte Himmelsliege lässt sich übrigens drehen. Denn im Norden gibt es eine zweite Aussicht zum Herzogenhorn und Feldberg.

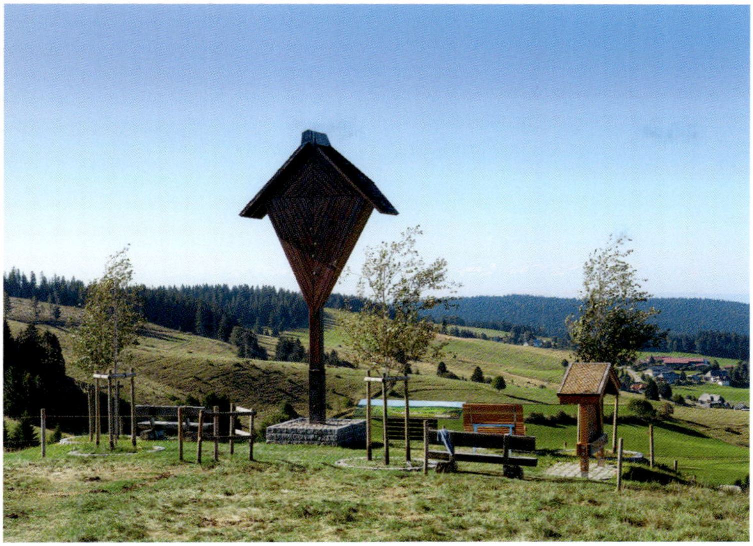

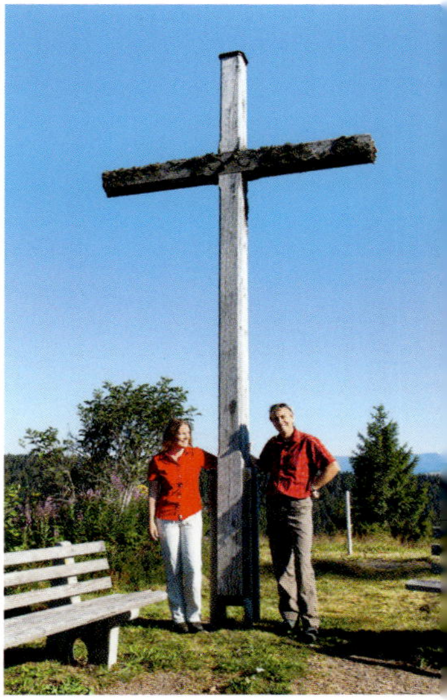

Oben links: Rastplatz beim Ibacher Friedenskreuz

Oben rechts: Die Autoren dieses Buchs beim Kreuz Lampenschweine

Ibacher Friedenskreuz Zurück auf dem Wanderweg, tauchen wir in einen Laubmischwald ein. Sowie wir eine Lichtung überquert haben, kommen wir beim Wegweiser **In den Bergen** zu einer Hütte und verlassen einen Steinwurf weiter den Wald wieder. Über »Beifang« führt uns der Ibacher Panoramaweg als Nächstes zum **Ibacher Friedenskreuz**. Auch hier lädt ein liebevoll gestalteter Rastplatz mit Sicht nach Süden zu den Schweizer Hochalpen ein. Beim Bestimmen der vielen Gipfel hilft die aufwendig gemalte Panoramatafel. Der anschließende Abstieg erfolgt über die Ostseite der Bergkuppe. Bald mündet der eigens für den Genießerpfad angelegte Weg in eine landwirtschaftliche Straße. Rechts ab kommen wir als Nächstes zum Wanderparkplatz **Schorrmättle**, dem Startpunkt unserer entschärften Variante.

Ibacher Weidfelder Ab dem Parkplatz folgt der Genießerpfad 100 Meter links der K 6525. Dann kreuzen wir die Straße hoch zum Schorrmättle und dem Schutzgebiet der Ibacher Weidfelder. Nachdem die historische Bewirtschaftungsform aufgegeben wurde, breitete sich neuer Wald auf dem Gaisberg aus. Bis 2006 waren weite Teile der alten Weidfelder zugewachsen. Durch ein Schutzprojekt der Europäischen

Union wurde diese Entwicklung gestoppt und der Waldbewuchs wieder zurückgedrängt. Heute tragen Rinder dazu bei, die Landschaft offen und attraktiv zu halten.

Engländerhütte und Bushaltestellenhäusle Im Bereich Hohrütte trennen sich die Wege vom Schluchtensteig und Panoramaweg. Während der Steig Kurs auf den Lehenkopf nimmt, trennen uns noch 400 Meter bis zur **Engländerhütte**. 600 Meter weiter bietet uns eine weitere **Himmelsliege** ein lauschiges Plätzchen für eine Rast. Der Blick schweift hier über die Weidfelder und das Hochtal von Ibach. Wenige Minuten weiter lädt der nächste, mit einem Bänkle ausstaffierte Aussichtspunkt zum Verweilen ein. Von dem etwas abseits vom Wanderweg gelegenen Platz geht es hinunter an die Ortsstraße und links, zum wohl schönsten **Bushaltestellenhäusle** im Hotzenwald.

Entschärfte Variante

Für die kurze Tour haben wir den Parkplatz Schorrmättle gewählt. Ab dort geht es zunächst entlang der Kreisstraße nach Ibach, wo wir links über die Steige zum Rathaus abkürzen. Beim Museum für Bürstenmacherei halten wir uns rechts, sodass wir erst das Steiggaststüble, dann das Gasthaus Kreuz passieren. Sowie wir den Bach überquert haben, wechseln wir links auf den Wanderweg und halten uns beim Wegweiser »Platz« und 200 m weiter bei der T-Kreuzung rechts. Wir gelangen somit wieder zur Kreisstraße sowie links zur Haltestelle Sonnenhalde. Nach 400 m auf der Straße Alpenblick nutzen wir links die Verbindung zum Wegweiser Wachtbühl, wo wir auf den Panoramaweg treffen. Auf ihm wandern wir im Uhrzeigersinn zurück zum Schorrmättle. Mit der Variante lässt sich die Runde auf knapp 5 km und 150 Höhenmeter entschärfen.

Ibacher Moor Von Vorderibach folgen wir dem Genießerpfad über den Wegweiser Schwammatt ins Ibacher Moor. Hier ist der südlichste Abschnitt des Ibacher Panoramawegs. Wo ein Bach unseren Weg kreuzt, ist eine **Furt** angelegt. Für Wanderer gibt es links eine Brücke. Andere Brücken ermöglichen uns Einblicke in die Moorvegetation. **s'Moorbänkle** bietet eine weitere Möglichkeit, innezuhalten. Danach schwenkt der Pfad erneut nach Norden. Über **Dukatenwald** und **Schwand** kommen wir zurück zur **Kohlhütte**, wo wir stolz auf die eigene Leistung und einen herrlichen Ausflug zurückblicken können.

Wichtiges zur Tour

Tourencharakter
Durch ihre Länge zählt diese Runde zu den konditionell anspruchsvollsten Touren dieses Buchs. Die Bergwanderung verläuft auf bestens angelegten Pfaden und Wegen, die bequem zu begehen sind.

Ausgangspunkt/Endpunkt
Kohlhütte, 1046 m oder
Schorrmättle, 1040 m

Höchster Punkt
Lampenschweine, 1110 m

Anfahrt
GPS 47.7463, 8.0437 (Kohlhütte)
47.74393, 8.0747 (Schorrmättle)
Bus/Bahn: Von St. Blasien und Todtmoos fahren die Buslinien 7321 und 7324 zu den Haltestellen Abzweig Ibach nahe dem Parkplatz Kohlhütte sowie nach Ibach Sonnenhalde und Rathaus.
Auto: Von der B 500 bei Häusern auf die L 149 nach St. Blasien abbiegen, dort von der Umgehungsstraße in die L 150 Richtung Todtmoos abzweigen. Der Landstraße für die Anfahrt zum Parkplatz Kohlhütte ca. 6,5 km folgen. Die Zufahrt zum Schorrmättle erfolgt ab der L 150 über die K 6525 in Richtung Ibach.

Einkehr
Abseits der Strecke Gasthaus Adler in Ibach

Beste Jahreszeit
April bis Oktober

Karte
Karte des Schwarzwaldvereins 1:25 000, W258 Titisee-Neustadt

Informationen
Touristinformation Ibach/Dachsberg,
Tel. 07672/99 05 11, www.ferien-sued schwarzwald.de

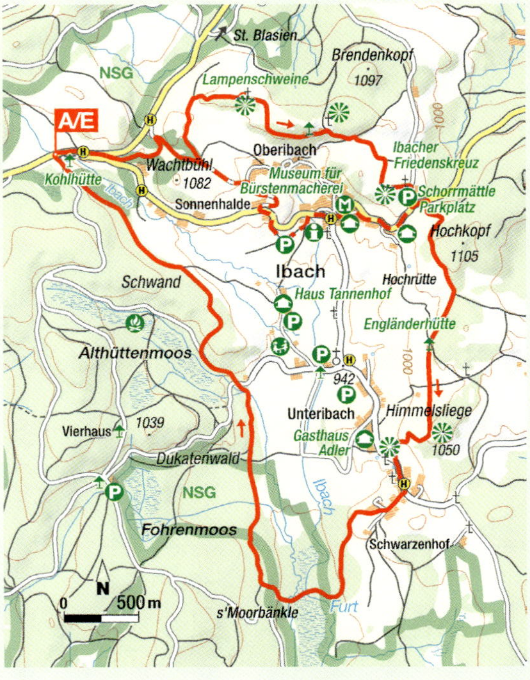

8 Auf den Hochkopf

Aufstieg ab dem Weißenbachsattel

- schwer
- 2 Std.
- 250 Hm
- 4,8 km

Wie der Weißenbachsattel befindet sich der Hochkopf auf der Kreisgrenze zwischen Waldshut und Lörrach. Zugleich ist er Teil eines Höhenzugs, der uns herrliche Aussichten über das Bernauer Hochtal zum Feldberggebiet eröffnet.

Dreh- und Angelpunkt auf dem Weißenbachsattel Als Startpunkt haben wir den Parkplatz auf der Passhöhe zwischen Todtmoos und Präg gewählt. Während sich der Wanderparkplatz im Kreis Waldshut befindet, steht das Waldhotel Auerhahn jenseits der Straße bereits im Kreis Lörrach. Einen Steinwurf weiter östlich sehen wir außerdem das Tor zum Wehratal, welches zwischen Todtmoos und Wehr die sechste und letzte Etappe des bekannten Schluchtensteigs bildet. Folgen wir der Straße nach Nordwesten, kommen wir schließlich ins Tal des Weißenbachs, nach dem der Sattel benannt ist. Zuletzt führt die Ostvariante des Westwegs über die Anhöhe. Zusammen mit dem Hauptwanderweg HW3 des Albvereins und zwei als Genießerpfade eingerichtete Wanderwege unterstreicht sie die hohe Bedeutung der Anhöhe für die landschaftsbezogene Erholung.

Waldhotel Auerhahn »Hochkopfhaus«

Das ehemalige Wanderheim wurde nach 2003 als Hochkopfhaus zum Auerhahn zu einem Themenhotel umgebaut. Je nach Geschmack können Gäste im Afrikazimmer, Ägyptenzimmer, Bali- oder Japanzimmer übernachten. Neben den Länderthemen locken das Engel-, Lavendel-, Rosen-, Kuh- oder auch das Ziegenzimmer. Im Untergeschoss befindet sich der orientalisch gestaltete Wellnessbereich. Im Restaurant mit Außenterrasse sind Ausflugsgäste und Wanderer willkommen (www.waldhotel-auerhahn.com).

Auf dem Lebküchlerweg von Todtmoos So eingestimmt, nehmen wir den kurzen Anstieg vom **Hochkopfhaus**

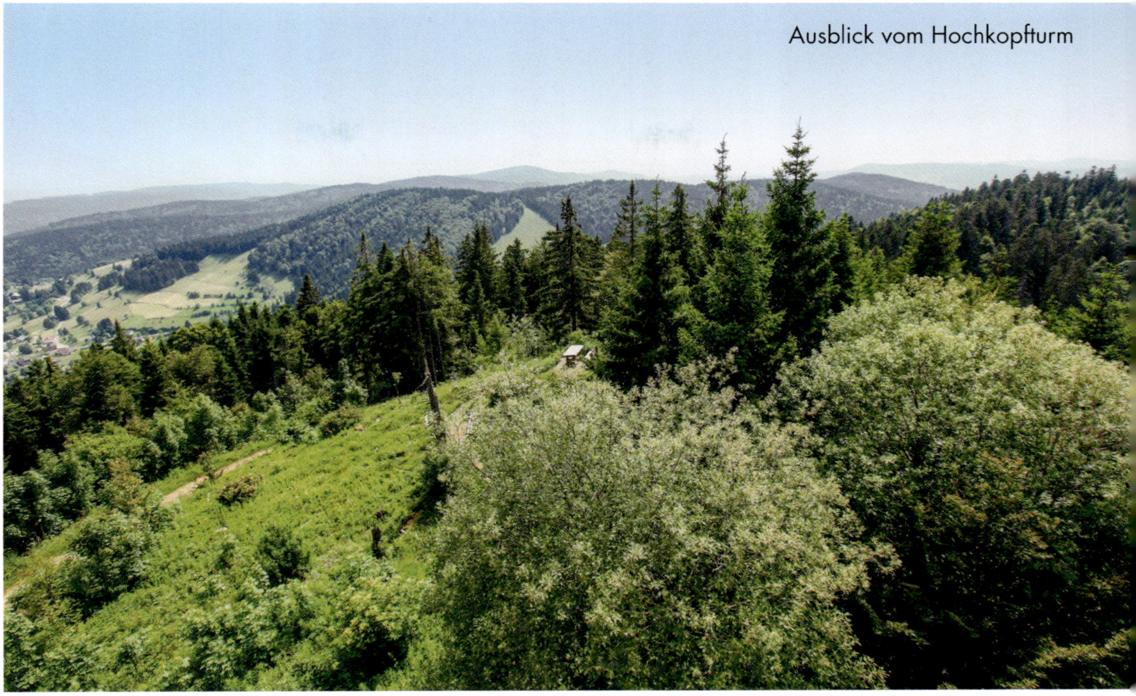

Ausblick vom Hochkopfturm

zum Wegweiser **Weißenbachsattel**. Dort biegen wir rechts mit dem Lebküchlerweg zum Panoramaweg ab. Der Name des Genießerpfads erinnert daran, dass Lebkuchen bereits seit Langem eine auch heute noch traditionell hergestellte Spezialität von Todtmoos sind. Aufgrund seiner hervorragenden Haltbarkeit war der Lebkuchen insbesondere bei Wallfahrern als Wegzehrung beliebt.
Am Waldrand halten wir uns rechts und wandern an mehreren, bis heute durch die schwarze Färbung des Bodens zu erkennenden, ehemaligen Köhlerplätzen vorbei. Lassen wir von hier aus den Blick über das Tal nach Süden schweifen, sind bei klarem Wetter einige Gipfel der Alpen zu sehen.

Flügelginster ist auch als Ramsele bekannt.

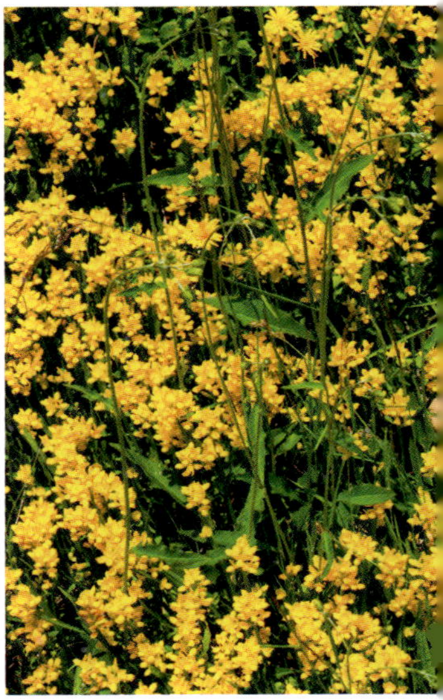

Weidfelder auf der Schanz Beim nächsten Wegweiser haben wir die Wahl: Wer ein paar Meter abkürzen möchte, kann mit dem Lebküchlerweg links zur Weidbuche abbiegen. Um auf dem Panoramaweg zu bleiben, laufen wir geradeaus weiter bis zum tiefsten Punkt der Runde beim

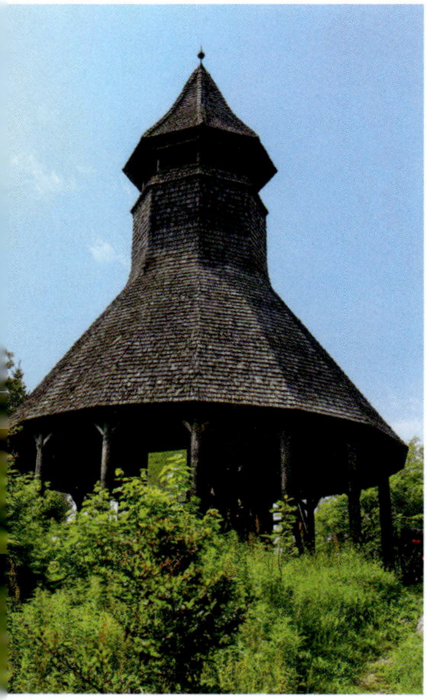

Schon der Aussichtsturm auf dem Hochkopf bildet einen schönen Blickfang.

Westweg nahe dem Weißenbachsattel

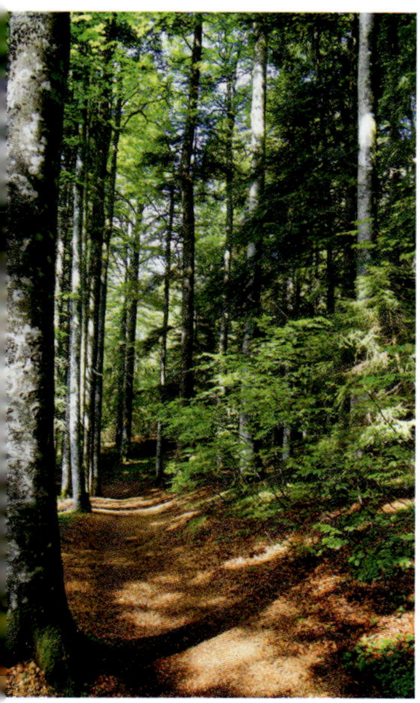

Wegweiser **Auf der Schanz**. Erst dort biegen wir links ab, sodass wir nun von Süden an mehreren Sträuchern vorbei auf eine mächtige **Weidbuche** zulaufen. Zusammen mit weiteren, weniger mächtigen Einzelbäumen prägt sie das große Weidfeld oberhalb von Todtmoos-Weg. Die bis heute intensive Beweidung der Fläche sichert den Fortbestand der attraktiven, offen gehaltenen Landschaft. Bei der Weidbuche selbst laden ein Bänkle sowie eine Himmelsliege zum Verweilen ein.

Aufstieg auf den Hochkopf Ab der Buche folgen wir der gelben Raute in den Wald sowie über den Wegweiser **Breitmoos** zum **Hochkopfbrünnle**. Dort wechseln wir rechts auf den Westweg. Wo die Bäume beim Wegweiser Am Hochkopf kurz den Blick freigeben, haben wir links die Wahl: Wer fit ist und auch mit einer felsigen sowie von Wurzeln überzogenen Passage gut zurechtkommt, kann gerne den Stichweg direkt hoch zum **Hochkopfturm** steigen. Ansonsten empfehlen wir den linken Weg. Dieser ist etwas breiter und länger, womit auch der Anstieg weniger steil ausfällt. Der Aussichtsturm auf dem Hochkopf ist nur wenige Meter hoch. Da die meisten umliegenden Berge aber niedriger sind, eröffnet er uns ein grandioses Panorama über das Bernauer Hochtal hinweg zu den Gipfeln des Hochschwarzwalds. Wenden wir uns nach Süden, sind bei klarer Luft auch hier die Schweizer Alpen in der Ferne zu sehen. Eine aufklappbare Metallscheibe erleichtert die Bestimmung der einzelnen Berge.

Rückweg durch den Langewald Nach dem Abstecher kehren wir auf demselben Weg zurück zum **Hochkopfbrünnle**. Von dort erfolgt der weitere Rückweg auf dem Westweg, sodass wir bequem der roten Raute durch den **Langewald** über den Weißenbachsattel bis zu unserem Ausgangspunkt beim **Hochkopfhaus** folgen können. Dort sind wir uns dann sicher einig: Die Runde stellt zwar durchaus ihre Anforderungen, verwöhnt einen dafür aber auch mit einer ganzen Fülle schöner Eindrücke, von denen wir einige Zeit schwärmen werden.

Wichtiges zur Tour

Tourencharakter
Nach dem lockeren Auftakt auf dem als Pfad gepflegten Panoramaweg erwartet uns eine längere Steigung bis hinauf auf den Hochkopf. Die Variante über den Stichweg ist felsig und von Wurzeln überzogen.

Ausgangspunkt/Endpunkt
Hochkopfhaus, 1078 m

Höchster Punkt
Hochkopf, 1263 m

Anfahrt
GPS 47.7623, 7.9762

Bus/Bahn: Ab Todtnau und Todtmoos mit der Buslinie 7321 zur Haltestelle Herrenschwand Hochkopfhaus
Auto: Die Anfahrt erfolgt von der B 500 ab Häusern, von der B 317 ab Geschwend über St. Blasien und Todtmoos bzw. über Präg und die L 151 bis zur Passhöhe auf dem Weißenbachsattel.

Einkehr
Am Ausgangspunkt Waldhotel Auerhahn »Hochkopfhaus«, Di–So ab 12 Uhr, Tel. 07674/437, www.waldhotel-auerhahn.com

Beste Jahreszeit
April bis Oktober

Karte
Karte des Schwarzwaldvereins 1:25 000, W257 Schönau

Informationen
Touristinformation Todtmoos, Tel. 07652/12060, www.hochschwarzwald.de/Todtnau

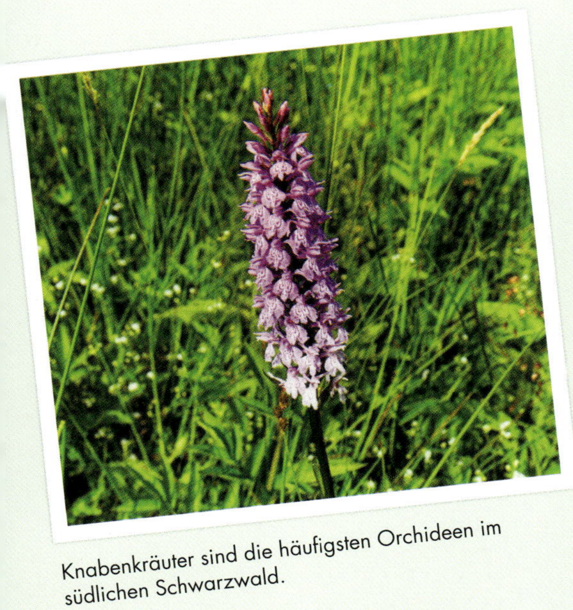

Knabenkräuter sind die häufigsten Orchideen im südlichen Schwarzwald.

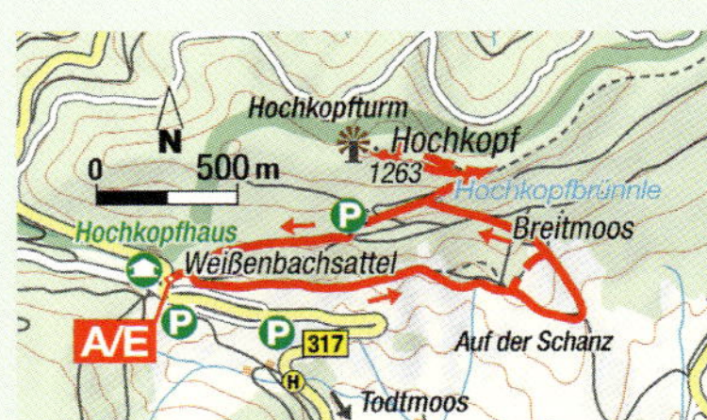

Himmelsliege auf dem Rümmelesbühl
(Tour 9)

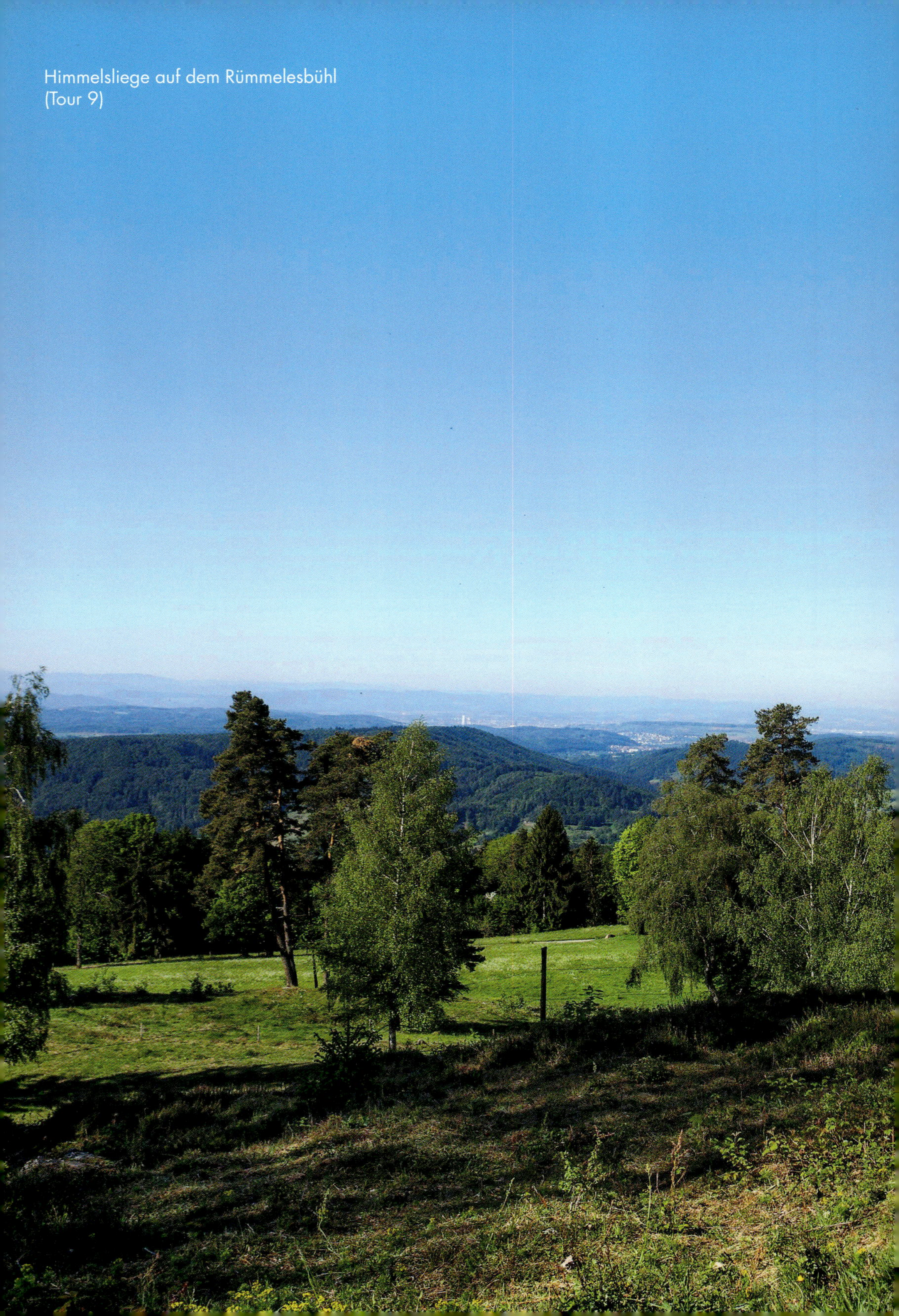

Hochschwarzwald

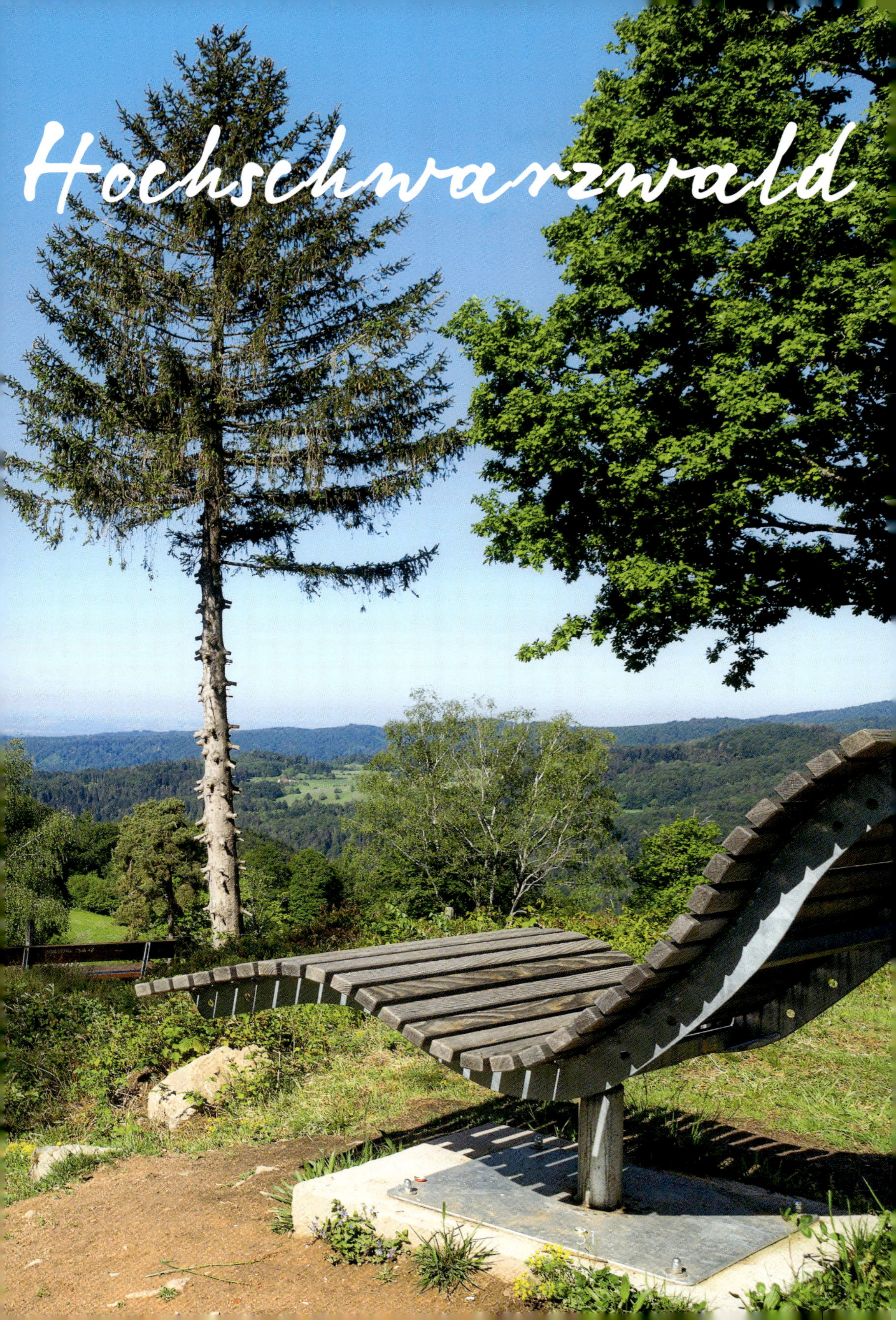

9 Ehrenloge zwischen den Wiesen

Auf den Rümmelesbühl

mittel

1.45 Std.

130 Hm

4,6 km

Oberhalb von Gresgen bildet der Rümmelesbühl eine markante Landmarke zwischen dem Großen und dem Kleinen Wiesental. Herrliche Aussichten sind uns gewiss.

Zur Gresgener Ebene Ab der Schotterfläche unterhalb der Durchgangsstraße geht es am Löschwasserteich vorbei zum Wegweiser **Rathaus Gresgen**. Dort gehen wir links, folgen der blauen Raute (mit weißem Strich) über den **Ziegler Hof** sowie am Luisenhof vorbei bis zur Gabelung beim Wegweiser **Kläranlage**. Wir laufen geradeaus bis an den Wald, wo links ein mit gelber Raute markierter Weg zum Rümmelesbühl abzweigt. Wir lassen diesen aus und folgen der blauen Raute in den Wald. An der Weggabel bleiben wir auf dem unteren Weg. Nun verlassen wir den Wald und gelangen links auf dem Fahrweg zur **Gresgener Ebene**.

Schutzhütte auf dem Rümmelesbühl

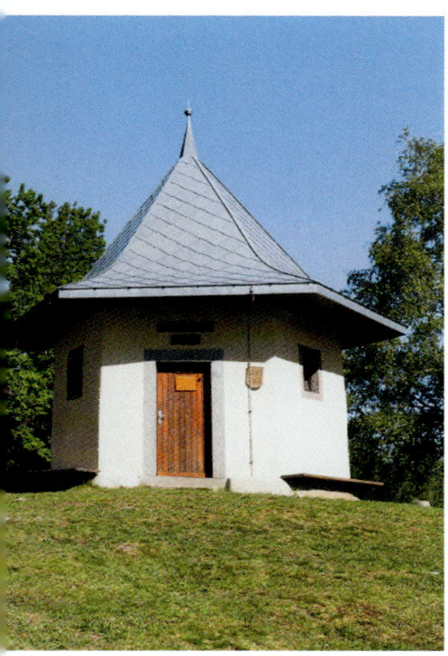

Über die Dreibeinhütte zum Rossboden Auf der Anhöhe folgen wir links der gelben Raute zum Rossboden. Weiter gelangen wir über die Südflanke des Rümmelesbühls zur **Dreibeinhütte** sowie ab dort wieder nach Norden zurück in den Wald bis zum Wegweiser **Rossboden**. Wer auf den Aufstieg verzichten möchte, kann geradeaus weiterlaufen. Nach 500 Metern trifft er wieder auf den Wanderweg.

Auf den Rümmelesbühl Beim Rossboden biegen wir scharf links ab. Nach dem Wald nehmen wir die Kurven über die Wiese und genießen weiter oben die Sicht zu den Alpen. Nach einer weiteren Waldpassage zweigt links ein Wiesenpfad zum **Rümmelesbühl** ab. Oben erwartet uns ein herrlicher Rastplatz. Der Rückweg erfolgt mit der gelben Raute hinunter zum direkten Weg vom Rossboden sowie links am **Bolzplatz** vorbei zurück nach Gresgen.

Wichtiges zur Tour

Tourencharakter
Der Zugang auf den Rastplatz Rümmelesbühl erfolgt über einen Wiesenpfad. Ansonsten technisch einfache Runde auf zumeist breiten Wirtschafts- und Waldwegen.

Ausgangspunkt/Endpunkt
Rathaus Gresgen, 700 m

Höchster Punkt
Rümmelesbühl, 775 m

Anfahrt
GPS 47.7113, 7.820
Bus/Bahn: Ab Zell im Wiesental bestehen Mo–Fr wenige Busverbindungen zur Haltestelle Rathaus Gresgen.
Auto: Von der B 317 Schopfheim–Titisee bei Zell im Wiesental auf die L 140 Richtung Tegernau abbiegen. Der Landstraße durch Adelsberg nach Gresgen folgen. Parkmöglichkeit besteht auf einer Fläche beim Löschwasserteich.

Einkehr
Auf der Strecke keine, sehr schöne Rastmöglichkeiten

Beste Jahreszeit
April bis Oktober

Karte
Karte des Schwarzwaldvereins 1:25 000, W257 Schönau

Informationen
Zeller Bergland Tourismus, Tel. 07625/ 92 40 92, www.zeller-bergland.de

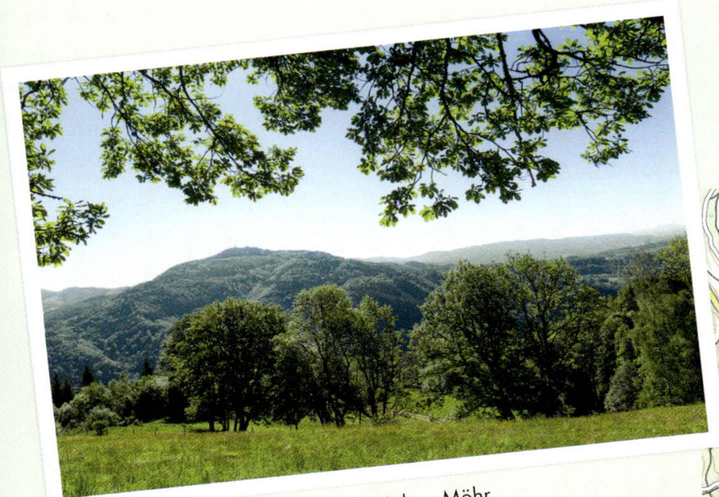

Aussicht von der Dreibeinhütte zur Hohen Möhr

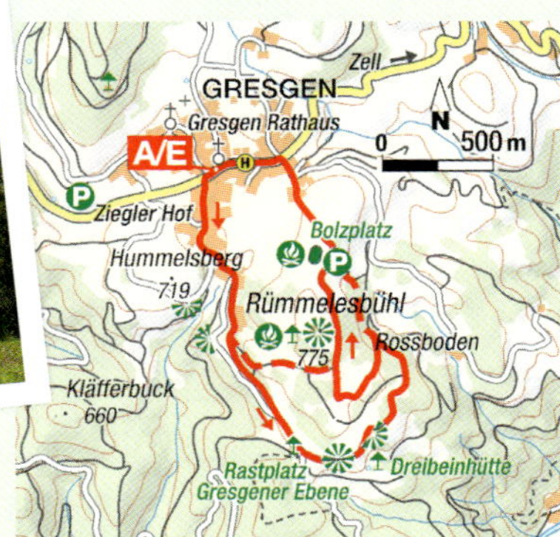

10 Rund um den Weiherkopf

Vom Haldenhof zur Kälbelescheuer

- mittel
- 2.30 Std.
- 300 Hm
- 5,8 km

Die Almgaststätte Kälbelescheuer besticht durch ihre traumhafte Lage zwischen dem Belchen und der Oberrheinebene. Bei Inversionswetterlagen sind sogar die Hochvogesen mit dem Grand Ballon zu sehen. Doch auch an anderen Tagen reichen sich Wanderer und Ausflügler praktisch die Klinke in die Hand.

Entspannt ans Werk gehen Eigentlich ist es möglich, beim Haldenhof zu parken. Da der Parkstreifen weitgehend den Gästen des Berggasthofs vorbehalten ist, bietet es sich an, bis zum nächstgelegenen Wanderparkplatz **Im Mond** zu fahren. Dieser befindet sich direkt oberhalb der Landstraße und ist (in westlicher Richtung) über den Westweg mit der Bushaltestelle beim **Haldenhof** verbunden. Wanderer, die mit dem Bus anreisen, starten im Normalfall gleich hier. Oder sie gehen die Tour noch entspannter an und steigen beim Skilift am Kreuzweg aus. In dem Fall entfallen die ersten 1400 Meter sowie die Hälfte der zu leistenden Höhenmeter.

Dekan-Strohmeyer-Gedächtniskapelle

Wer dem Westweg vom Wanderparkplatz Im Mond nach Osten auf das Heubronner Eck folgt, kommt nach 600 m zur Dekan-Strohmeyer-Gedächtniskapelle. Sie ist dem Pfarrer Willibald Strohmeyer gewidmet, der zwei Wochen vor Kriegsende – am 22. April 1945 – von SS-Leuten hierher geschleppt, mit zwei Genickschüssen ermordet und verscharrt wurde. Im Umfeld der Kapelle laden mehrere Bänke zur Rast und inneren Einkehr ein.

Zwischen Haldenhof und Kreuzweg Ab dem Haldenhof folgen wir der roten Westwegraute in Richtung Kreuzweg. Nach wenigen Schritten entlang der Straße und dem Parkplatz wechseln wir rechts auf den steilen Wirtschaftsweg hinauf zum Waldrand. Sowie der Weg auf die

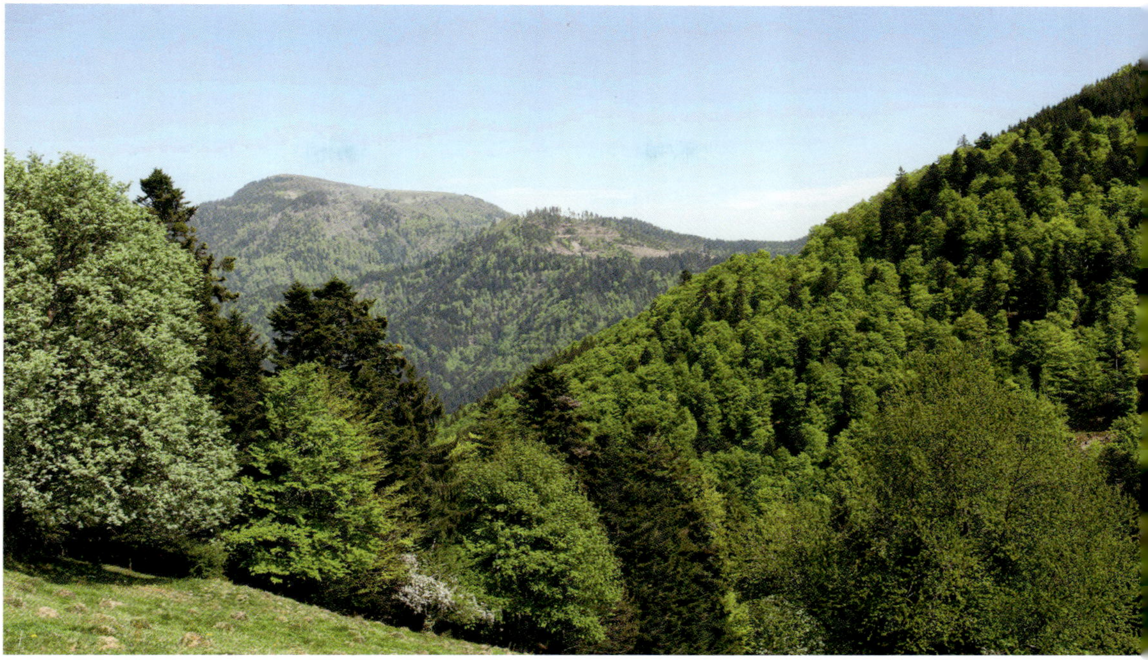

Den Belchen im Blick

L131 trifft, kreuzen wir (rechts) zweimal die Landstraße und gelangen auf einen Waldweg zum Weiherkopf und Kreuzweg. Gut 200 Meter weiter biegen wir scharf links ab, verlassen den Wald wieder und laufen parallel zum Hang bis zur Talstation des Skilifts am **Kreuzweg**. Neben der Aussicht über das Kleine Wiesental lohnt sich auch der Blick an den Wegrand. Ab dem Spätsommer blühen hier Silberdisteln sowie verschiedene Enzianarten.

Aussichten zwischen Belchen und Münstertal Bei der Talstation wechseln wir auf den mit gelber Raute gekennzeichneten Weg in den Wald. Nachdem wir zunächst noch kurz bergauf laufen, schwenkt der Weg nach Westen und wird das Terrain flacher. Nahe dem unzugänglichen Gipfel des Sirnitz verlassen wir den Wald wieder und biegen bei der **Rastbank** rechts ab. Mit schöner Sicht über den Hohkelch zum Belchen sowie über die Seitentäler des Neumagen im Münstertal nehmen wir die Kehre, eh der Weg nach Norden abknickt und wir schnurstracks zur Almgaststätte hinunterlaufen.

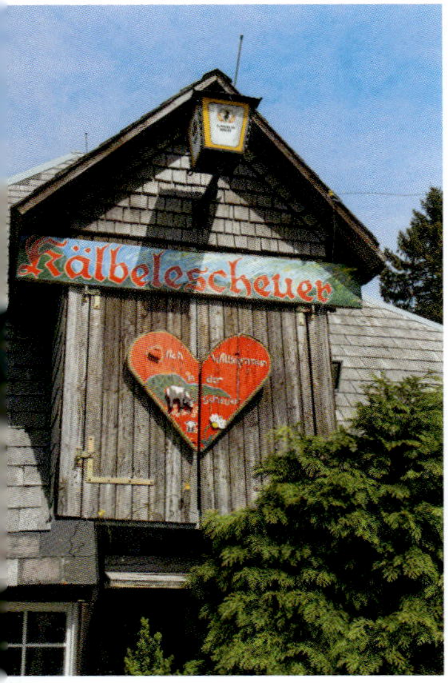

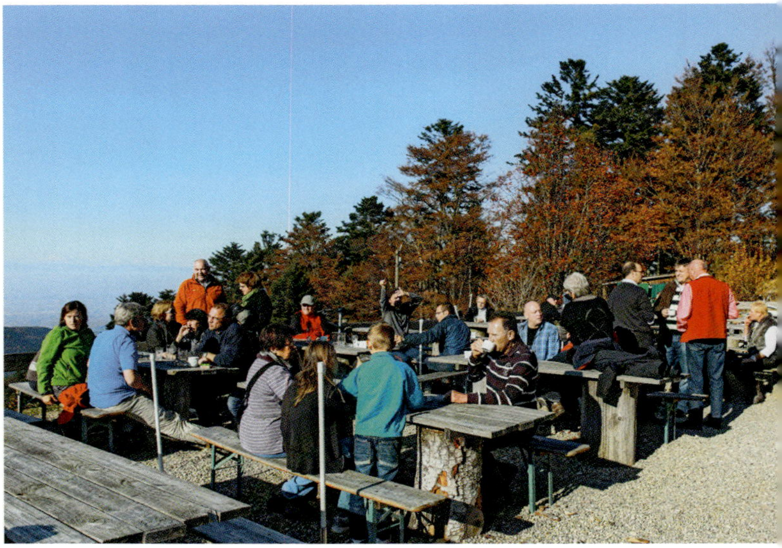

Oben links: Herzlicher Empfang bei der Kälbelescheuer

Oben rechts: Auf der Sonnenterrasse lässt es sich gut aushalten.

Almgaststätte Kälbelescheuer Auf der Sonnenterrasse der **Kälbelescheuer** bekommen wir leicht das Gefühl, in einer natürlichen Loge zu sitzen. Denn nach Westen fällt das Gelände deutlich ab, sodass wir bei guten Bedingungen freie Sicht bis zum Grand Ballon, dem großen Bruder des Schwarzwälder Belchens, haben. Besonders schön ist der Ausblick übrigens immer dann, wenn Hochnebel die Oberrheinebene verdeckt, während auf der Höhe die Sonne lacht. Dazu verwöhnt uns die Küche der Almgaststätte mit heimischen und herzhaften Gerichten sowie auch leichten Fischgerichten und einer Auswahl an Salaten.

Auf der Nordseite des Weiherkopfs Für den späteren Rückweg kehren wir zum Wegweiser oberhalb der Kälbelescheuer zurück und folgen dem mit blauer Raute markierten Wanderweg über das Sirnitzgrundbächle in den Wald. Nach den Aussichten im ersten Teil der Runde ist der Abschnitt nördlich vom Weiherkopf eher schattig, führt aber an ein, zwei markanten Felsformationen vorbei. Und dann gibt der Wald doch noch einmal den Blick zum Belchen frei, bevor wir die letzten Meter zurück zu unserem Ausgangspunkt am Haldenhof bzw. dem Wanderparkplatz Im Mond laufen.

Wichtiges zur Tour

Tourencharakter
Beim Aufstieg zum Sirnitz sind Trittsicherheit und auch etwas Kondition am Berg von Vorteil. Stöcke sind hier nützlich. Der direkte Weg vom Haldenhof und der Kälbelescheuer ist deutlich leichter.

Ausgangspunkt/Endpunkt
Wanderparkplatz Im Mond, 920 m

Höchster Punkt
Nordöstlich Sirnitz, ca. 1100 m

Anfahrt
GPS 47.8049, 7.7959
Bus/Bahn: Es bestehen Busverbindungen ab Badenweiler und Tegernau zur Haltestelle Neuenweg Haldenhof.
Auto: Von der A5 an der Ausfahrt 65 nach Müllheim abfahren, weiter über die L131 Richtung Schönau bis zum Wanderparkplatz Im Mond östlich vom Haldenhof fahren. Von Osten über die B317 bis Wembach, dort auf die L131 abbiegen.

Einkehr
Almgaststätte Kälbelescheuer, täglich ab 11 Uhr, Tel. 07636/788887, kaelbelescheuer.de

Beste Jahreszeit
Mai bis Oktober

Karte
Karte des Schwarzwaldvereins 1:25000, W257 Schönau

Informationen
Touristinformation Kleines Wiesental, Tel. 07629/91100, www.kleines-wiesental.eu

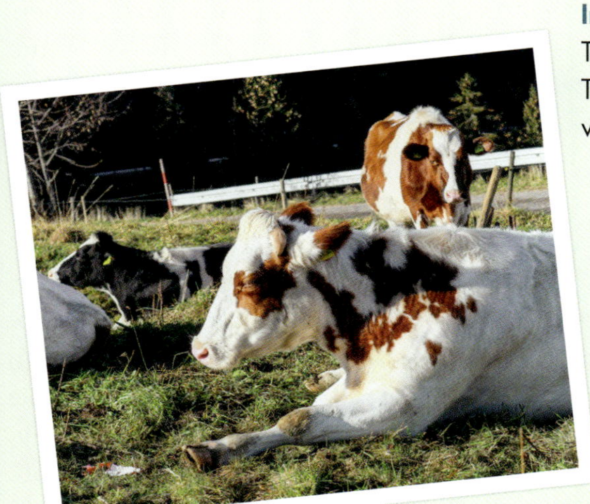

Mittagsruhe auf der Weide

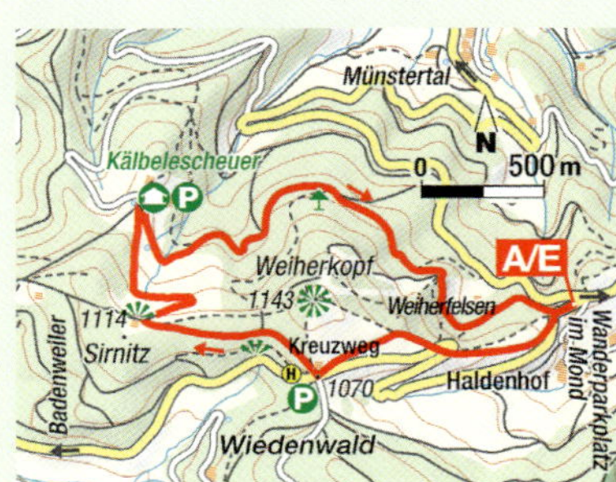

11 Zu Gast beim Gott des Lichts

Belchen und Hohkelch

- mittel
- 2–2.30 Std.
- 400 Hm
- 5,1 km

Durch seine leicht isolierte Lage am Schwarzwaldrand eröffnet uns der Belchen eine fantastische Rundumsicht. Kein Wunder, dass bereits die Kelten dem Berg eine besondere Bedeutung beimaßen. Sie benannten ihn nach ihrem Sonnengott Belenos, kurz: Bel.

Morgenstund hat Gold im Mund Der Belchen zählt seit jeher zu den beliebtesten Ausflugszielen im Schwarzwald. Das gilt insbesondere seit der Inbetriebnahme der Seilbahn und der Sperrung der Gipfelstraße. Entsprechend rasch füllen sich bei schönem Wetter die Parkplätze bei der Talstation. Eine frühe Ankunft ist also ratsam. Oder wir nutzen einfach den Belchenbus. Dieser bringt einen vom Bahnhof Münstertal sowie ab Schönau direkt hoch zur Talstation. Anreisende vom Wiesental erhalten im Bus das Kombi-Ticket »Bus + Seilbahn«, sparen sich damit das Anstehen bei der Kasse und können gleich zu den Kabinen der Seilbahn durchlaufen. Diese nimmt den regulären Betrieb während der Sommermonate um 9.15 Uhr auf. Alternativ dazu können wir aus eigener Kraft die Gipfelstraße zum Belchenhaus nutzen. Auf der 3,8 Kilometer langen Strecke sind dann gut 350 Höhenmeter zu leisten.

Bergstation der Belchenbahn vor dem Alpenpanorama

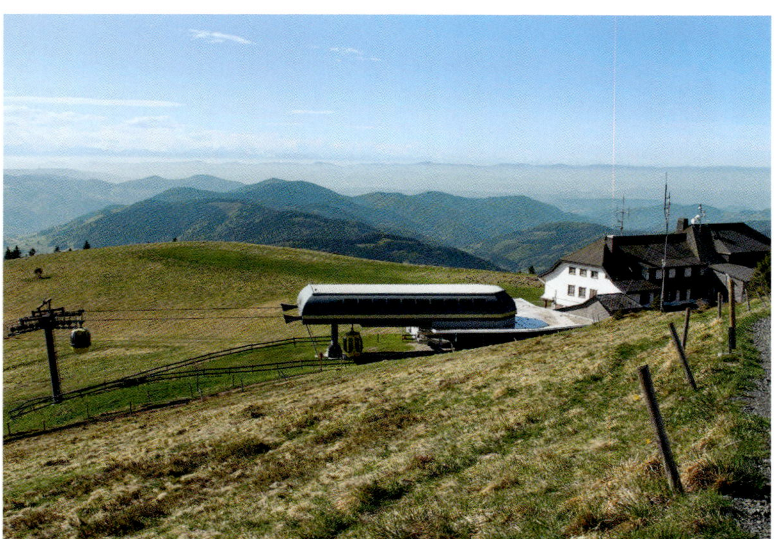

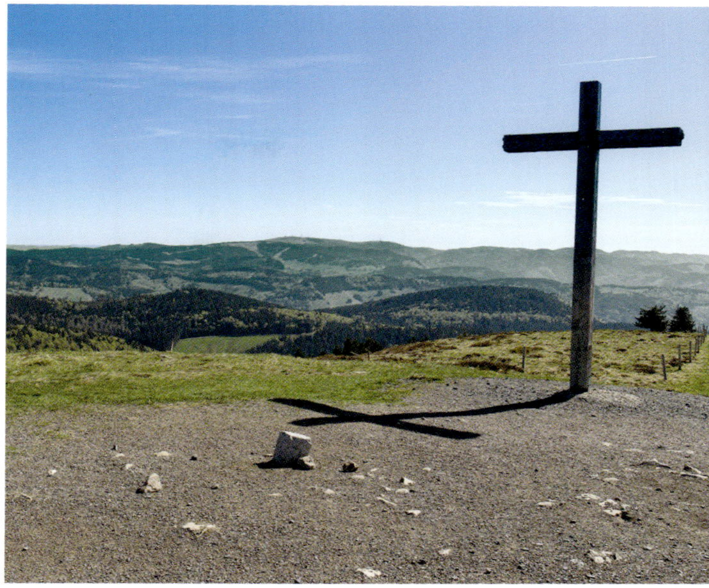

So ruhig ist es selten beim Gipfelkreuz.

Gipfelrundweg Direkt neben der Bergstation lädt das **Belchenhaus** zum Verweilen ein. Noch bis ins Jahr 2001 ging der Blick von der heutigen Terrasse über eine riesige befestigte Schotterfläche. Nach Sperrung der im Jahr 1904 eingeweihten Straße war es möglich, den alten Parkplatz zu begrünen, sodass wir hier heute ein wieder intaktes Landschaftsbild vorfinden. Auf der Westseite vom Belchenhaus treffen wir auf den 1,2 Kilometer langen Gipfelrundweg. Bis zum höchsten Punkt sind 60 Höhenmeter zu bewältigen. Wie herum man den Fußweg läuft, spielt an sich keine Rolle. Uns selbst erscheint er im Uhrzeigersinn etwas leichter. Auch, weil der Zugang über die Ostseite einen längeren Abschnitt geradeaus verläuft und somit anfälliger gegenüber Auswaschungen ist.

Rückblick und Aussicht Auf dem Rundweg informieren Schautafeln über die Besonderheiten des Belchens, seine Vegetation und die historische Nutzung. So bildet der Gipfelbereich eine baumfreie Kuppe, obwohl wir uns gut 200 Meter unterhalb der natürlichen Waldgrenze befinden. Erst im Zuge der Besiedlung des Schwarzwalds rodeten Bauern den Wald auf dem Belchen, um Weideland für ihre Herden zu schaffen. Unbeabsichtigt haben sie damit das Klima auf dem Berg verändert. Denn ohne den Wald bietet der Belchen Wind und Wetter eine ideale Angriffsfläche. Die Hauptwindrichtung lässt sich an den wenigen Fichten hier oben ablesen, deren Äste ähnlich einer Wetterfahne zur windabgewandten Seite, also nach Lee wachsen. Ebenfalls auf die Weidenutzung zurückzuführen ist das Vorkommen einiger alpinen Arten. Der Rundweg selbst eröffnet uns im Westen eine spektakuläre Aussicht ins

Das Belchenvisier

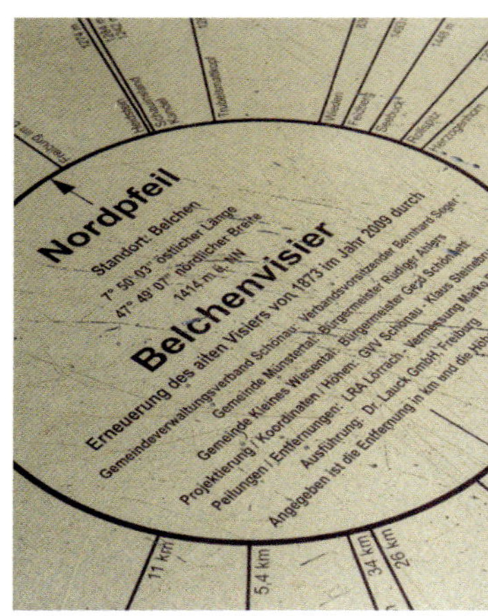

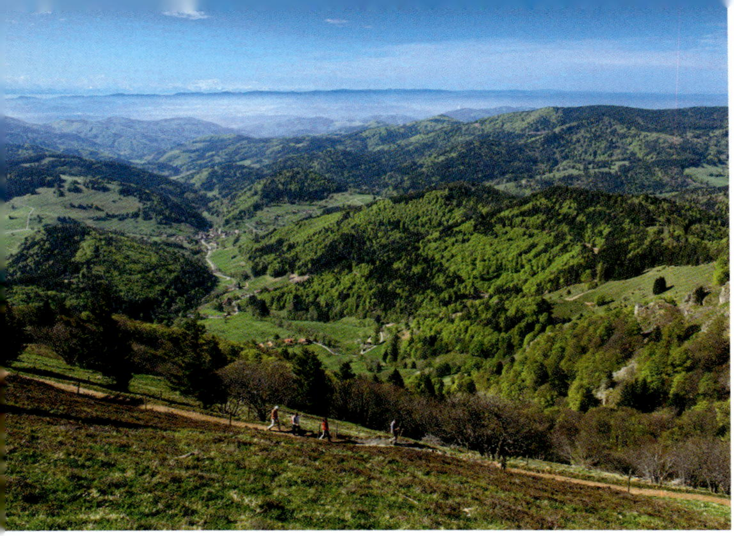

1000 Meter tiefer gelegene Münstertal und zu den Vogesen, vom Gipfel zum Feldbergmassiv im Osten sowie über das Kleine Wiesental zu den Alpen im Süden. Einen Katzensprung vom Gipfelkreuz entfernt hilft das Belchenvisier, die umliegenden Orte und Berge zielsicher zu bestimmen.

Blick hinunter ins Kleine Wiesental

Rapsfelsen und Hohkelch Wer den Rundweg im Uhrzeigersinn gewandert ist, lässt den **Abzweig nach Krinne** links liegen und kommt mit ebenfalls schöner Sicht auf die Belchenseilbahn zurück zum Wegweiser beim Belchenhaus. Für den zweiten Teil der Wanderung wechseln wir auf den Westweg. Der Hohkelch ist hier bereits angeschrieben. Damit folgen wir der roten Raute über den **Wiesentalblick** (links) zunächst auf den Rapsfelsen. Auf der 1328 Meter hohen Aussichtskanzel liegt uns praktisch das gesamte Kleine Wiesental zu Füßen. Weiter geht es erst in westliche, dann in nördliche Richtung in den Wald. 50 Meter weiter nimmt der Westweg eine Kehre und entschärft so das Gefälle zum Hohkelchsattel. Während der Westweg rechts abbiegt, nutzen wir geradeaus den Pfad auf den **Hohkelch**. Bei unserem letzten und am tiefsten gelegenen Aussichtspunkt beschreibt der Pfad eine Schleife zurück zum Hohkelchsattel. Ab dort führt uns der Westweg in nun entgegengesetzter Richtung zurück zum Belchenhaus.

Belchensystem

Die besondere Stellung des Schwarzwälder Belchens, der Belchenflue im Schweizer Jura sowie des Petit Ballon zum Elsässer Belchen erlaubte es den Kelten, die Jahreszeiten zu bestimmen. Vom Elsässer Belchen aus gesehen geht die Sonne am Frühlings- und Herbstanfang über dem Schwarzwälder Belchen auf. Die Anfänge von Sommer und Winter markierten die Sonnenaufgänge direkt über dem Kleinen Belchen bzw. der Belchenflue. Komplettiert wird das Belchensystem durch den Grand Ballon. Über ihm geht die Sonne am 1. Mai auf. Das an diesem Tag von den Kelten begangene Beltane-Fest gilt als Ursprung für den Tanz in den Mai.

Wichtiges zur Tour

Tourencharakter
Die Mitarbeiter der Belchenbahn sind im Umgang mit Rollstühlen geübt. Barrierefreie Toiletten sind bei der Talstation vorhanden. Der Zugang zum Belchengipfel erfolgt über einen Schotterweg.

Ausgangspunkt/Endpunkt
Bergstation Belchenseilbahn, 1363 m

Höchster Punkt
Belchen, 1414 m

Anfahrt
GPS 47.8212, 7.8509
Bus/Bahn: Es bestehen Busverbindungen ab Todtnau (mit Umstieg), Schönau und Münstertal zur Haltestelle Multen Belchenbahn Talstation.
Auto: Über die B 317 Schopfheim/Titisee bis zum Abzweig der L 142 südlich von Utzenfeld, ab dort der Beschilderung bis zur Talstation der Belchenbahn folgen.

Einkehr
Belchenhaus, täglich ab 10 Uhr, Tel. 07673/88 82 80, bei der Talstation

Beste Jahreszeit
April bis Oktober

Karte
Karte des Schwarzwaldvereins 1:25 000, W257 Schönau

Informationen
Schwarzwald-Region Belchen Tel. 07673/91 81 30, www.schwarzwaldregion-belchen.de
Belchenseilbahn, Tel. 07673/88 82 80, www.belchen-seilbahn.de

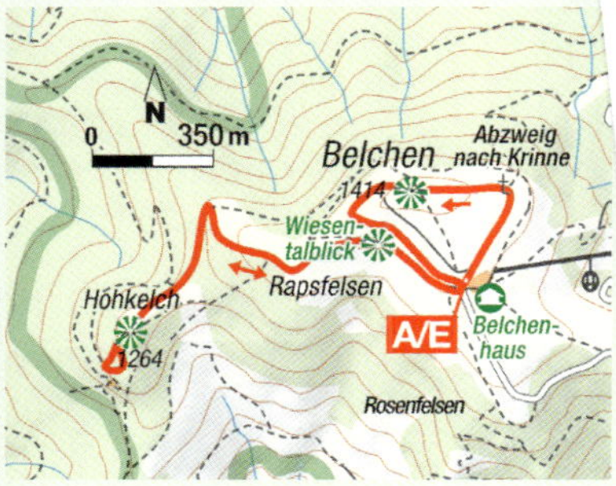

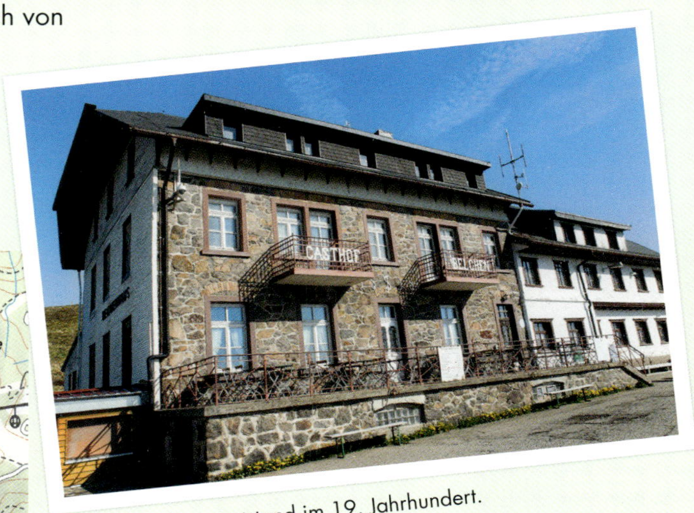

Das Belchenhaus entstand im 19. Jahrhundert.

12 Um das Haldenköpfle

Einstieg beim Notschrei

- leicht
- 2.30–3 Std.
- 150 Hm
- 7,7 km

Das Haldenköpfle zählt zu den Bergen, die sich zu jeder Jahreszeit lohnen. Im Frühjahr und Sommer empfangen uns blühende Bergwiesen, im Herbst befinden wir uns oft oberhalb der Nebelgrenze. Im Winter schließlich führt ein präparierter Winterwanderweg um das Köpfle.

Auf dem Westweg Der Einstiegspunkt in die Runde befindet sich beim Wegweiser **Notschrei** nahe der Mündung der Schauinslandstraße in die Passstraße (L 126) gegenüber der Zufahrt vom Waldhotel am Notschreipass. Ab dort folgen wir der roten Raute des Westwegs auf dem Notschreiweg in Richtung Belchen zum nahen Abzweig **Beim Notschrei**. Von rechts werden wir später zurückkommen. Wir laufen die Runde also im Uhrzeigersinn geradeaus weiter durch

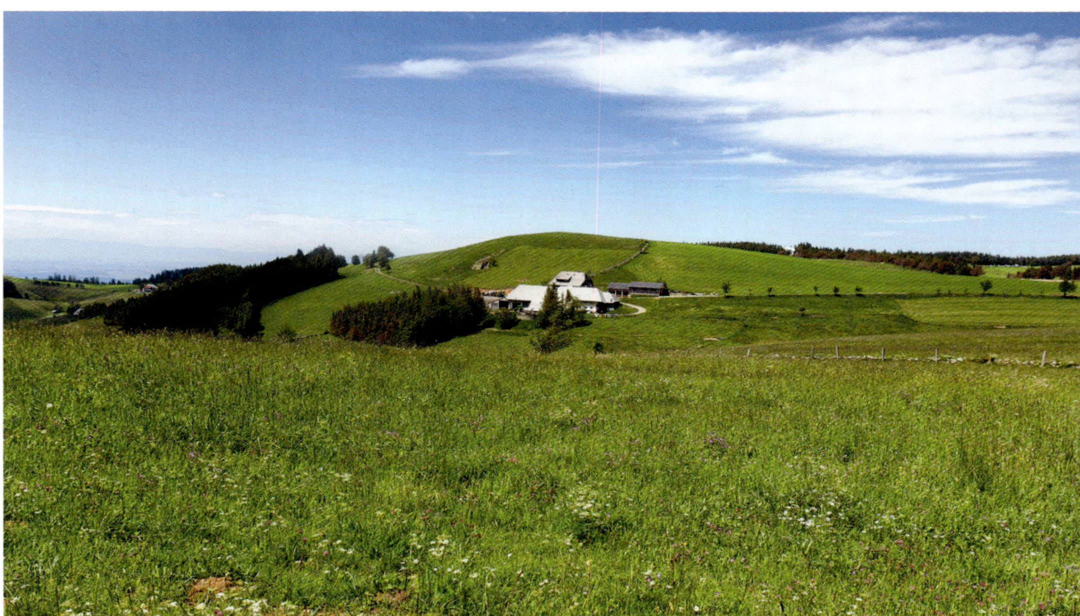

Blick über die Obere Willnau

einen lückigen Nadelwald. Nach 300 Metern öffnet sich die Sicht über das reizvolle Langenbachtal. Zusammen mit dem Trubelsbach bildet er ein Naturschutzgebiet, das von einem vielfältigen Mosaik aus Flach-, Übergangs- und Hochmooren sowie Nasswiesen und Borstgrasrasen geprägt wird. Nach Angaben der Landesanstalt für Umwelt Baden-Württemberg ist dieses von besonderer Bedeutung für die Moorforschung. Für uns als Wanderer ist es einfach nur schön, den Blick über die intakte Natur schweifen zu lassen.

Westweg

Zwischen der Passhöhe Notschrei und dem Belchen befindet sich einer der landschaftlich schönsten Abschnitte des Westwegs. In etwa auf halber Strecke befindet sich das Wiedener Eck. Von dort wie auch vom Belchen bestehen Busverbindungen nach Schönau.

Über den Trubelsmattkopf Am Ende der Lichtung taucht der Notschreiweg wieder in den Wald ein, beschreibt nahe dem Bach eine Linkskurve und geht im weiteren Verlauf in den Langenbachweg über. Nach 1,6 Kilometern ab dem Start trennen sich beim **Trubelsmattkopf** die Wege. Während der Westweg geradeaus über das Wiedener Eck auf den Belchen führt, biegen wir rechts zur Halde ab. Damit folgen wir der blauen Raute über die unsichtbare Kreisgrenze zwischen Lörrach und Breisgau-Hochschwarzwald zum Wegweiser **Oberer Wald**.

Wiesenstorchenschnabel

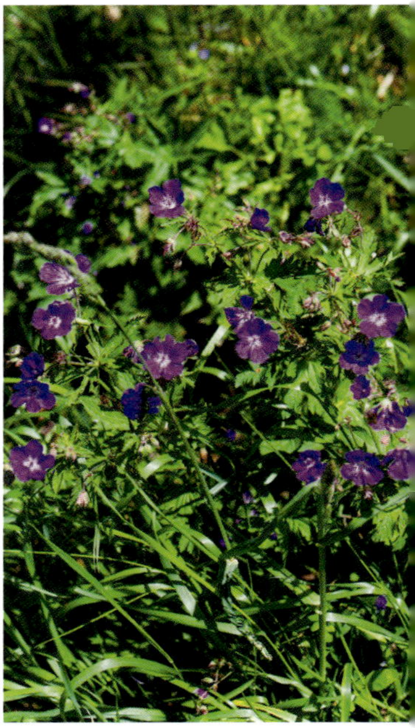

Zunehmend Aussicht Erneut rechts führt der Weg über die Westseite des Haldenköpfles. Nachdem die Bäume kurz die Sicht zu den Vogesen freigeben, biegen wir beim Wegweiser **Dreieck** ein weiteres Mal rechts ab, nehmen außerdem sogleich die Rechtskurve und verlassen auf dem Höhenweg zum Kaltenbrunnen den Wald. Auf diesem Abschnitt werden wir gerne verweilen und den Blick in die nahe und ferne Umgebung schweifen lassen. Nach Westen fallen mehrere Seitentäler steil zum Münstertal ab. Schauen wir nach Nordwesten, ist über den Gießhübel hinweg der südliche Ausläufer des Kaiserstuhls zu sehen. Beim **Kaltenbrunnen** gabelt sich der Weg und wir halten uns rechts. Sowie uns

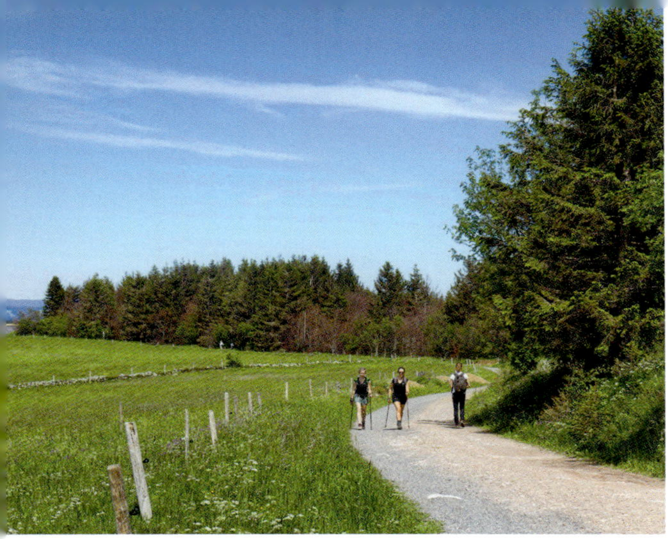

Höhenweg zur Halde

der Weg durch einen Bogen führt, rückt schließlich der Schauinslandturm in unser Blickfeld.

Auf der Halde Wo der Höhenweg an einen Gehölzstreifen heranführt, haben wir die Wahl: Wer ein paar Meter abkürzen und die Straße an einer schmaleren Stelle kreuzen will, kann der **blauen Raute** durch eine schmale Lücke direkt zum Hotel Die Halde folgen. Andernfalls sowie bei Schnee bleiben wir einfach auf dem breiten Weg und überqueren erst beim **Parkplatz Halde** die Landstraße. Auf der anderen Seite geht es in dem Fall über die nördliche Zufahrt zum **Hotel Die Halde**. Bei der Haldenkapelle wechseln wir links auf den mit blauer Raute markierten Wanderweg, und es öffnet sich die Sicht nach Osten zum Feldberg. Links davon schließen der Immisberg und, nach dem Geländeeinschnitt, der Tote Mann an. Letzterer lässt sich leicht an einer isolierten Baumgruppe auf dem Gipfel sowie den nach Nordwesten abfallenden Wiesen und Skipisten erkennen.

Zeit für Genießer Mit diesem schönen Eindruck folgen wir der blauen Raute in den Wald bis zur Schutzhütte und dem Wegweiser **Kohlwald**. Rechts ab kreuzen wir nochmals die Landstraße, eh wir bei der **Haldenköpfle Hütte** ankommen. Mit Nudelsuppen, Bibiliskäse und Wurstsalat, einer deftigen Auswahl an warmen Gerichten sowie traditionellen und vegetarischen Flammkuchen kommt sie wie gerufen, um den Ausflug mit einer gemütlichen Einkehr zu krönen. Der spätere Rückweg erfolgt auf dem ebenfalls mit blauer Raute gekennzeichneten Siebenhügelweg bis zum Abzweig **Beim Notschrei**, wo uns links wenige Schritte von unserem Ausgangspunkt auf der Passhöhe trennen. Dort finden wir beim Nordic-Center mit dem Bauerncafé eine weitere Möglichkeit, den Tag in geselliger Runde ausklingen zu lassen.

Wichtiges zur Tour

Tourencharakter
Die Runde um das Haldenköpfle nutzt breite und bequem zu gehende Schotter- und Waldwege. Vorsicht beim Überqueren der Schauinslandstraße.

Ausgangspunkt/Endpunkt
Notschrei Passhöhe, 1120 m

Höchster Punkt
Trubelsmattkopf, 1230 m

Anfahrt
GPS 47.8766, 7.9087
Bus/Bahn: Es bestehen Busverbindungen ab Kirchzarten und Todtnau zur Haltestelle Todtnau Notschrei, Oberried.
Auto: Von der B 317 in Todtnau auf die L 126 Richtung Freiburg oder von der B 31 bei Freiburg oder Kirchzarten auf die L 124/126 nach Todtnau abbiegen und bis Notschrei fahren.

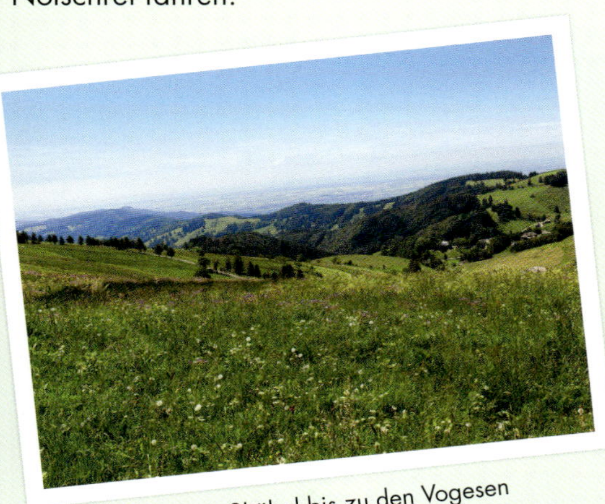

Blick über den Gießhübel bis zu den Vogesen

Einkehr
Hotel Die Halde, täglich ab 12.30 Uhr, www.halde.com,
Haldenköpfle Hütte, Mi–So ab 11 Uhr, Tel. 07602/92 01 97, www.haldenkoepfle-huette.de

Beste Jahreszeit
Ganzjahrestour

Karte
Karte des Schwarzwaldvereins 1:25 000, W257 Schönau

Informationen
Touristinformation Todtnau, Tel. 07652/12060, www.hochschwarzwald.de/Todtnau

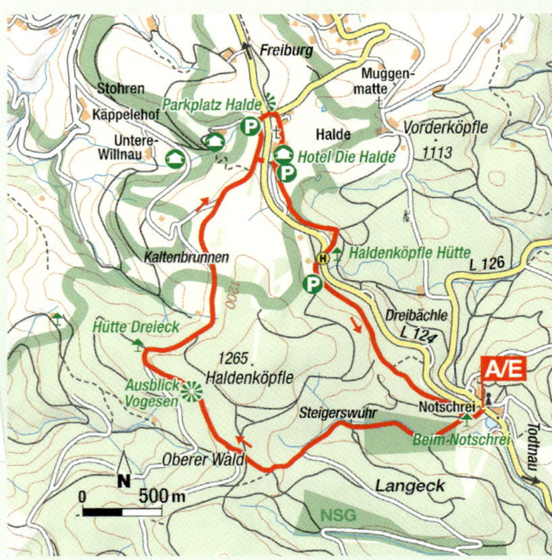

13 Auf den Schauinsland

Kurze Runde ab der Bergstation

- mittel
- 1 Std.
- 90 Hm
- 2,3 km

Als Hausberg von Freiburg ist der Schauinsland bestens erschlossen. Die Anreise erfolgt stilvoll ab Horben mit der Schauinslandbahn – oder direkt mit dem Auto zu den Parkplätzen nahe der Bergstation. Schön ist es in beiden Fällen.

Kurven oder schweben Ab Freiburg führt die L124 bzw. Schauinslandstraße direkt hoch auf den Schauinsland. Bis zum Abzweig nach Horben verläuft die Strecke nahezu gerade. Dann jedoch reiht sich eine Kurve an die nächste. Anders sind die 750 Meter Höhenunterschied zwischen dem Abzweig und dem Parkplatz nahe der Bergstation

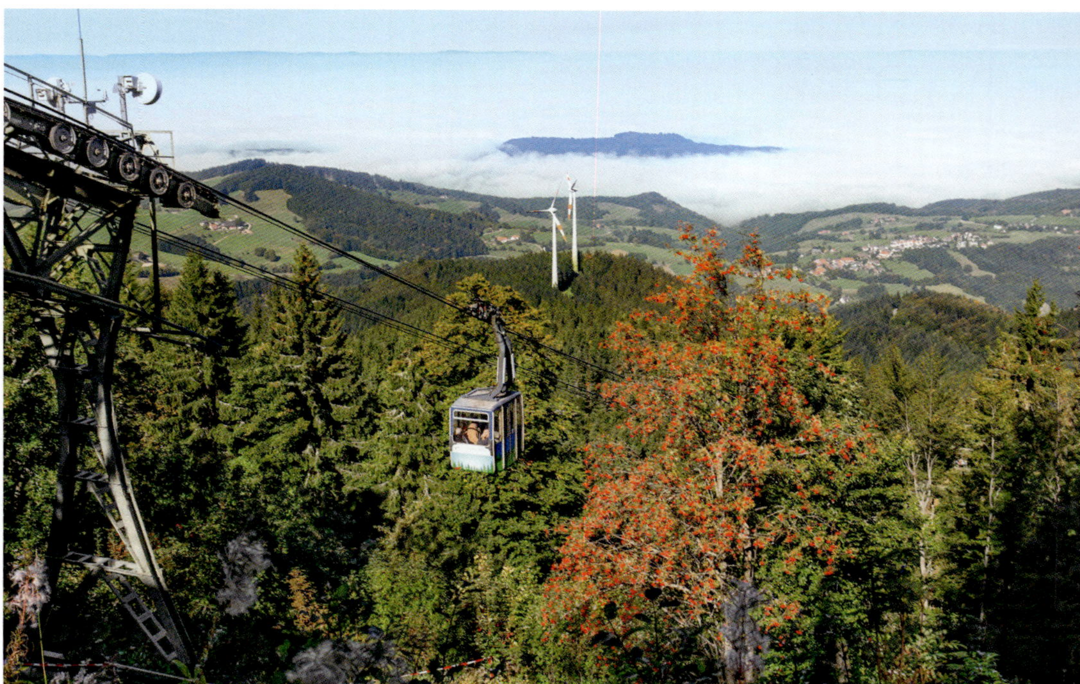

Die Schauinslandbahn ist die älteste Umlaufseilbahn Deutschlands.

nicht zu überwinden. Wer dieses Hin und Her gewohnt ist, kann sich über eine spannende Anfahrt freuen. Sobald auch nur ein Mitstreiter einen weniger robusten Magen hat, empfehlen wir die Fahrt mit der Schauinslandbahn. In diesem Fall schweben wir mühelos – und vor allem geradeaus – hoch zur Bergstation und können dabei bereits erste Eindrücke von der herrlichen Landschaft um uns herum sammeln.

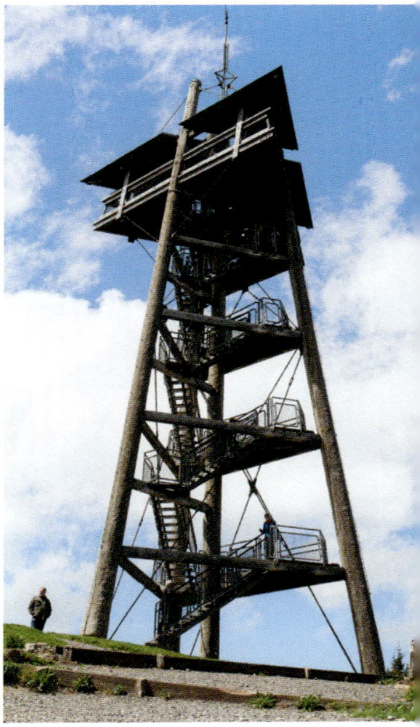

Der Eugen-Keidel-Turm ist auch als Schauinslandturm bekannt.

Die Bergstation verlockt zum Schlemmen Ab dem **Parkplatz der Bergstation** nutzen wir die Zufahrt hoch zur Bergstation mit dem daran angeschlossenen Restaurant Die Bergstation. Insbesondere an sonnigen Tagen mit guter Fernsicht erfreut sich die Terrasse großer Beliebtheit. Bekannt ist das Restaurant für sein leckeres Frühstück. Von Mittwoch bis Sonntag gilt es zwischen 9.30 Uhr und 11.30 Uhr, nach Herzenslust zu schlemmen. Wer so in den Tag starten möchte, sollte sich möglichst frühzeitig einen Tisch reservieren. Ab dem Mittag stehen dann stärkende Suppen und leichte Salate sowie herzhafte Vesper und Flammkuchen auf der Speisekarte.

Schauinslandturm Ab der Bergstation folgen wir der blauen Raute des Querwegs Freiburg-Bonndorf in den Wald zum Wegweiser **Naturwiesen** und weiter bergan bis zum Schauinslandturm. Da es bis zum Ziel der Wanderung nur 700 Meter sind, können wir es gemächlich angehen und auch den Bergwald auf uns wirken lassen. Besonders reizvoll finden wir diesen Abschnitt auch während der kühlen Jahreszeit, wenn die Sonnenstrahlen schräg durch die dann lichten Bäume fallen. Beim **Schauinslandturm** eröffnet sich uns ein traumhaftes Panorama. Bereits von der abgeflachten Kuppe sind im Osten die Gipfel rund um das Feldbergmassiv und im Süden der Belchen sowie die Alpen mit Eiger, Mönch und Jungfrau zu sehen. Wer die 90 Stufen bzw. 18 Meter auf den Eugen-Keidel-Turm emporsteigt, erkennt im Westen außerdem das blaue Band der Vogesen. Wenden wir uns nach Norden, rücken zuletzt der Kandel und die 87 Kilometer entfernte Hornisgrinde ins Bild.

Bergbaugeschichte zum Anfassen

Das Museumsbergwerk Schauinsland ist mit 100 km Stollen auf 22 Etagen das größte Museumsbergwerk im Schwarzwald. Von den Anfängen vor 800 Jahren bis zur Einstellung des Betriebs in den 1950er-Jahren sind alle Phasen des Abbaus von Silber, Blei und Zink zu sehen. Bei der 90-minütigen Führung geht es über sechs Leitern hinunter in den Gegentrum-III-Stollen. Die große Führung dauert 2.30 Stunden.

Kappeler Wand Sowie wir uns sattgesehen haben, verlassen wir den Gipfel in östlicher Richtung und kommen zur **Kappeler Wand**. Dort fällt das Gelände jäh nach Norden ab und gibt so den Blick über das Reichenbachtal zum Dreisamtal sowie über einen niedrigeren Höhenzug nach Freiburg frei. So schön es hier bei schönem Wetter ist, so tragisch waren die Ereignisse vom 17. April 1936. Damals war eine englische Schulklasse trotz Regen und Graupelschauer zur Jugendherberge am Ratschert bei Todtnauberg aufgebrochen. Selbst die Mahnungen von Einheimischen konnten die unzureichend gekleideten Jungen nicht zur Umkehr bewegen. Bei dichtem Nebel und heftigem Schneefall verloren sie bald die Orientierung und irrten entlang der Kappeler Wand umher. Für fünf der 27 Schüler endete das Unterfangen tödlich. Heute erinnert das weiter unten errichtete Engländerdenkmal an die Geschehnisse.

Gletscherhochtal und Weidbuchen Beim Wegweiser **Sonnenobservatorium** biegen wir scharf rechts auf den asphaltierten Fahrweg ein. Mit einer weiteren schönen Sicht über das Gletscherhochtal kommen wir 300 Meter weiter zu einem **Rastplatz**. Der letzte Abschnitt verläuft erneut durch den Bergwald. Dabei passieren wir links die Zufahrt zum Museumsbergwerk sowie rechts ein historisches Weidfeld. Zu erkennen ist dies an einigen markanten **Weidbuchen**, die durch ständigen Verbiss so lange Zweige nach außen gebildet haben, bis die Tiere die inneren Triebe nicht mehr erreichten und die Bäume nach oben wachsen konnten. Heute wird die Fläche im Umfeld der Weidbuchen wieder durch Beweidung frei gehalten. Von den Buchen ist es nicht mehr weit bis zurück zu unserem Ausgangspunkt beim Parkplatz oder der Bergstation der Schauinslandbahn.

Ab dem Hochsommer blühen Silberdisteln auf den Bergwiesen.

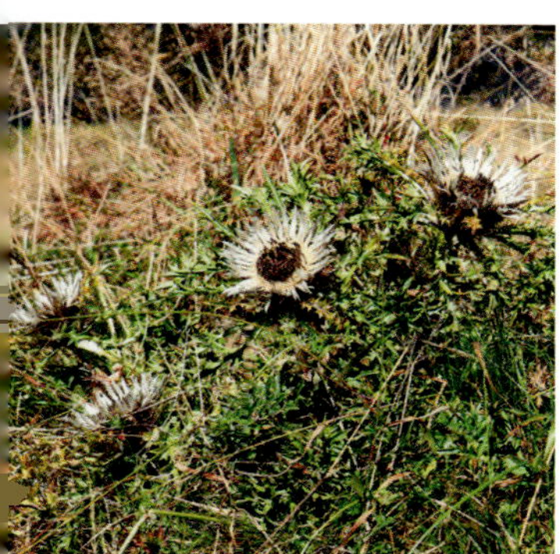

Wichtiges zur Tour

Tourencharakter
Reizvolle Bergwanderung, die im Aufstieg zum Schauinslandturm etwas Trittsicherheit erfordert und uns schöne Fernsichten eröffnet

Ausgangspunkt/Endpunkt
Parkplatz Bergstation, 1200 m

Höchster Punkt
Schauinsland, 1280 m

Anfahrt
GPS 47.9085, 7.8922 (Bergstation), 47.9367, 7.8652 (Talstation)
Bus/Bahn: Ab Freiburg Hbf. Bussteig 2 mit der Straßenbahn 2 nach Günterstal, weiter mit der Buslinie 21 bis zur Talstation der Schauinslandbahn
Auto: Von Todtnau oder Freiburg über die L 126 bzw. L 124 bis zum Parkplatz der Bergstation direkt an der Landstraße. Alternativ der Beschilderung zur Talstation folgen

Einkehr
Restaurant Die Bergstation, Mi–So ab 9.30 Uhr, Tel. 07602/771, www.diebergstation.de

Beste Jahreszeit
April bis November

Karte
Karte des Schwarzwaldvereins 1:25 000, W257 Schönau

Informationen
Schauinslandbahn, Tel. 0761/451 1777, www.schauinslandbahn.de

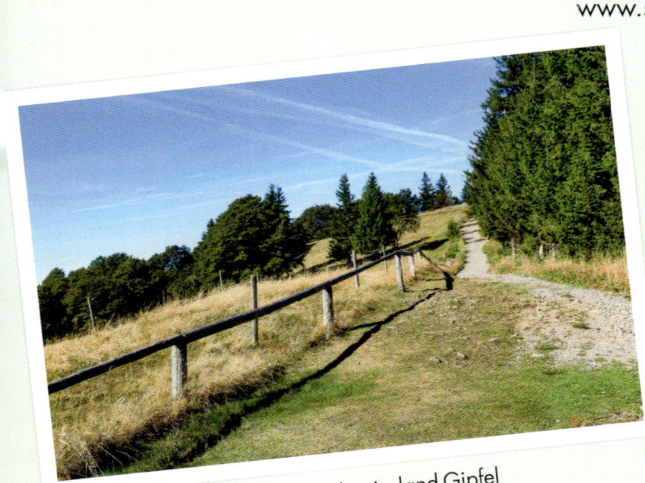

Wegabschnitt zwischen dem Schauinsland-Gipfel und der Kappeler Wand

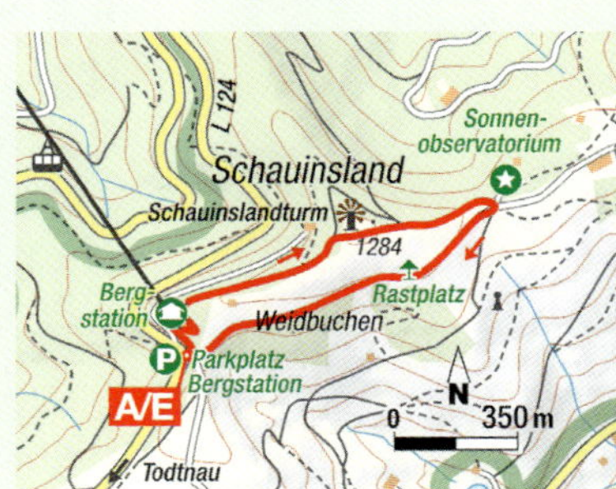

14 Martin-Heidegger-Weg

Aussichtsrunde über Todtnauberg

- mittel
- 2.30 Std.
- 180 Hm
- 6,2 km

Todtnauberg zählt zu den ruhigen Ferienorten im Hochschwarzwald. Die traumhafte Lage wusste bereits Martin Heidegger zu schätzen. Der Philosoph fand hier die nötige Stille zum Denken und Schreiben. Ihm ist dieser abwechslungsreiche Rundweg gewidmet.

Dreiecksliege nahe dem Radschert

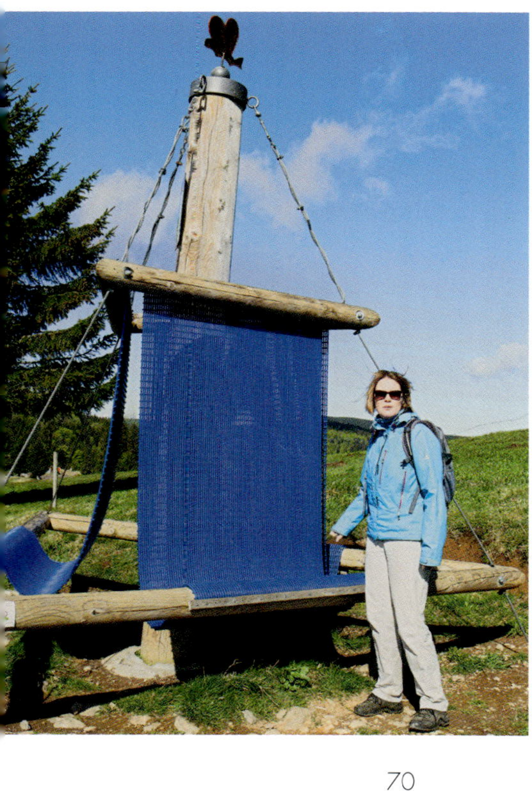

Hängematten und Jakobuskreuz Nach der ersten Orientierung auf dem **Radschert** folgen wir der blauen Raute sowie den Schildern des Martin-Heidegger-Wegs in Richtung Stübenwasen. Wir wählen also den Weg links oberhalb der Jugendherberge und kommen – kaum dass wir aufgebrochen sind – bereits zur ersten Attraktion. Stellvertretend für eine stämmige, alte Tanne wurde am Wegrand ein Baumstamm aufgestellt und mit drei **Hängematten** versehen. Je nachdem, in welche wir uns fallen lassen, geht unser Blick zurück zum Radschert, hoch auf den Stübenwasen oder hinunter ins Wiesental. Sowie wir uns wieder aufgerafft haben, schwenkt der Weg nach Norden zum **Jakobuskreuz**. Das Pilgerkreuz erinnert daran, dass Todtnauberg bereits im Mittelalter den heiligen Jakobus als seinen Schutzpatron wählte. Heute finden wir hier eine Stätte der Besinnung und des Gebets.

Heidegger Hütte Auf Höhe des Kreuzes wechseln wir halb rechts auf den mit gelber Raute gekennzeichneten Weg. 450 Meter weiter zweigt rechts ein Weg zu Martin Heideggers Hütte ab. Sie wurde am 9. August 1922 vom Ehepaar Heidegger bezogen. Glauben wir

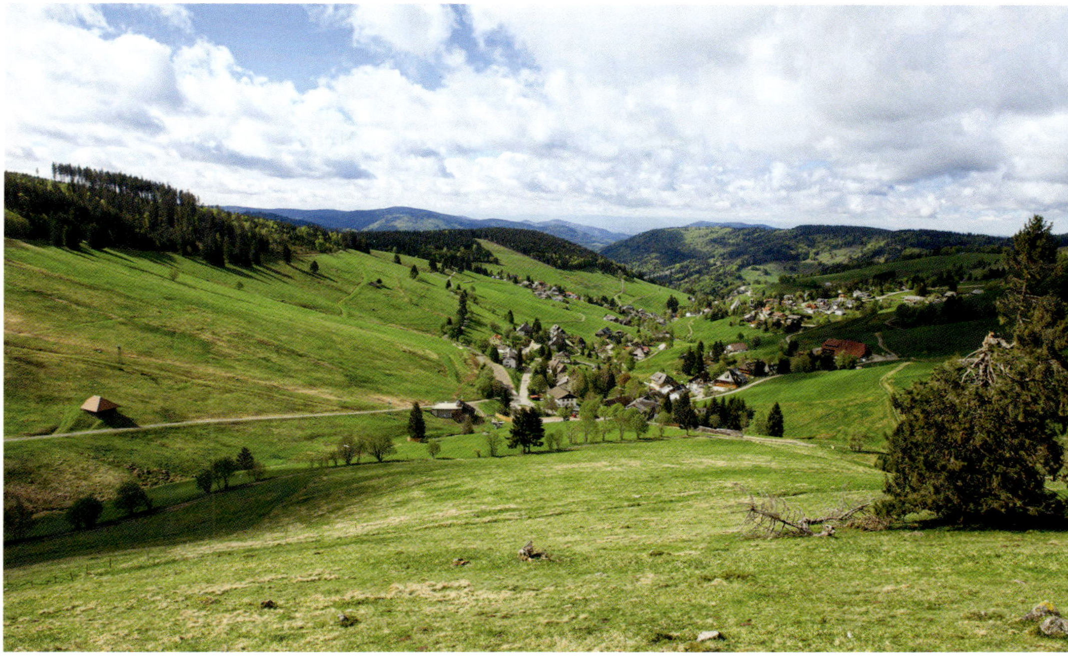

Aussicht über das Hochtal von Todtnauberg

der vor Ort aufgestellten Infotafel, blieb die »spartanische Einrichtung« bis heute unverändert. Als modernstes Gerät wird ein Radio genannt, welches sich Heidegger während der Kubakrise 1962 anschaffte. Die Hütte befindet sich im Privatbesitz der Familie Heidegger, weshalb eine Besichtigung leider nicht möglich ist. Die Beschilderung spart daher den Abstecher zur Heidegger-Hütte aus.

Hoher Stuhl und Landsitz Alpenblick Weiter geht es erst in nördlicher Richtung, dann in einem Rechtsbogen durch das Quellgebiet des Lachengründles sowie am Waldrand bis zur **Aussicht Hoher Stuhl**. Dahinter verbirgt sich ein überdimensionierter Stuhl, der über eine Sprossenleiter zugänglich ist. Oben schützen Scheiben

Martin Heidegger

Martin Heidegger (1889–1976) war nach seiner Promotion im Jahr 1913 als Privatdozent, Professor und Rektor der Universität Freiburg tätig. Durch seine zum Teil in Todtnauberg entstandenen Werke gilt er als einer der einflussreichsten Philosophen des 20. Jahrhunderts, ist durch seine Mitgliedschaft in der NSDAP von 1933 bis 1945 aber bis dato umstritten.

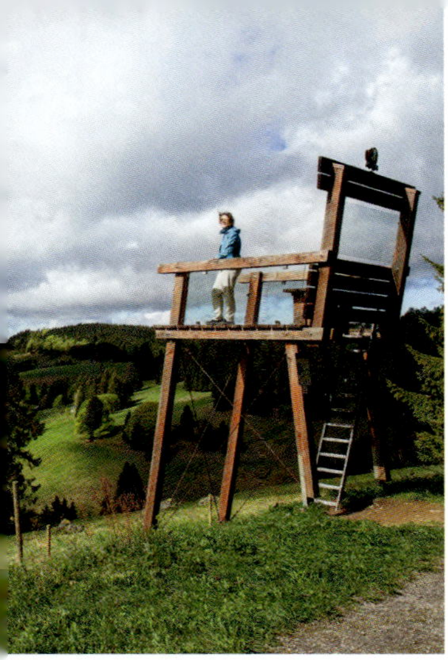

Ganz klar: Wandern im Hochschwarzwald ist eine Riesensache.

ein wenig vor dem Wind. Wer lieber näher am Boden bleibt, findet einen Steinwurf weiter mit dem **Landsitz Alpenblick** die bereits nächste ausgefallene Rastmöglichkeit. Hier sind mehrere drehbare Sitzgelegenheiten als Vogelhäuschen gestaltet. Es ist durchaus beabsichtigt, den Sitz zum Wald hin auszurichten und die Pflanzen und Tiere in der Nähe zu beobachten. Wenden wir uns nach Süden, reicht die Sicht bei günstiger Witterung über Todtnauberg und das Wiesental bis zu den Alpen.

Über Pisten zur Kapelle Wiederum nur wenige Schritte weiter überwinden wir beim **Stübenbächle** den höchsten Punkt der Wanderung. Der Themenweg schwenkt hier nach Südsüdwest und verläuft überwiegend am Waldrand. Der bei Schnee als Winterwanderweg präparierte Abschnitt quert aber auch mehrere Pisten, sodass bei Skibetrieb vorausschauende Rücksichtnahme geboten ist. Bei der Bergstation des **Kapellenlifts** lohnt sich halb rechts ein Abstecher zur idyllisch gelegenen **Fatimakapelle**. Rund um die Gedächtniskapelle von Todtnauberg laden mehrere Bänke zur Rast sowie zum Landschaftgenießen ein. Anschließend laufen wir um die Kapelle herum zurück zum Rundweg, eh wir bei der **Berger Höhe** rechts nach Todtnauberg abbiegen. Alternativ können wir auch ab der Kapelle zum weiter unten angelegten Weg abkürzen (dort dann ebenfalls rechts).

Die Fatimakapelle

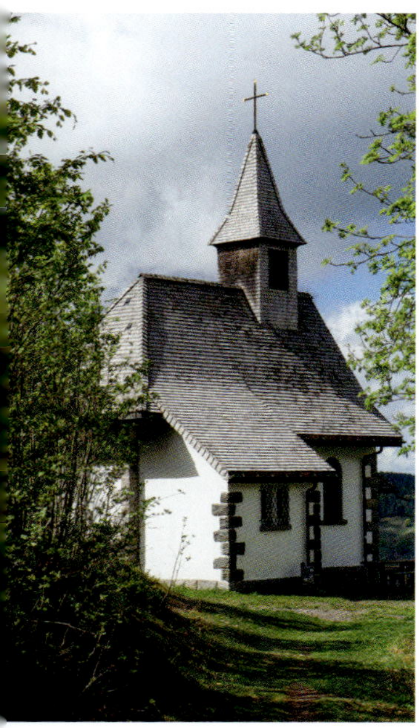

Stübenwasenlift und Jugendherberge Der mit gelber Raute markierte Wanderweg führt uns erneut in nördlicher Richtung beständig bergab bis zum **Stübenwasenlift**. Während des Skibetriebs lädt dort das Liftstüble zum Verweilen ein. Ansonsten geht es gleich weiter und mit der Beschilderung des Rundwegs das zweite Mal über den Stübenbach sowie auf der Bergseite am Café Glöcklehof vorbei bis zur **Jugendherberge**. Dort trennen uns rechts nur noch wenige Schritte von unserem Ausgangspunkt auf dem **Radschert**, wo wir sicherlich zufrieden auf eine unterhaltsame Tour mit einigen liebevoll umgesetzten Ideen am Wegrand zurückblicken werden.

Wichtiges zur Tour

Tourencharakter

Abwechslungsreiche Höhenwanderung zwischen Todtnauberg und dem Stübenwasen auf zumeist breiten, bequem zu wandernden Wegen, die im Winter für Fußgänger gewalzt werden.

Ausgangspunkt/Endpunkt

Parkplatz Radschert, 1156 m

Höchster Punkt

Stübenbächle, 1221 m

Anfahrt

GPS 47.8592, 7.9395

Bus/Bahn: Es bestehen Busverbindungen ab Kirchzarten und Todtnau zur Haltestelle Todtnauberg, Rathaus. Der Zuweg erfolgt über die Radschertstraße.

Auto: Von der L 126 Todtnau–Freiburg zwischen Aftersteg und Muggenbrunn nach Todtnauberg abbiegen. Im Ort von der Kurhausstraße links zum Parkplatz am Ende der Radschertstraße abzweigen.

Einkehr

In Todtnauberg, sehr schöne Rastplätze

Beste Jahreszeit

April bis Oktober

Karte

Karte des Schwarzwaldvereins 1:25 000, W257 Schönau

Informationen

Touristinformation Todtnau, Tel. 07652/ 12060, www.hochschwarzwald.de/ Todtnau

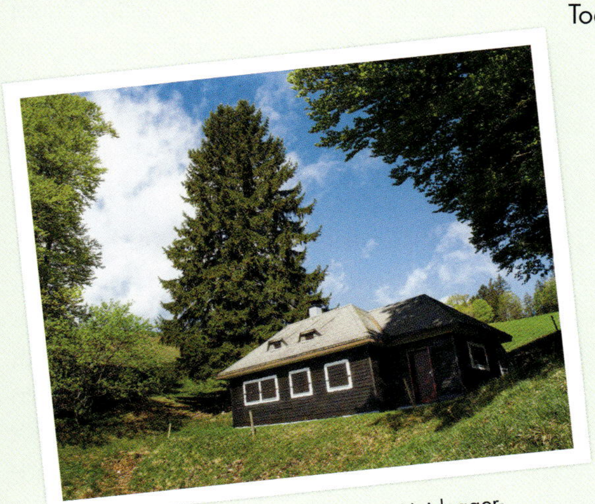

Eine von mehreren Hütten nahe dem Heidegger-Rundweg

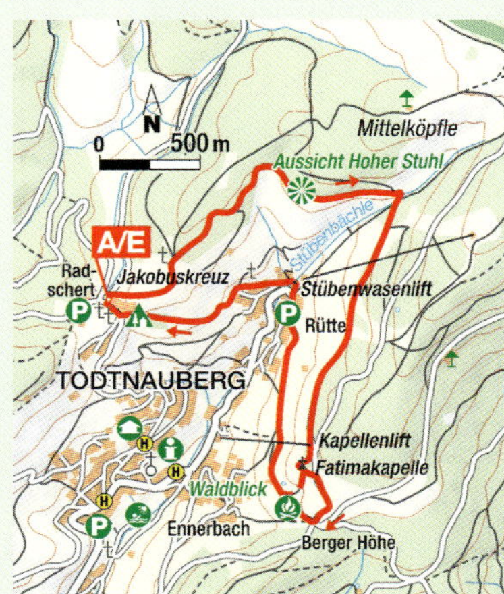

15 Hasenhorn und Mauswinkel

Auf den Todtnauer Hausberg

● schwer
3 Std.
350 Hm
8,3 km

Der Todtnauer Hausberg steht mit seiner Rodelbahn und einem spektakulären Mountainbike-Parcours für Adrenalin pur. Doch auch, wer es lieber gemütlich angeht, findet hier mit der Runde über den Hasenhornturm zum Gisiboden ein lohnendes Ausflugsziel.

Aller Anfang ist schwer Wer in Todtnau startet, beginnt die Tour mit einer luftigen Fahrt im Sessellift hoch zur **Bergstation der Hasenhornbahn**. Oben angelangt, liegt uns die ehemalige Bergbaustadt zu Füßen. Über das Wiesental hinweg reicht unser Blick dabei in das malerische Schönenbachtal. Wenden wir uns nach Südwesten, sehen wir über Schönau hinweg zum Höhenzug mit dem links schräg zum Tal abfallenden Zeller Blauen. Gerne können wir dieses Panorama gleich zu Beginn der Tour eine Weile auf uns wirken lassen, eh wir dem mit blauer Raute markierten Wanderweg hoch zum Wegweiser **Mauswald** folgen. Bis dort sind es zwar nur um die 350 Meter, auf diesen aber müssen wir einige Höhenmeter auf engem Pfad bewältigen.

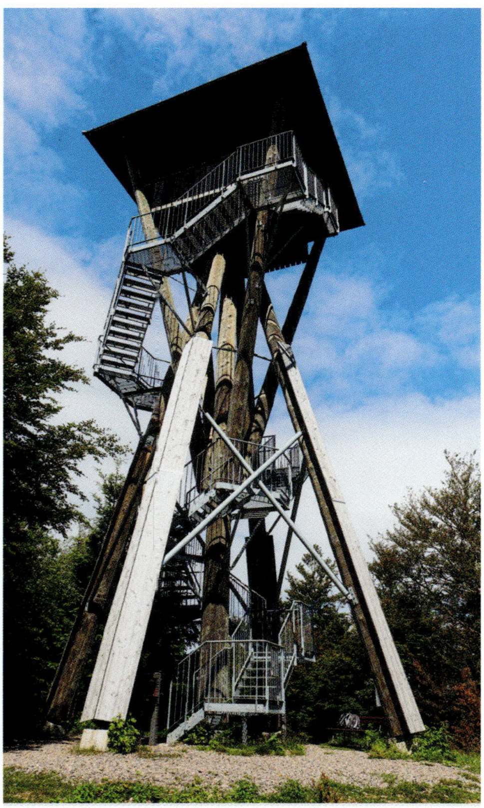

Nichts für Hasenfüße Ab dem Wegweiser nutzen wir rechts die Turmsteige erst auf breitem Weg, dann erneut rechts über den Pfad bis hoch zum **Hasenhornturm**. Seit 2009 krönt der 21 Meter hohe Turm den Todtnauer Hausberg. Als Besonderheit wird die Stahlgittertreppe ab der halben Höhe um die tragenden Douglasienrundhölzer herumgeführt. Wem es leicht schwindlig wird, sollte den Turm mit entsprechender Vorsicht besteigen. Wer sich hoch zur oberen Plattform traut, kann sich dafür über eine umso beeindruckendere Rundumsicht zu allen vier 1400er-Bergen des Schwarzwalds freuen: Direkt westlich ist der Belchen zu sehen, im Nordosten der Feldberg mit dem Seebuck sowie südlich davon das Herzogenhorn mit seinem selbst aus dieser Distanz sichtbaren Gipfelkreuz.

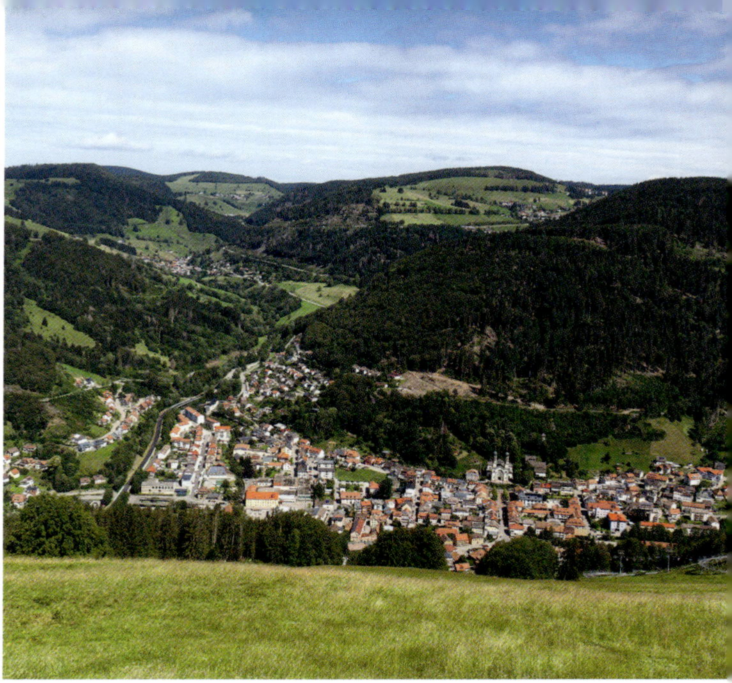

Die frühe Entwicklung Todtnaus ist eng mit dem Silberbergbau verbunden.

Linke Seite: Der Todtnauer Hasenhornturm

Direkt oder auf der Turmsteige Sowie wir wieder festen Boden unter den Füßen haben, stehen wir vor der Wahl: Wer auch mit unbeschilderten Waldwegen klarkommt, kann beim Turm links abbiegen (vom Zugang aus gesehen). In diesem Fall kommt man nach gut einem Kilometer zum Mausköpfle. Wer lieber an der Beschilderung festhält, kehrt zum Wegweiser Mauswald zurück und folgt ab dort der Turmsteige in die entgegengesetzte Richtung zum Mauswinkel. Beim **Mausköpfle** treffen beide Varianten wieder zusammen. Ab dort geht es mit der blauen Raute und schöner Sicht über den von Bergwiesen begleiteten Gisibodenbach zum **Mauswinkel**. Wer kein Fan von Sesselliften ist, findet mit dem kleinen Parkplatz einen alternativen Ausgangspunkt. Über die Zufahrt erfolgt schließlich der Aufstieg zum Berggasthof Gisiboden Alm.

Bergbau in Todtnau

Der Abbau von silberhaltigen Erzen wurde im oberen Wiesental Mitte des 12. Jahrhunderts aufgenommen. Weil Silber damals so kostbar war, wie es heute Gold ist, erlebte Todtnau einen rasanten wirtschaftlichen Aufstieg. So erwarb die Stadt 1288 gegen Zahlung von 100 Mark Silber (24 kg) das Recht, eine Pfarrkirche zu bauen. Wie groß die Bedeutung des Bergbaus für Todtnau war, zeigt auch das Wappen, auf dem ein Bergarbeiter mit Fackel und Hammer abgebildet ist.

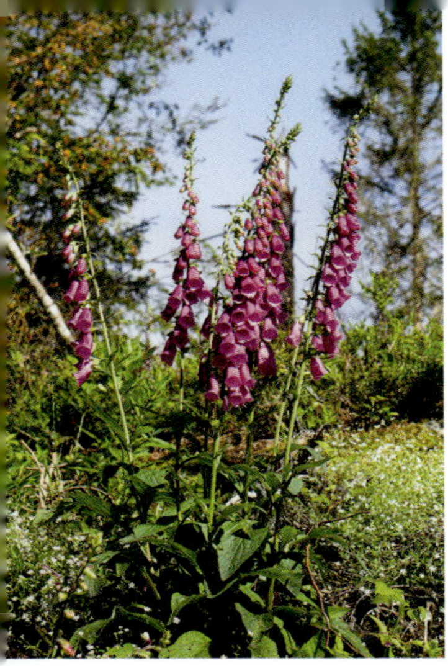

Der Rote Fingerhut ist auch als Schwulstkraut, Unsererlieben-Frauen-Handschuh oder Waldglöckchen bekannt.

Bernauer Kreuz am Klosterweg Oberhalb vom Gasthof schwenkt der mit blauer Raute markierte Wanderweg im Wald nach Norden, und wir überwinden den höchsten Punkt dieser Runde. Nach 1,2 Kilometern ab dem Gasthof finden wir beim **Bernauer Kreuz** ein herrliches Fleckchen samt offen gehaltener Schutzhütte für eine entspannte Rast. Bereits im Mittelalter verlief an dieser Stelle ein Weg von Freiburg über Todtnau nach Bernau und weiter bis zum Kloster St. Blasien. Auch wenn das Kreuz nach der benachbarten Gemeinde Bernau benannt ist, markiert es die höchste Stelle des alten Klosterwegs auf Todtnauer Gemarkung. Rechts führt ein kurzer Abstecher zum Prägbach-Wasserfall.

Den Überblick behalten Für den Rückweg biegen wir auf der Anhöhe links zum Silberberg ab und wechseln einen Katzensprung weiter nochmals links auf den mit gelber Raute gekennzeichneten Pfad. Wer einen sanfteren Abstieg bevorzugt, biegt alternativ erst bei der T-Kreuzung links ab. Nach wenigen Schritten treffen beide Varianten wieder zusammen. Knapp 800 Meter weiter halten wir uns beim **Ernst-Ecker-Weg** links. Nachdem die Bäume kurz die Sicht über das obere Wiesental zum Feldberg freigeben, zweigt rechts ein grasbewachsener Weg ab. Auch wenn dieser mit einer gelben Raute als Wanderweg ausgewiesen ist, bleiben wir auf dem breiten Ernst-Ecker-Weg, sodass wir zu einem weiteren Aussichtspunkt mit Blick zum Belchen und über das Schönenbachtal kommen. Erst anschließend wechseln wir bei einem alten Wegweiser links auf den leicht ansteigenden Pfad. Dieser trifft nach 130 Metern auf die Turmsteige, dessen Genießerpfad-Markierungen wir rechts zurück zum Wegweiser Mauswald und der Bergstation der Hasenhornbahn folgen können.

Rastplatz mit Schutzhütte beim Bernauer Kreuz

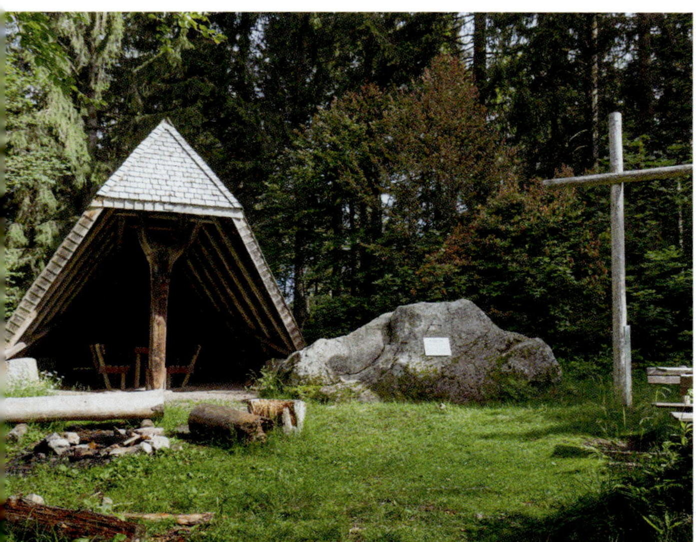

Wichtiges zur Tour

Tourencharakter
Von der Bergstation bis zum Wegweiser Mauswinkel enger und steiler Pfad. Der Waldweg zwischen Hasenhorn und Mausköpfle ist nicht beschildert.

Ausgangspunkt/Endpunkt
Bergstation Hasenhornbahn, 1025 m
Mauswinkel, 1160 m

Höchster Punkt
Nordöstlich Gisiboden, ca. 1210 m

Anfahrt
GPS 47.8296, 7.9494 (Parkplatz Hasenhornbahn), 47.8195, 7.9822 (Mauswinkel)
Bus/Bahn: Ab dem Titisee oder Zell im Wiesental mit der Buslinie 1300 bis Schönauer Straße Todtnau nahe der Hasenhornbahn
Auto: Von der B 317 Schopfheim–Titisee in Todtnau zur Hasenhornbahn, dort links zum Parkplatz. Die Anfahrt zum Mauswinkel ab Geschwend über die Gisibodenstraße

Einkehr
Berggasthof Gisiboden Alm, Mi–So ab 10 Uhr, Tel. 07671/999821, www.berggasthaus-gisiboden.de/, Berggasthaus Hasenhorn, täglich ab 10 Uhr, 07671/521, www.berggasthaus-hasenhorn.de

Beste Jahreszeit
Mai bis Oktober

Karte
Karte des Schwarzwaldvereins 1:25 000, W257 Schönau

Informationen
Hasenhorn-Sessellift, 10–16.30 Uhr, Tel. 07602/944680, www.hasenhorn-rodelbahn.de

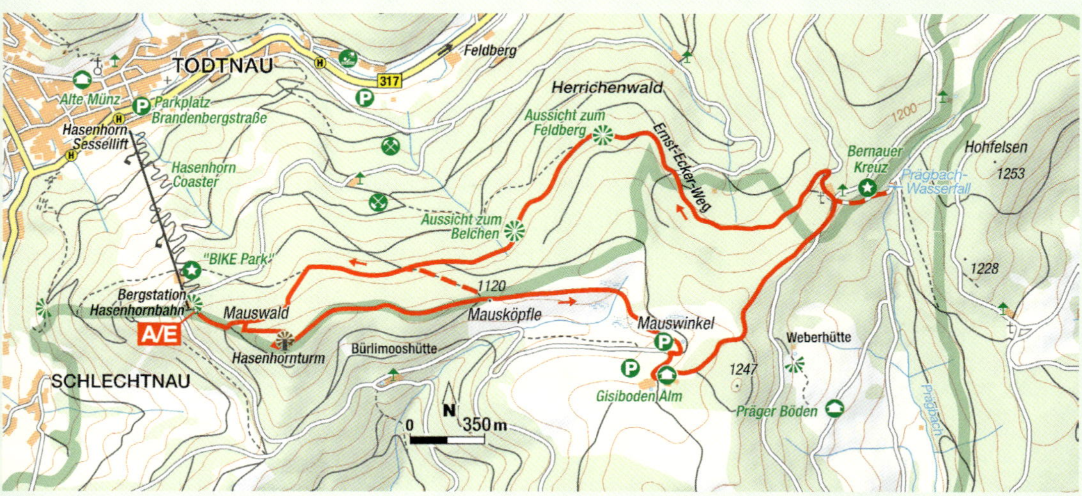

16 Bernauer Panoramaweg

Von Ankenbühl bis Bernau-Hof

mittel

3 Std.

280/230 Hm

8,2 km

Zwischen Herzogenhorn und Blößling erstreckt sich eines der schönsten Hochtäler im Schwarzwald. Der Bernauer Panoramaweg eröffnet uns herrliche Aussichten über die sanft geschwungene Landschaft. Am Wegrand laden Himmelsliegen und Bänke zu einer Rast ein.

Gute Planung kann Gold wert sein Der Bernauer Panoramaweg ist als Streckenwanderung zwischen dem Wanderparkplatz Ankenbühl und Bernau-Hof angelegt. Die Fahrt zwischen den nächstgelegenen Bushaltestellen dauert planmäßig nur zwölf Minuten. Dennoch lohnt es sich, im Vorfeld die Abfahrtszeiten zu prüfen und den Ausflug gegebenenfalls mit einer Busfahrt vom Ziel zum Startpunkt zu beginnen. In dem Fall fahren wir mit der Linie 7321 von Bernau Hof über Goldbach und Riggenbach bis zur Haltestelle Weierle Straße. Von dort geht es über die Zufahrt zum gut zehn Meter höher gelegenen **Wanderparkplatz Ankenbühl**.

Einer der wenigen schattigen Abschnitte auf dem Bernauer Panoramaweg

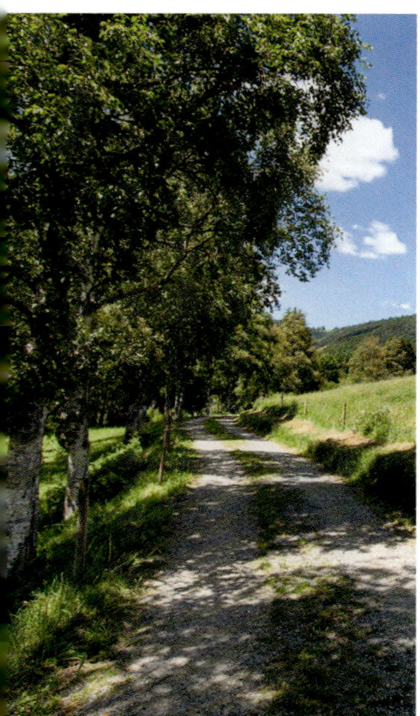

Panoramaweg trifft Hochtalsteig Vor Ort ist unser Ziel in Bernau-Hof bereits angeschrieben. Damit können wir einfach der gelben Raute bzw. dem Hinweisschild Panoramaweg auf den Weg oberhalb der Kaiserhausstraße folgen. Auf diesem ersten Abschnitt der Wanderung teilen wir uns den Weg mit dem Hochtalsteig der Gemeinde. Die als Genießerpfad eingerichtete Runde eröffnet Wanderern ebenfalls tolle Aussichten über den Hochschwarzwald. Mit gut 15,5 Kilometern Länge und 700 Höhenmetern übersteigt er jedoch die Anforderungen dieses Wanderführers.

Am Kaiserberg Nach 300 Metern gelangen wir über mehrere kurze Kehren auf den Weg oberhalb des Landschulheims

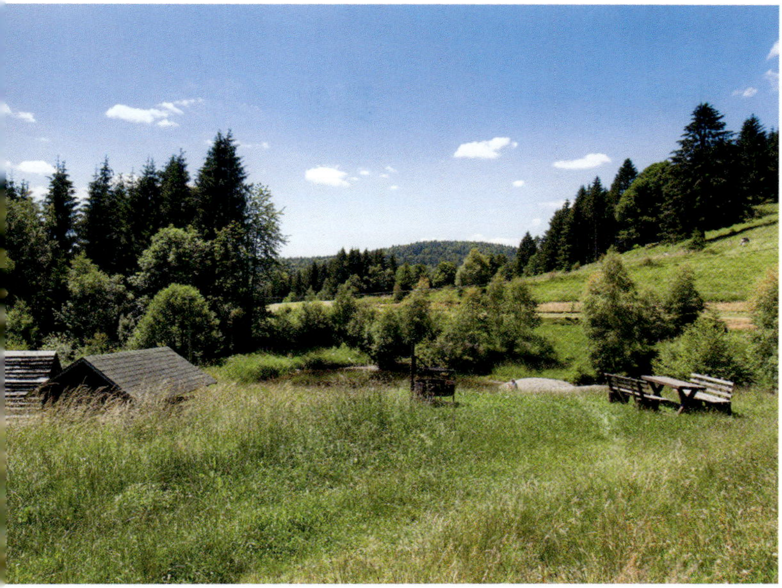

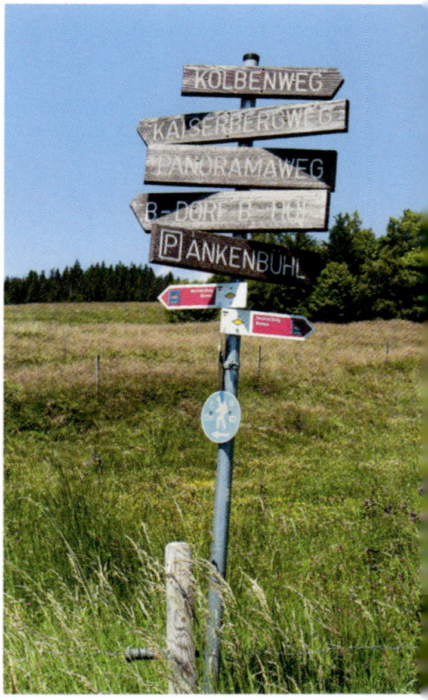

Oben links: Rastplatz beim Weiher am Hinterbach

Oben rechts: Alte und neue Wandermöglichkeiten für den Sommer und Winter

sowie an spärlichem Gehölzbewuchs vorbei in das offene Weidegelände. Bald schon wird der Panoramaweg seinem Namen gerecht, und wir können den Blick über die offene Landschaft schweifen lassen. Weiter leicht bergan geht es über wechselnde, bestens beschilderte Wege hoch zum Wegweiser Am Kaiserberg. Bei der Gabelung halten wir uns links und folgen dem Panoramaweg in einer Art Parabel über das **Riggenbacher Bächle**. Die folgenden Kurven eröffnen uns stets wechselnde Blickrichtungen und führen uns erst durch das Tal des **Schindelbächles**, dann über den Nettenbach zum Wegweiser **Wasserhochbehälter**.

Scheiben schlagen in Bernau Dort trennen sich die Wege: Während der Hochtalsteig zu dem nahen Scheibenfelsen und der Krunkelbachhütte abzweigt, wandern wir auf dem Scheibenfelsenweg nach **Bernau-Dorf** hinunter. Der über dem Ortsteil gelegene Scheibenfelsen ist nach einem Fasnachtsbrauch benannt, bei dem glühende Holzscheiben über einen Holzbock kraftvoll ins Tal geschlagen werden. Mit dem im alemannischen Raum verbreiteten Lichtbrauch wird der Winter verabschiedet. Dabei widmen die Teilnehmer ihre »Schiibi« in aller Regel ihrer Liebsten.

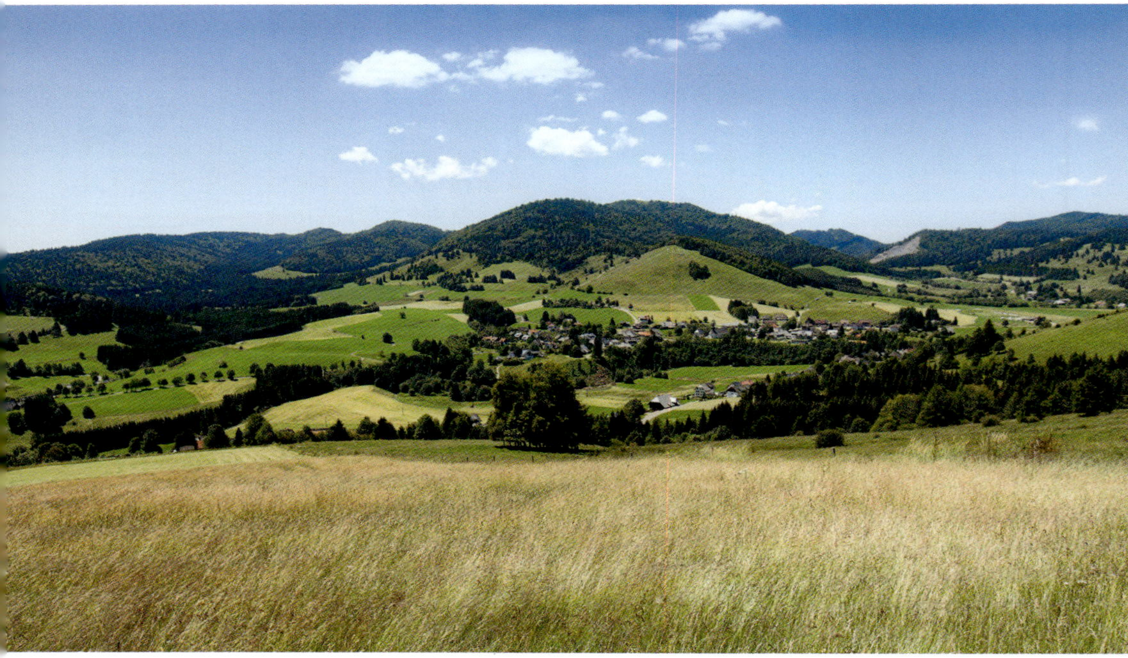

Aussicht über das Bernauer Hochtal zum Blößling

Hinterbach und Schwemmbach Am unteren Ende des Scheibenfelsenwegs biegen wir beim **Annenhof** rechts in die Dorfstraße ein, um von dieser jedoch sogleich wieder rechts abzuzweigen. Auf dem nächsten Abschnitt steigt der Panoramaweg oberhalb vom Ortsteil Goldbach über den Vorderbach zum Hinterbach an. Letzteren kreuzen wir nahe eines idyllischen **Weihers** mit Schutzhütte und Grillplatz. Im weiteren Verlauf beschreibt der Weg eine Rechtskurve, taucht in den nahen Wald ein und quert den Schwemmbach. Hinter dem Bach können wir die letzten Meter über den Wegweiser **Kirchenrain** bis hinunter nach **Bernau-Hof** zum lockeren Auslaufen nutzen.

Holzschneflermuseum Resenhof

Im Bernauer Ortsteil Innerlehen vermittelt der Resenhof Einblicke in frühere Zeiten. Beim Rundgang durch den 1789 erbauten Eindachhof sind eine Bauernstube mit Kachelofen und Spinnrad, ein Bauernschlafzimmer mit Möbeln von Mitte des 19. Jahrhunderts sowie eine Küche mit Räucherraum und Gebrauchskeramik zu sehen. Schwerpunkt des Museums sind acht originale Schneflerwerkstätten zur Herstellung von Schindeln, Bürsten, Löffeln und weiteren Gegenständen des häuslichen Bedarfs. Infos zu Öffnungszeiten gibt die Gemeinde Bernau.

Wichtiges zur Tour

Tourencharakter
Reizvolle Höhenwanderung auf gut angelegten Pfaden und Wegen mit herrlicher Sicht über das Bernauer Hochtal

Ausgangspunkt
Wanderparkplatz Ankenbühl, 885 m

Endpunkt
Bernau-Hof, 930 m

Höchster Punkt
Schindelbächle, 1075 m

Anfahrt
GPS 47.7955, 8.0712 (Ankenbühl)
47.8207, 8.0131 (Hof)
Bus/Bahn: Es bestehen Busverbindungen ab St. Blasien zu den Haltestellen Bernau Weierle und Hof.
Auto: Von der B 500 Waldshut–Titisee in Häusern auf die L 149 nach St. Blasien und Bernau oder von der B 317 Lörrach–Todtnau nach Bernau abbiegen. Die Zufahrt zum Parkplatz Ankenbühl befindet sich gegenüber von Weierle. Wer in Hof parkt, verlässt die L 149 zwischen Poche und Bernau-Dorf.

Einkehr
Auf der Strecke keine, schöne Rastmöglichkeiten

Beste Jahreszeit
Mai bis Oktober

Karte
Karte des Schwarzwaldvereins 1:25 000, W258 Titisee-Neustadt

Informationen
Touristinfo Bernau, Tel. 07675/16 00 30, www.bernau-schwarzwald.de

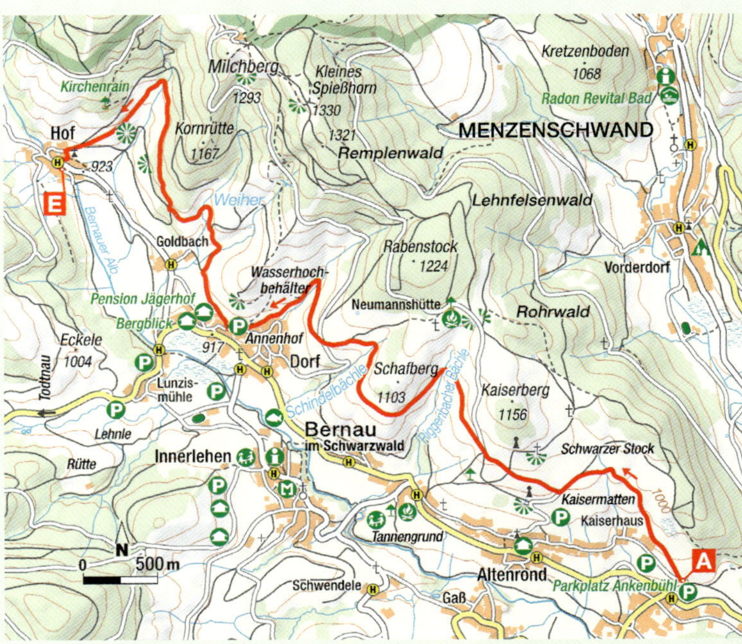

17 Abgespeckter Geißenpfad

Zwischen Menzenschwand und Klusenwald

- mittel
- 3 Std.
- 300 Hm
- 7,6 km

Die Gesamtlänge des Menzenschwander Geißenpfads beträgt an die elf Kilometer. Um die Runde zu entschärfen, verzichten wir auf den Abstecher in das ebenfalls reizvolle Krunkelbachtal. Unterhalb der Kluse lässt sich die Tour über einen Verbindungsweg weiter entschärfen.

Allrounder auf dem Abstellgleis Die Holz- und Viehwirtschaft bildete jahrhundertelang die Lebensgrundlage der Menschen im Hochschwarzwald. Eine wichtige Anforderung an die Tiere war damals, robust zu sein. Nur so war es ihnen möglich, auch karge Zeiten zu überstehen. Neben den Hinterwälder Rindern zählten dazu die Geißen (Ziegen). Sie waren lange Zeit ein fester Bestandteil der Landschaft. Im 20. Jahrhundert verschwanden sie vielerorts. In der modernen Landwirtschaft kam man ohne die Hungerkünstler aus. Erst mit der wachsenden Bedeutung intakter Landschaftsbilder und der naturbezogenen Erholung erfolgte ein Umdenken. Heute werden die Ziegenherden als Landschaftspfleger eingesetzt. Und mit dem als Genießerpfad ausgewiesenen Menzenschwander Geißenpfad hat ihnen die Gemeinde St. Blasien ein lebendiges Denkmal geschaffen.

Der schmalste Abschnitt des Geißenpfads

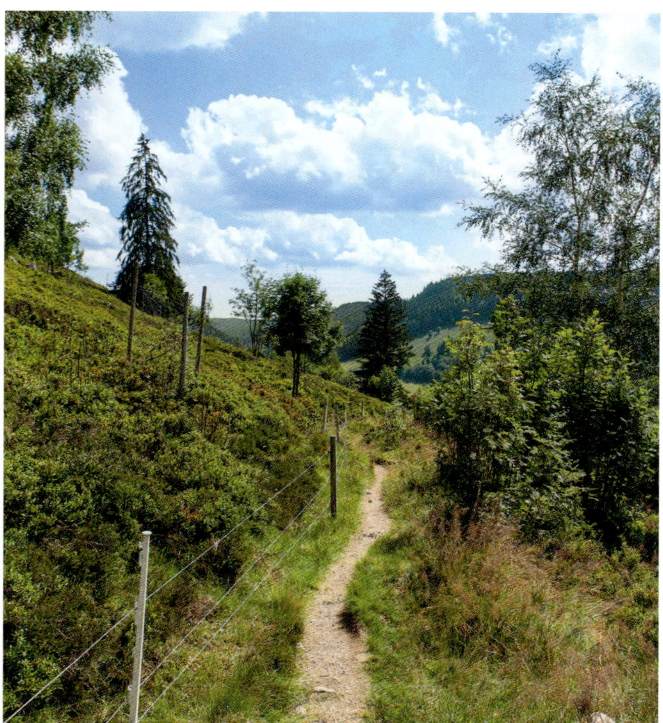

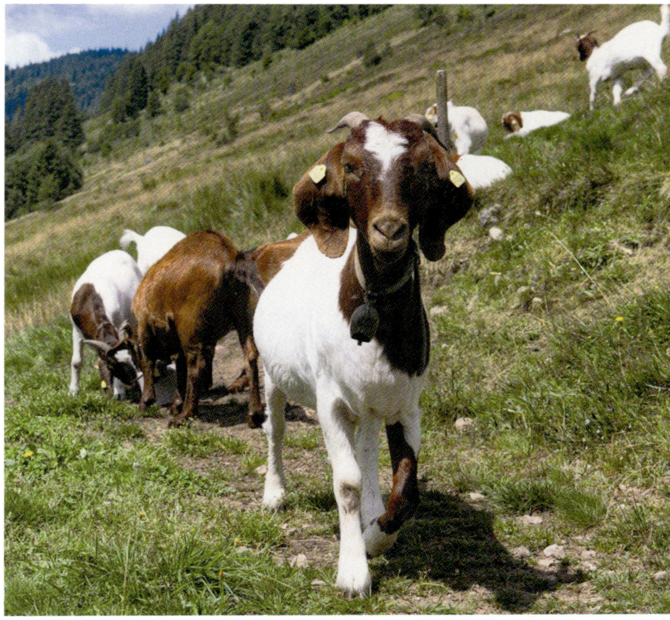

Wanderer dürfen sich auf einen tierischen Empfang freuen.

Es bimmelt wieder Beim Mösleparkplatz informiert eine Schautafel über die Besonderheiten des Menzenschwander Geißenpfads. Die dazugehörende Karte beinhaltet natürlich auch die Schleife ins Krunkelbachtal, die wir später auslassen werden. So eingestimmt folgen wir den Symbolen des Genießerpfads entlang der Zufahrt zurück nach Menzenschwand-Hinterdorf.
An mehreren alten Höfen vorbei biegen wir links in den Schwarzenbergweg ein. Rund 300 Meter weiter geht die Straße in einen Pfad über, und wir werden womöglich von einer Geißenherde begrüßt. Die Tiere sind Menschen gewohnt und bisweilen sehr neugierig.

Spuren der Vergangenheit Zwischen den Weiden steigt der Pfad entlang des Schwarzenbergs bis zum Gewann **Im Gschweih** an. Der Hang bildet die Ostflanke des Albtals und wird landschaftlich durch gut ausgeprägte Weidfelder bestimmt. Das Mosaik von flachgründigen, felsigen Bereichen und tiefgründigeren Zwergstrauchheiden bietet seltenen Arten einen geeigneten Lebensraum. Nachdem im Frühjahr die Hundsveilchen die ersten warmen Tage begrüßen, können wir uns im Sommer über Silberdisteln, die als »Bergwohlverleih« bekannte Arnika und Heidelbeeren freuen. Zugleich lohnt sich der Blick zurück, wo wir immer neue Eindrücke von den malerisch zwischen den Bergen eingebetteten Tälern der Alb und des Krunkelbachs gewinnen.

Für Abkürzer Vom höchsten Punkt der Wanderung folgen wir dem Geißenpfad weiter in nördlicher Richtung bis zum Abzweig beim Hirschbächlein. Dort halten wir uns

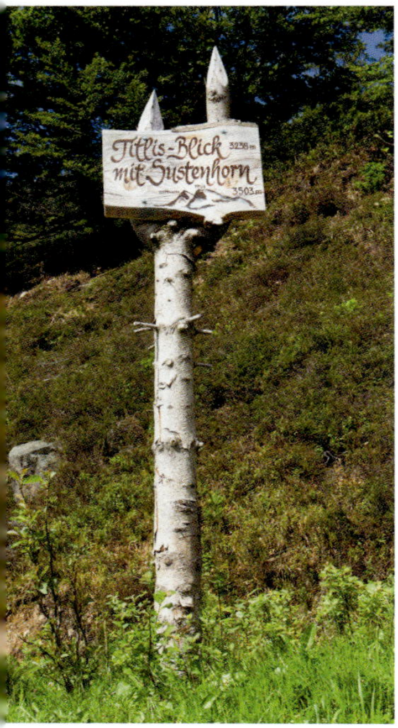

Hier gibt es bei klarer Sicht den versprochenen Fernblick.

links, kreuzen als Nächstes den Wannenbach und nehmen die Linkskurve. Wer gut anderthalb Kilometer abkürzen möchte, kann bei der nächsten Einmündung einfach geradeaus weiterlaufen. Nach 400 Metern trifft er wieder auf den Geißenpfad.

Alter und neuer Klusensee Alle anderen biegen bei der Einmündung scharf rechts ab. Auf dem Weg dorthin passieren wir die Endmoräne des letzten Gletschervorstoßes vor der Warmzeit. Die Ablagerung der durch den Gletscher zuvor abgeschliffenen Steine versperrten der Alb den Weg ins Tal. Da der Fluss die Endmoräne auf nur wenigen Metern Länge durchbrochen hat, eignete sich die Stelle für die Holzflößerei. 1779 ließ das Kloster St. Blasien ein Wehr – Kluse genannt – bauen, um Brennholz durch schwallweises Öffnen des Wehrs bis zum Eisenwerk in Albbruck zu flößen. Der Klusensee machte diesen Vorgang unabhängig vom Schmelz- und Regenwasser. Nach Einstellung der Flößerei entstanden wertvolle Biotope am Klusensee. Um ihren Fortbestand zu sichern, wurde die Klusenmauer 2010 saniert. Eine Pendelrampe gewährleistet heute die Durchgängigkeit der Menzenschwander Alb.

Titlis und Flößers Rast Wenige Schritte von der Endmoräne entfernt, weist ein Schild auf etwas hin, was man sonst sicherlich übersehen hätte: Etwas abseits vom Pfad reicht der Blick unvermittelt bis zum Titlis und, links davon, zum Sustenhorn, zwei der bekanntesten Berge der Urner Alpen. Um beide Gipfel richtig zu erkennen, braucht es allerdings eine gute Portion Glück mit dem Wetter. So konnten wir bei unserer Begehung nur etwas Schemenhaftes am Horizont erkennen. Umso besser zu

Radon Revital Bad

Probebohrungen bis 240 m Tiefe nährten die Annahme, dass sich im Krunkelbachtal große Mengen an Uranerz befinden. Aus Umweltschutzgründen, wegen heftiger Proteste in der Bevölkerung und der fehlenden Rentabilität wurden die Förderung 1989 gestoppt und die Stollen geflutet. Das beim Zerfall von Uran entstehende Radon wird heute im Radon Revital Bad in Menzenschwand therapeutisch eingesetzt (www.radonrevitalbad.de).

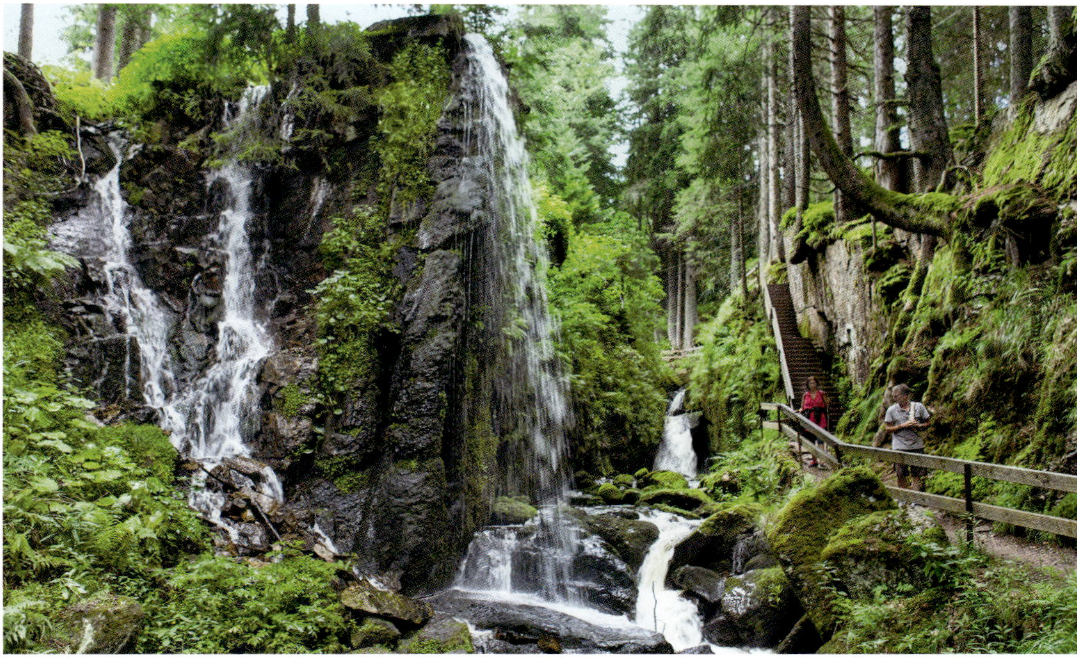

In der Menzenschwander Albschlucht

sehen ist anschließend die **Flößers Rast**. Sie erinnert ebenfalls an die Zeit der Flößerei.

Laderampe im Klusenwald Anschließend führt der Weg im Bereich einer Seitenmoräne in den Wald. Am Scheitelpunkt des Wegs befindet sich eine aus grob behauenen Steinen errichtete Mauer. Es handelt sich hierbei um eine **historische Laderampe**, die zum Beladen der Fuhrwerke mit Holzstämmen diente. Nachdem wir die Alb gekreuzt haben, kommen wir zum Wegweiser **Klusenwald**. Von dort geht es über wieder offenes Terrain talwärts an der **Kluse** vorbei, bei der wir sicherlich gerne nochmals ein wenig verweilen. Weiter bergab halten wir uns rechts, sodass wir der Menzenschwander Alb talwärts bis zu einer Gabelung folgen.

Waldmöbel und Wasserfälle Bei der Gabelung haben wir erneut die Wahl: Links führt der breite Schotterweg barrierefrei hinunter bis zum Parkplatz nahe dem Albhof. Um auf dem Geißenpfad zu bleiben, biegen wir indes rechts

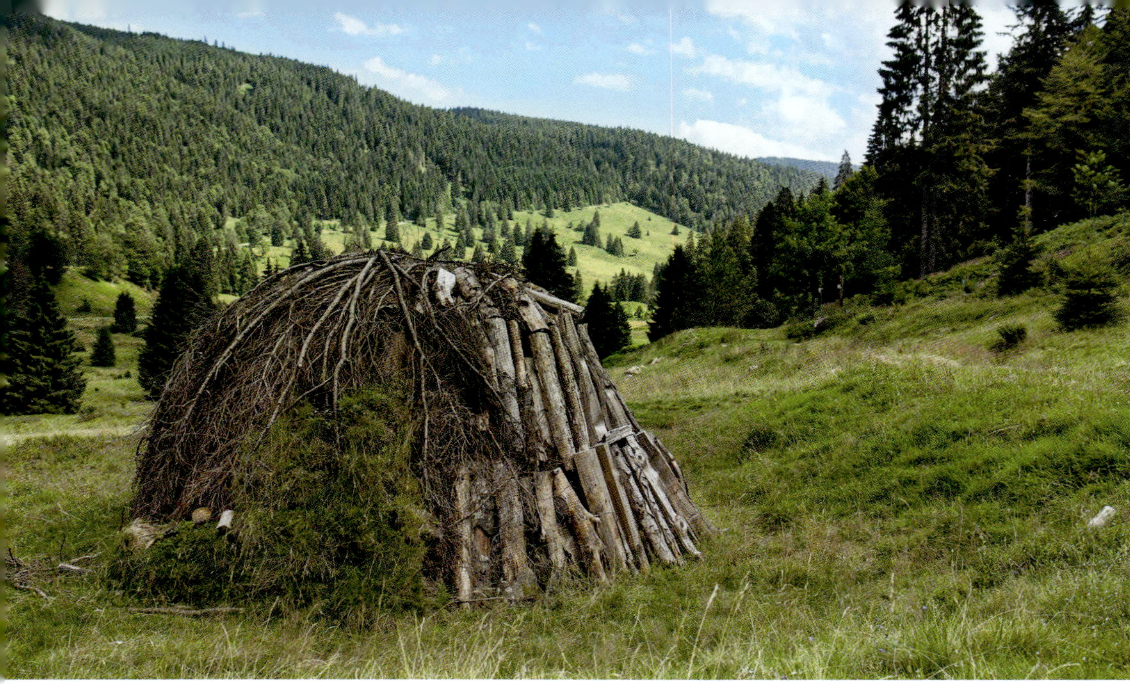

Schauhügel einer Köhlerei oberhalb der Kluse

ab und folgen der Beschilderung wieder leicht bergan bis zum Wegweiser **Schesslong dü Boah**. Wer sich darunter nichts vorstellen kann, sollte den Abstecher unbedingt mitnehmen. Ihn erwartet eine urige Sitzmöglichkeit. Nach dem Abstecher zum Waldliegestuhl kehren wir zurück zum letzten Wegweiser. Rechts ab gelangen wir wieder auf den Schotterweg, der uns nun links zum oberen Einstieg der **Albschlucht** führt. Der Abstieg durch die Klamm ist mit Treppen und Geländern gut gesichert. Die Wasserfälle in der engen Schlucht zählen zu den schönsten im Hochschwarzwald.

Ausstieg aus dem Geißenpfad Unterhalb der Albschlucht ermöglicht uns das **Bergbeizle Zum Kuckuck**, den Ausflug mit einer gemütlichen Einkehr zu krönen. Bei dem Ausflugslokal verlassen wir den Geißenpfad. Der kürzeste – und auch leichteste – Rückweg ist über die Zufahrtsstraße möglich. Schöner ist es, wenn wir ab dem unteren Ende der Albschlucht dem mit blauer Raute gekennzeichneten Wanderweg bis nach Menzenschwand-Hinterdorf folgen. Je nachdem, wie wir angereist sind, geht es dort rechts zum **Mösleparkplatz** bzw. links zur Bushaltestelle im Hinterdorf.

Wichtiges zur Tour

Tourencharakter
Zwischen Menzenschwand und Im Geschweih verläuft diese Runde auf einem schmalen Pfad. Danach sind die Wege bequem zu laufen. Die Tour lässt sich durch kurze Verbindungswege deutlich verkürzen.

Ausgangspunkt/Endpunkt
Mösleparkplatz, 880 m

Höchster Punkt
Im Geschweih, 1045 m

Anfahrt
GPS 47.8328, 8.0666
Bus/Bahn: Es bestehen Busverbindungen von Seebrugg und St. Blasien zur Haltestelle Menzenschwand-Hinterdorf. Ab dort erfolgt der Zugang über die Hinterdorfstraße.
Auto: Von der B 500 Waldshut–Titisee in Häusern nach Bernau abbiegen. Weiter über die L 149 bis Abzweig Menzenschwand, dort über Hinterdorf bis zum Mösleparkplatz.

Einkehr
Bergbeizle Zum Kuckuck, Mi–So ab 12 Uhr, Tel. 07675/9297975, www.kuckuck-schwarzwald.de

Beste Jahreszeit
Mai bis Oktober

Karte
Karte des Schwarzwaldvereins 1:25 000, W258 Titisee-Neustadt

Informationen
Touristinfo St. Blasien, Tel. 07675/12060, www.hochschwarzwald.de/St.-Blasien

Historische Laderampe im Klusenwald

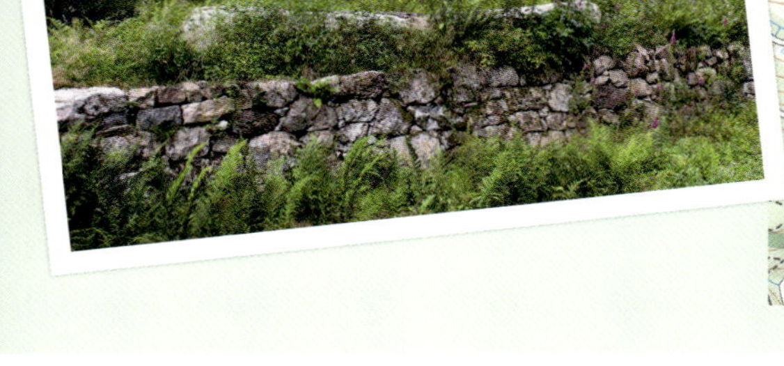

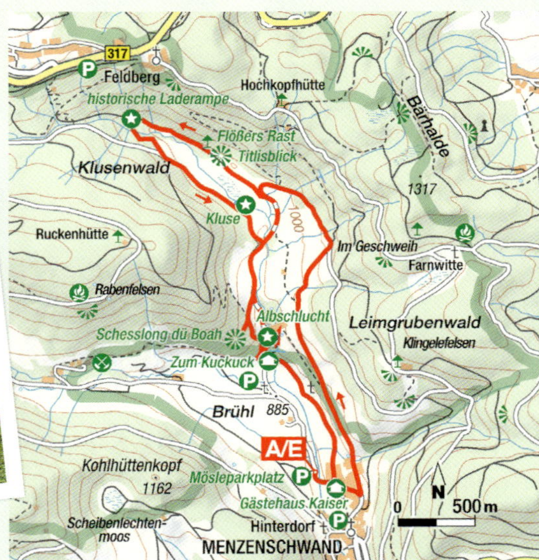

18 Auf der Sonnenseite des Feldbergs

Zur Sankt Wilhelmer Hütte

- leicht/mittel
- 3 Std.
- 230 Hm
- 8,9 km

Die Sankt Wilhelmer Hütte ist das höchstgelegene Ausflugslokal im Schwarzwald. Durch ihre Lage am Westhang befindet sie sich außerdem auf der ruhigen Seite des Feldbergs. Unser Weg dorthin führt an der Todtnauer Hütte vorbei. Damit bekommen wir doppelt Gelegenheit für eine entspannte Einkehr.

Besuchermagnet Feldberg Der höchste Berg im Schwarzwald ist zugleich auch der bekannteste. Insbesondere während der Sommerferien sowie an sonnigen Wochenenden nehmen ganze Heerscharen an Erholungssuchenden Kurs auf den Feldberg. Als Folge geht es dann zwischen dem Haus der Natur und dem Feldberger Hof zu wie in einem Taubenschlag. An solchen Tagen ist es besser, sich auf andere, weniger stark frequentierte Ziele zu konzentrieren. Die Wanderung am Feldberg verlegen wir dann ganz entspannt auf einen Tag unter der Woche, achten dabei aber auch auf die Ruhetage der Hütten. Eine einsame Tour werden wir auch dann nicht erleben, dem größten Trubel aber können wir so galant aus dem Weg gehen.

Haus der Natur

Im Haus der Natur sind das Naturschutzzentrum Südschwarzwald und die Geschäftsstelle des Naturparks untergebracht. Neben der Ausstellung im Gebäude vermitteln der Feldberggarten und der für Kinder eingerichtete Wichtelpfad Einblicke in die Landschaft am Feldberg sowie die hier lebenden Tiere und Pflanzen. Dazu behandeln wechselnde Sonderausstellungen immer wieder neue Themen (www.naz-feldberg.de).

Portale des Westwegs Vom Parkhaus bzw. der Bushaltestelle beim Feldberger Hof laufen wir zunächst auf das Haus der Natur zu. Sowie wir den länglichen Komplex auf der nach Süden ausgerichteten Stirnseite passiert haben, erreichen wir das **Tor**

zum Höchsten. Das aus drei Granitstelen errichtete Tor ist eines der zwölf Westwegportale. Auf den Platten durch das Portal ist der Verlauf des Westwegs eingezeichnet. Zur Erinnerung oder als nettes Andenken finden wir hier außerdem eine Stempelstation. Die dazugehörige Westweg-Stempelkarte gibt es beim Haus der Natur, einigen weiteren Touristinformationen sowie auch auf der Website www.schwarzwald-tourismus.info.

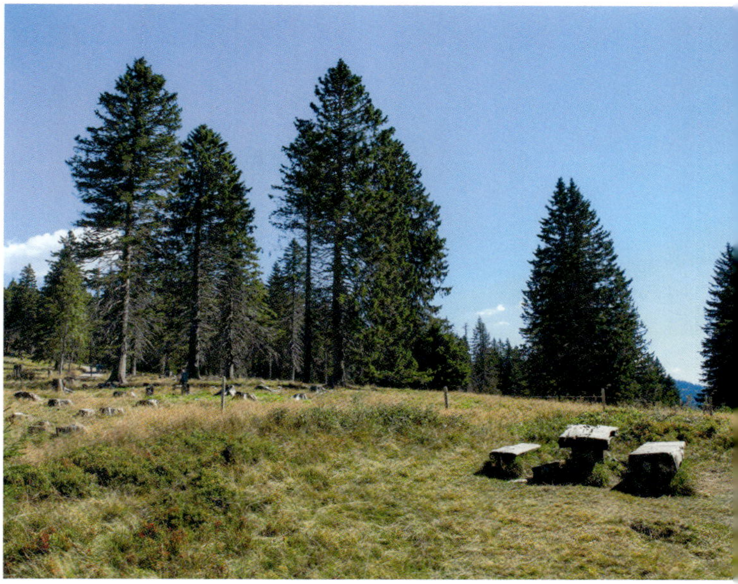

Rastplatz zwischen der Todtnauer und der Sankt Wilhelmer Hütte

Aussichten wie am Schnürchen So eingestimmt, folgen wir dem Westweg tatsächlich in westlicher Richtung, bleiben, wo dieser eine Schlaufe abkürzt, jedoch auf dem Franz-Klarmeyer-Weg. Wo beide Wege wieder zusammentreffen, geht es durch schütteren Baumbewuchs über die Menzenschwander Alb hinweg zum **Herzogenhornblick**. Der höchste Berg vom benachbarten Landkreis Waldshut befindet sich an dieser Stelle direkt südlich von uns. Während der Westweg rechts direkt hoch auf den Seebuck führt, laufen wir geradeaus weiter zum **Wiesentalblick**. Die Wiese entspringt zwar offiziell jenseits der Passstraße. Von hier aus liegen uns jedoch weite Teile des oberen Wiesentals zu Füßen. Bei guter Fernsicht reihen sich außerdem im Süden die Gipfel der Alpen aneinander. Bei optimalen Bedingungen schließlich ist fast direkt südlich von uns (ein wenig weiter westlich) der Mont Blanc zu erkennen. Mit 4810 Metern ist er der höchste Berg der Alpen.

Auf dem Sankt-Wilhelmer-Hüttenweg

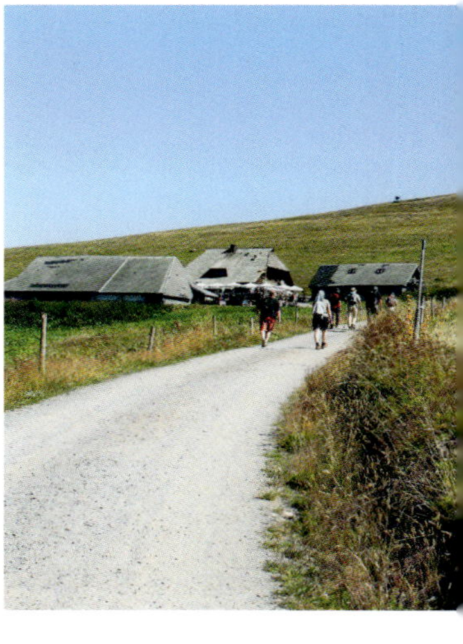

Todtnauer Hütte Bei der Gabelung halten wir uns links und folgen dem mit mehreren Rastbänken ausstaffierten Weg mal im Wald, mal über offenes Terrain zur **Todtnauer Hütte**. Sie ist auch im Winter über einen dann gewalzten

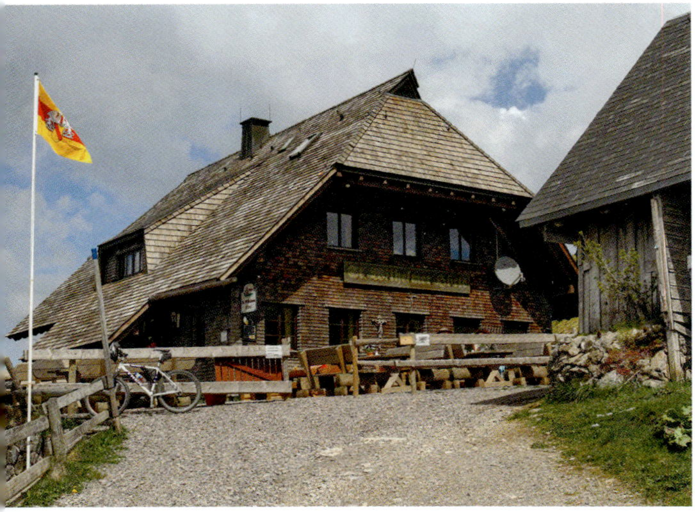

Winterwanderweg zu erreichen und verwöhnt ihre Gäste mit einer Auswahl an Vespertellern mit Schinken und Speck, Eintöpfen sowie hausgemachten Kuchen. Bei praktisch jedem Wetter beliebt ist die nach Süden ausgerichtete Sonnenterrasse. Denn an kalten oder windigen Tagen verwandeln mehrere Glasbauteile diese in einen lichtdurchfluteten Wintergarten, in dem es sich dann immer noch gut aushalten lässt.

Die Sankt Wilhelmer Hütte

Laurentiuskapelle Ein kurzes Stück weiter lassen wir den Todtnauer Hüttenweg links liegen und passieren die **Laurentiuskapelle**. Mit dem Bau der Waldkapelle dankte die Familie Kunz für die gesunde Rückkehr ihrer Söhne aus dem Zweiten Weltkrieg. Heute findet hier alljährlich am 10. August – dem Sterbetag des Heiligen Laurentius – das Laurentiusfest statt. Auch wegen der als Laurentiustränen bezeichneten Sternschnuppen um diese Zeit zählt es heute zu den bekanntesten Veranstaltungen am Feldberg.

Sankt Wilhelmer Hütte 300 Meter weiter biegen wir beim Wegweiser **Sankt-Wilhelmer-Hüttenweg** rechts ab. Damit befinden wir uns erneut auf dem Westweg, dem wir mit einer herrlichen Sicht auf die Westseite bis zur **Sankt Wilhelmer Hütte** folgen. Außer bei Wanderern ist sie auch bei Mountainbikern ein beliebtes Ziel, womit in diesem Bereich gegenseitige Rücksichtnahme Freunde findet. Die Hütte selbst wurde 1819 von Sankt Wilhelmer und Todtnauberger Bauern für den Herder errichtet. Aufgabe der Herder war es damals, die Schwarzwälder Almhütten zu bewirtschaften. Als Wanderer können wir uns auch hier über selbst gebackene Brote und Kuchen sowie regionale Spezialitäten freuen, eh wir umkehren und auf demselben Weg zurück zum Haus der Natur wandern.

Wichtiges zur Tour

Tourencharakter
Aussichtsreiche Höhenwanderung auf breiten und technisch einfachen Wegen. Bei Schnee wird der Weg bis zur St. Wilhelmer Hütte als Winterwanderweg gewalzt.

Ausgangspunkt/Endpunkt
Tor zum Höchsten, 1282 m

Höchster Punkt
Wiesentalblick, 1385 m

Anfahrt
GPS 47.8602, 8.0357
Bus/Bahn: Es bestehen Busverbindungen ab Titisee zur Haltestelle Feldberger Hof.
Auto: Von der B 317 Lörrach–Titisee-Neustadt nahe der Passhöhe beim Abzweig Seebuck zum Haus der Natur und dem Feldberger Hof abbiegen. Parken im Parkhaus.

Einkehr
Todtnauer Hütte, täglich 10–17 Uhr, Tel. 07676/373, www.todtnauer-huette.de, St. Wilhelmer Hütte, Do–Mo 10–17 Uhr, www.sankt-wilhelmerhuette.de

Beste Jahreszeit
Mai bis Oktober

Karte
Karte des Schwarzwaldvereins 1:25 000, W258 Titisee-Neustadt

Informationen
Touristinformation Feldberg, Tel. 07652/12 06 83 20, www.hochschwarzwald.de/Feldberg

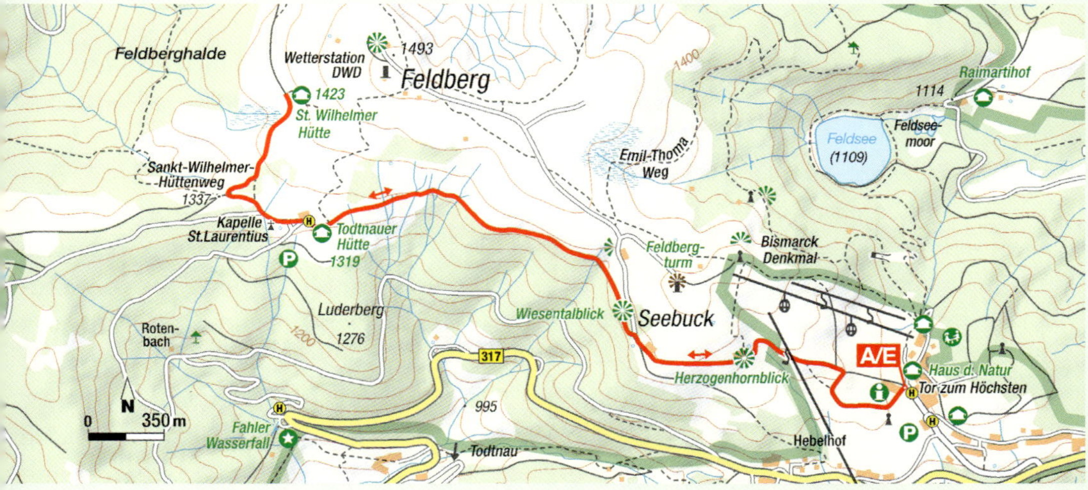

19 Der Schluchsee aus der Vogelperspektive

Varianten am Riesenbühl

- leicht
- 2.15–2.45 Std.
- 180 Hm
- 6,2 km

Hoch über dem Ort Schluchsee fällt eine filigrane Gitterkonstruktion auf: Seit 2001 thront der neue Riesenbühlturm auf dem Hausberg der Gemeinde. Naturliebhabern eröffnet er einen herrlichen Rundumblick über den Hochschwarzwald. Bei klarer Witterung sind die Alpen zu sehen – allerdings nicht da, wo man sie vermutet.

Start in der Ortsmitte Bei unserem Start am **Rathausplatz von Schluchsee** finden wir die Touristeninformation. Ganz in der Nähe lockt außerdem der beschauliche Kirchplatz mit Cafés, Restaurants und mehreren Läden. Mit dem Sláinte besitzt Schluchsee sogar einen Irish Pub. Möglichkeiten, den Ausflug später gemütlich ausklingen zu lassen, gibt es also reichlich. Für die Wanderung auf den Riesenbühl laufen wir zunächst entlang der Dresselbacher Straße sowie über den Wegweiser **Sonnenhalde** bis zum Sportplatz. Dort passieren wir die als Vereinsheim geführte **Riesenbühlstube** und folgen dem mit blauer Raute und weißem Strich markierten Kreuzwaldweg über die Linkskurve in den Wald.

Alter und neuer Aussichtsturm

Der erste Aussichtsturm auf dem Riesenbühl wurde 1931 eröffnet. Im April 1945 fiel die 25 m hohe Konstruktion jedoch einem Sturm zum Opfer. Ende der 1970er-Jahre scheiterte ein erster Versuch, den Turm zu ersetzen. Die Gründung des Naturparks Südschwarzwald im Jahr 1999 brachte neuen Ansporn, das Projekt anzugehen. Der neue Riesenbühlturm ist 36,5 m hoch und wird von robusten Douglasienstämmen getragen.

Direkt oder über Vogelhaus 700 Meter weiter gabelt sich der Weg. Wer direkt sowie auf leichtem Terrain auf den Riesenbühl wandern möchte, biegt dort links ab und wechselt bei der nächsten Gabelung rechts auf den Baumannweg. Nach einem halben Kilometer wäre der

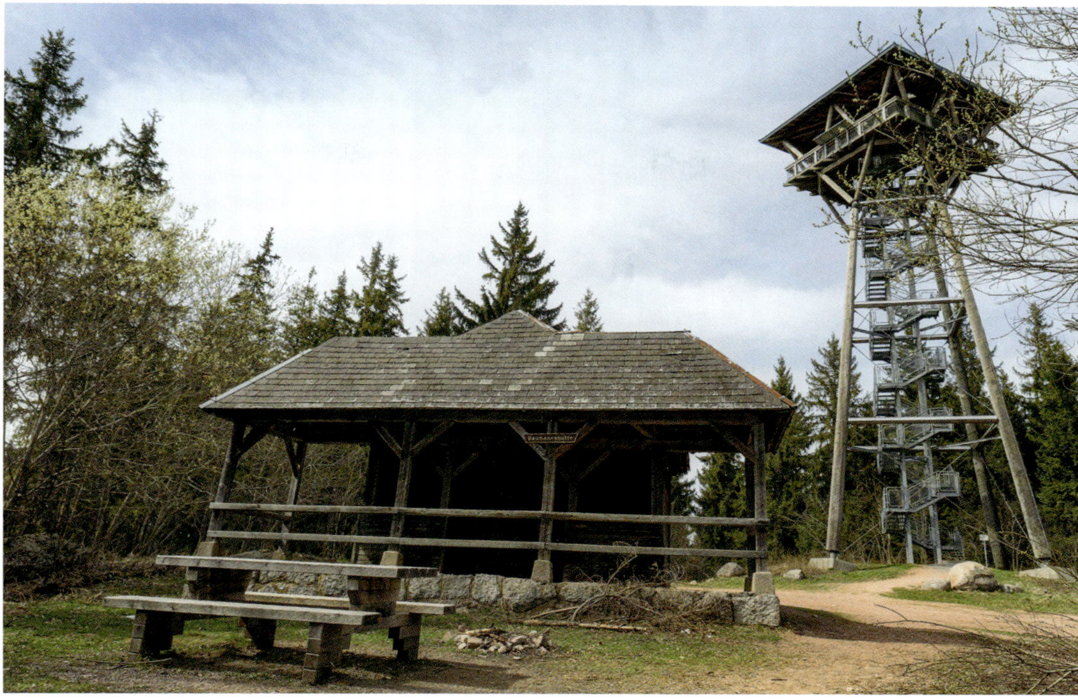

Der Riesenbühl-Turm beeindruckt mit seiner filigranen Konstruktion.

Turm somit erreicht. Alle anderen laufen geradeaus weiter und biegen erst beim Wegweiser nahe dem **Vogelhaus** und seiner Hofkapelle links ab. Wir befinden uns damit auf dem Riesenbühlweg, der uns über die bewaldete Nordseite in einem weiten Bogen um den Riesenbühl herumführt. Direkt südlich vom Gipfel passieren wir den Wegweiser **Riesenbühlweg**, um einen Katzensprung weiter links auf den schmalen Pfad zu wechseln. Dieser führt in wenigen Kehren hoch zum Riesenbühlturm. Alternativ können wir auf dem breiten Riesenbühlweg bleiben. In dem Fall erfolgt der Zugang 500 Meter weiter scharf links auf dem bereits genannten Baumannweg.

Verdrehtes Panorama Auf dem abgeflachten Gipfel finden wir bei der Baumannhütte mehrere Bänke und Tische sowie auch eine der für den Schwarzwald typischen Liegen. Bereits von hier haben wir eine gute Sicht über die Amalienruhe und den Schluchsee hinweg zum Höhenzug mit dem Habsberg. Wer sich den Aufstieg auf den **Riesenbühlturm**

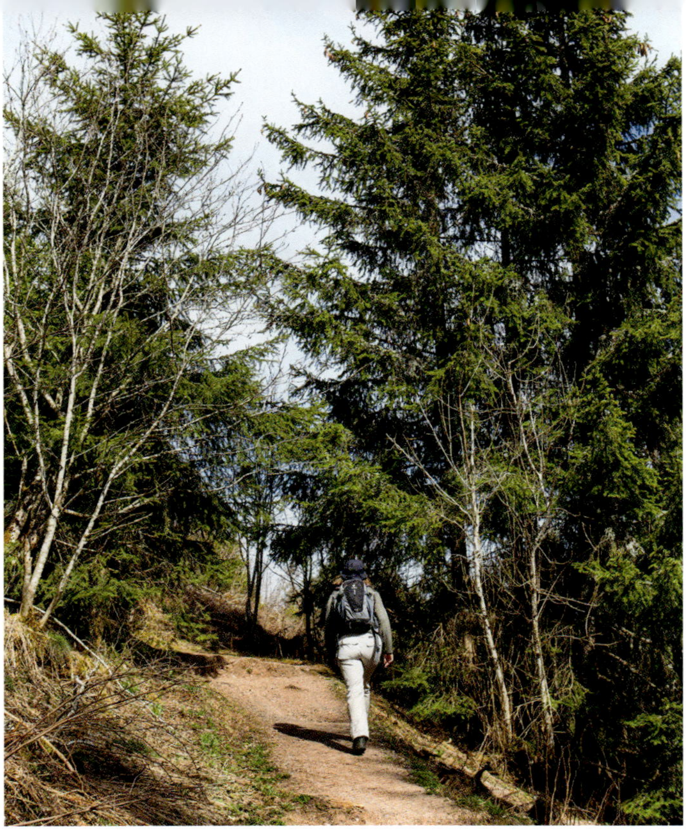

Aufstieg auf den Riesenbühl

zutraut, wird außerdem mit einer eindrucksvollen Sicht über das Fischbachtal im Norden sowie zu den umliegenden Wäldern belohnt. Mit etwas Glück sind zudem die Alpen zu sehen. Vorausgesetzt, man schaut in die richtige Richtung. Denn während die Panoramatafel auf der Südwestseite der Plattform angebracht ist, befindet sich die Sichtachse zu den Alpen in südöstlicher Richtung, also weiter links.

Wieder runterkommen Sowie wir uns sattgesehen haben, stehen uns für den Rückweg ebenfalls mehrere Varianten offen. Am einfachsten ist es, wir kehren über dem Baumannweg zurück zum Kreuzwaldweg. In dem Fall erfolgt der Rückweg auf dem bereits bekannten Hinweg. Für die Alternative nutzen wir den Pfad hinunter zum Riesenbühlweg, nehmen die wenigen Schritte rechts bis zum Wegweiser und wechseln dort links auf den schmaleren Pfad. Nach zwei Kehren biegen wir erneut links auf den etwas breiteren Weg ab. Dieser führt uns über zwei Kurven in den Wald, schwenkt dann nach Süden. Am unteren Waldrand laden rechts eine Liegewiese mit Schutzhütte und links ein **Kneippbecken** zum Erholen und Erfrischen ein. Über den Weg links vom Becken kommen wir ebenfalls zurück zur Dresselbacherstraße sowie rechts hinunter zum **Rathausplatz von Schluchsee**.

Seerundfahrt

Ab Ende April bis Ende Oktober sind Rundfahrten mit der MS Schluchsee über den größten Speichersee des Schwarzwalds möglich. Zustiegsmöglichkeiten bestehen beim Strandbad von Schluchsee, der Staumauer, beim Unterkrummenhof und in Schluchsee-Aha (www.seerundfahrten.de).

Wichtiges zur Tour

Tourencharakter
Der Riesenbühlturm ist über einen Pfad, aber auch über einen breiten Weg erreichbar. Der Aufstieg auf den Turm erfordert Schwindelfreiheit (Gittertreppen).

Ausgangspunkt/Endpunkt
Rathausplatz Schluchsee, 955 m

Höchster Punkt
Riesenbühl, 1097 m

Anfahrt
GPS 47.8187, 8.1770

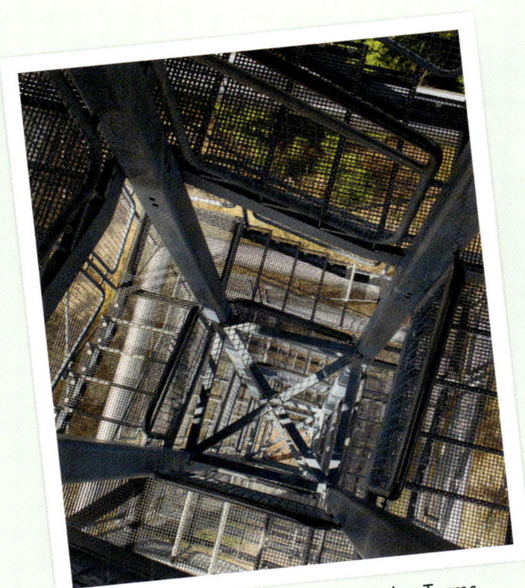

Blick durch die Gitterkonstruktion des Turms

Bus/Bahn: Ab Freiburg Hauptbahnhof und Seebrugg mit der S-Bahn zum Bahnhof in Schluchsee
Auto: Auf der B 500 Waldshut–Titisee bei Schluchsee zur Ortsmitte abfahren. Parkplätze befinden sich im Umfeld vom Kurhaus sowie alternativ beim Sportplatz in der Dresselbacher Straße.

Einkehr
Schöner Rastplatz, in Schluchsee

Beste Jahreszeit
Mitte April bis Oktober

Karte
Karte des Schwarzwaldvereins 1:25 000, W258 Titisee-Neustadt

Informationen
Touristinformation Schluchsee, Tel. 07652/12060, www.hochschwarzwald.de/Schluchsee

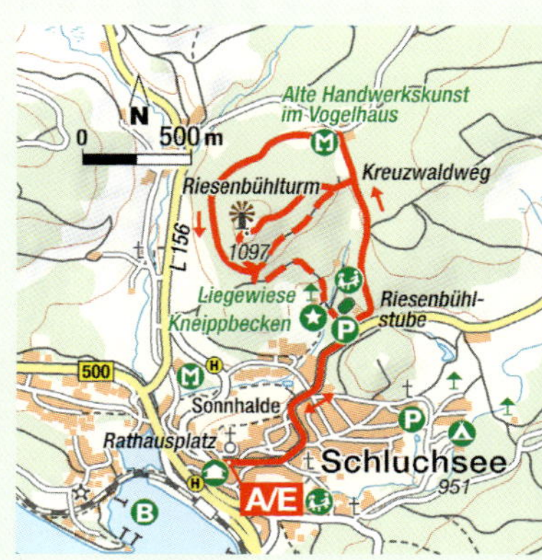

20 Auf dem Hirtenpfad

Rund um das Raitenbucher Hochtal

- mittel
- 2.30–3 Std.
- 300 Hm
- 8 km

Der Hochschwarzwälder Hirtenpfad eröffnet uns herrliche Aussichten über das Gletscherhochtal von Raitenbuch. Die Runde führt durch Bergwiesen und lichte Waldränder und gibt zugleich Einblick in die historische Bewirtschaftung des Tals.

Denkmal der Hütekinder Vor dem Einzug der ersten Weidezäune in den Schwarzwald war es Aufgabe der Kinder, das Vieh im Auge zu behalten. Insbesondere Jungen aus kinderreichen Familien wurden auf die Höfe geschickt, um dort bis zu 15 Stunden am Tag zu arbeiten und zu lernen. Unzureichend gekleidet, oft barfuß, trotzten sie Wind und Wetter, Kälte und Nässe. Eine unbekümmerte Kindheit blieb ihnen verwehrt. Daheim waren die Eltern froh, für einen Esser weniger sorgen zu müssen. Erst als in den 1960er-Jahren die ersten Elektrozäune installiert wurden und sich das Bewusstsein in Deutschland änderte, verschwand diese Form der Kinderarbeit. Mit dem Hochschwarzwälder Hirtenpfad wurde den Hütekindern in Raitenbuch ein Denkmal gesetzt.

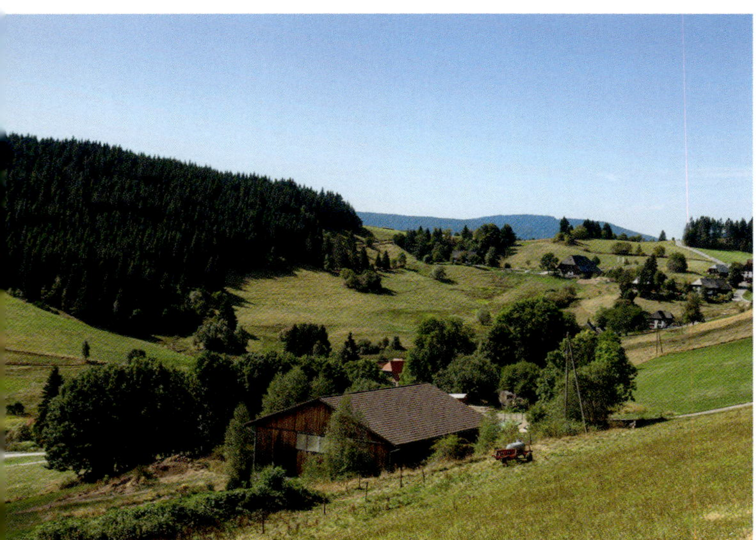

Sanfte Geländeformen prägen die Landschaft rund um Raitenbuch.

Abgeschoben und ausgerissen Vom **Parkplatz Hirtenpfad** aus gesehen, laufen wir vor zum Wegweiser Am Wildenhof und biegen rechts auf den mit Gras bewachsenen Pfad ab. Damit folgen wir der Markierung gelbe Raute in Richtung Möslehof. Nachdem wir einen Gehölzstreifen passiert haben, öffnet sich die Sicht über die verstreut gelegenen Häuser und Höfe von Raitenbuch. Auf diesem ersten Abschnitt des Themenwegs geben uns die Schilderungen des späteren Bürgermeisters Siegfried Scharf Einblick in das Leben der Hirtenbuben. Er kam 1947 als Achtjähriger auf den ehemaligen s'Lehmanne-Hof. Dort musste er zehn Rinder, Schweine, Ziegen und Hühner versorgen, Ähren bündeln und laden sowie mit einem Dreschflegel die Spreu vom Korn trennen. Obgleich sein Elternhaus nur vier Kilometer entfernt war, blieb er ein ganzes Jahr auf dem Hof. Sein Bruder hatte schon nach zwei Tagen Reißaus genommen.

Offenhaltung der Landschaft

Mit Aufgabe der historischen Bewirtschaftungsform breiteten sich im Schwarzwald vielerorts neue Wälder über die zuvor offenen Weiden aus. Zur Einrichtung des Hirtenpfads haben die Landwirte den Baumbewuchs wieder zurückgedrängt. Somit tragen sie dazu bei, das Gletscherhochtal als offenen und reich strukturierten Erholungsraum zu erhalten.

Gletscherhochtal Raitenbuch Wir indes können es ruhig angehen lassen und die sanft geschwungene Landschaft vor uns genießen. An einigen Stellen sind **Spuren der Würm-Eiszeit** zu erkennen. Damals erstreckte sich ein Gletscher vom Feldbergmassiv über die Raitenbucher Höhe und durch das Urseetal bis nahe an die Wutach heran. Zum Ende der Kaltzeit verstrichen noch 10 000 Jahre, bis die an manchen Stellen bis zu 200 Meter dicke Eisschicht endlich abgeschmolzen war. Wo die Gletscherzunge einige Zeit stehenblieb, entstanden Endmoränen, die sich heute als Wellen und Dämme in der Landschaft abzeichnen. Zudem hat das Eis einige Granitfelsen und andere Findlinge vom Feldberg bis in das Tal transportiert. Andere Steinansammlungen gehen auf das Wirken des Menschen zurück: Um auf den südlich ausgerichteten Hängen Felder anzulegen, sammelten die Bewohner des Tals Steine auf und schleppten sie an den Rand des Ackers. Dadurch sind im Lauf der Jahre Lesesteinhaufen entstanden, welche heute Reptilien einen geschützten Lebensraum bieten.

Der Zaun links im Bild ist zum Glück wieder verschwunden.

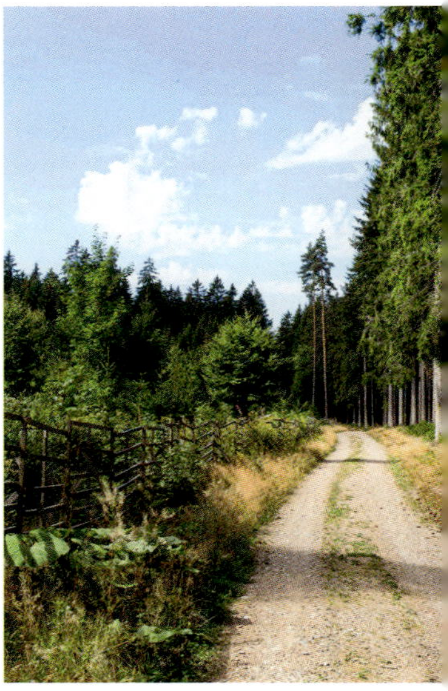

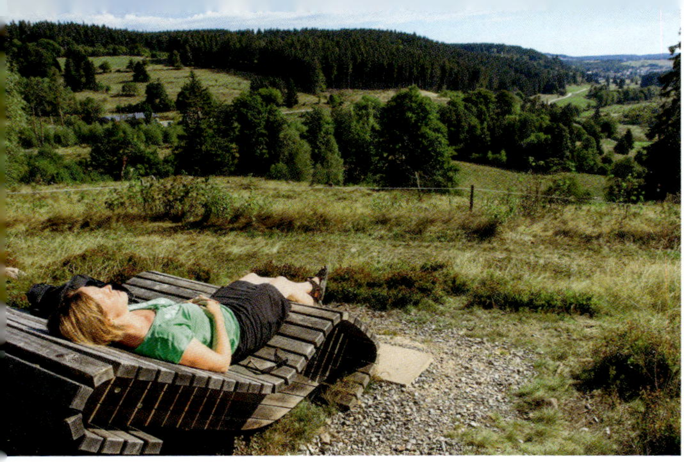

So entspannt können Pausen sein.

Alter Ahorn Nachdem wir einen Waldstreifen durchquert haben, lädt eine **Himmelsliege** zu einer Rast ein. Wenn die Sonne hoch am Himmel steht, hält man es allerdings nur kurze Zeit in der Hitze aus. Damit wandern wir bald weiter zum Wegweiser **Am Möslehof** und ab dort links hinunter zum **Möslehof**. Auf dem Weg dahin öffnet sich abermals die Sicht über das Hochtal, dann geht es auf Pfaden weiter bis zur Raitenbucher Straße. Auf der anderen Seite der Kreisstraße folgen wir der Beschilderung des Genießerpfads mal am Waldrand, mal durch den Wald und über eine Wiese bergan bis zum Wegweiser **Zinsmoos**. 400 Meter weiter erreichen wir den Standort **Alter Ahorn**. Der Name erinnert an einen mehrere Hundert Jahre alten Ahorn, der 1978 von einem Sturm gefällt wurde. Bei dem neuen Ahorn finden wir eine weitere schöne Rastmöglichkeit.

Ausblick bis zu den Oberstdorfer Bergen Anschließend geht es auf dem Hochschwarzwälder Hirtenpfad über **Klausenhof** in Richtung Am Hohspirn. Zeitweise verlief der Weg auf diesem Abschnitt entlang eines hohen Zauns. Dieser hinderte das Wild daran, vom Fürstenbergischen Jagdrevier ins angrenzende Revier zu wechseln. Inzwischen haben sich die Verantwortlichen eines Besseren besonnen und lassen das Wild wieder ungestört durch die Wälder streifen. Wo uns der Hirtenpfad wieder aus dem Wald hinausführt, können wir bei einem **Schnapsschränkle** einen Gruß eintragen. Bei den nahen Himmelsliegen lohnt sich zudem der Blick talwärts bis zum weit entfernten Horizont. Mit Glück sind dort die Allgäuer Alpen bei Oberstdorf mit der 2645 Meter hohen Mädelegabel zu sehen. Wenige Schritte vor dem Wegweiser **Am Hohspirn** lädt eine weitere Himmelsliege zum Verweilen ein, eh wir nach einem Schlenker durch den Wald links abbiegen und die letzten 700 Meter über die **Wildenhofkapelle** bis zurück zum **Parkplatz Hirtenpfad** in Angriff nehmen.

Die Wildenhofkapelle

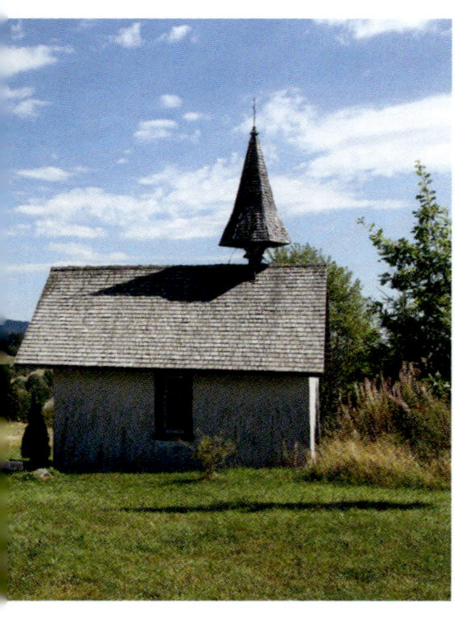

Wichtiges zur Tour

Tourencharakter
Bis auf den etwas steileren Anstieg zur Mitte der Tour gemütliche Runde auf bequemen Waldpfaden und Wegen

Ausgangspunkt/Endpunkt
Wanderparkplatz Hirtenpfad, 1030 m

Höchster Punkt
Bereich oberhalb Raitenbuch, 1070 m

Anfahrt
GPS 47.8619, 8.1417
Bus/Bahn: Keine Verbindung
Auto: B 500 Waldshut-Tiengen–Titisee-Neustadt zwischen Schluchsee und Altglashütten nach Raitenbuch abfahren. Der Kreisstraße bis zur Zufahrt zum Wanderparkplatz folgen

Einkehr
Auf der Strecke keine, schöne Rastmöglichkeiten

Beste Jahreszeit
April bis Oktober

Karte
Karte des Schwarzwaldvereins 1:25 000, W258 Titisee-Neustadt

Informationen
Touristinformation Schluchsee, Tel. 07652/12060, www.hochschwarzwald.de/Schluchsee

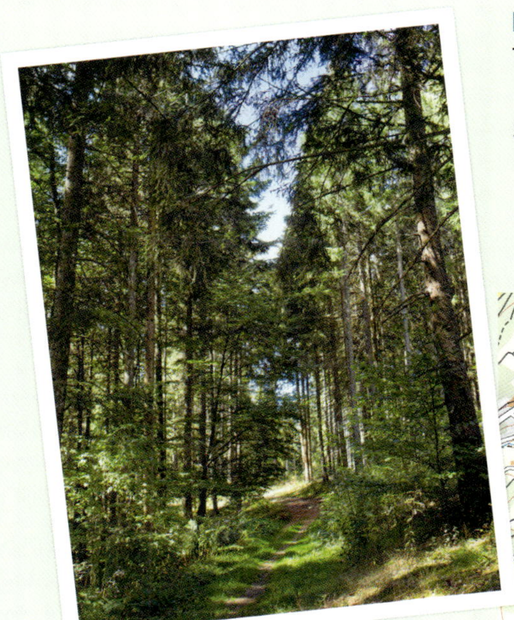

Aufstieg durch den Wald zum Zinsmoos

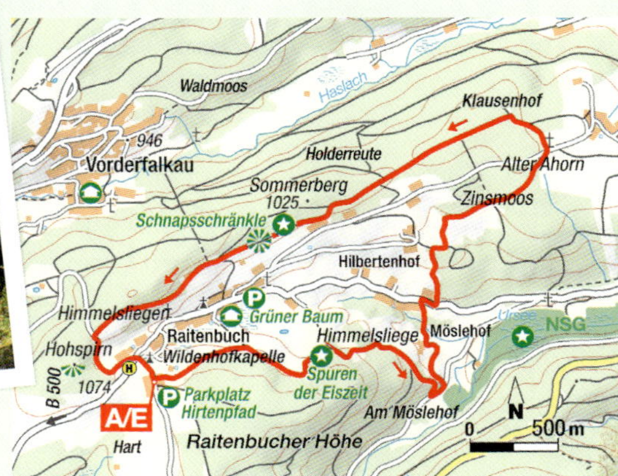

21 Auf dem Gschind-Rundweg

Ausblicke und Wälder über Lenzkirch

mittel

2.30 Std.

200 Hm

7,2 km

Zwar verläuft der Mittelteil der Wanderung durch den Wald, doch gegen Ende der Tour liegt uns das Haslacher Tal beim Aussichtspunkt Schliecht herrlich zu Füßen.

Über der Haslach Ab dem **Kurhaus von Lenzkirch** passieren wir den Kurpark und laufen die Testostraße vor zur B315. Links jenseits der Bundesstraße geht es mit der blauen Raute durch den **Trenschelweg** an einigen Wohnhäusern vorbei sowie am Ende der Straße weiter geradeaus bis zu einer **Wassertretanlage**. Dort überqueren wir den Gschindbach, halten uns am Waldrand links und nehmen die Rechtskurve hoch zum Wegweiser **Gschind**, wo wir rechts zur Fuchsfarm abbiegen.

Zur Fuchsfarm Nun folgen wir mit der gelben Raute dem Bach in den Wald. Nach etwa anderthalb Kilometern im Wald kreuzen wir den **Gschindbach** ein zweites Mal und folgen der gelben Raute bis zum **Parkplatz Fuchsfarm**. Dort treffen wir auf den Mittelweg, der uns rechts an einem Hof vorbei zum Schliecht-Stadion führt. Wer schmalere Wege scheut, kann von dort die Schliechtsstraße hinunter bis zur B315 und dann links zurück zum Kurpark gehen.

Das Rathaus von Lenzkirch

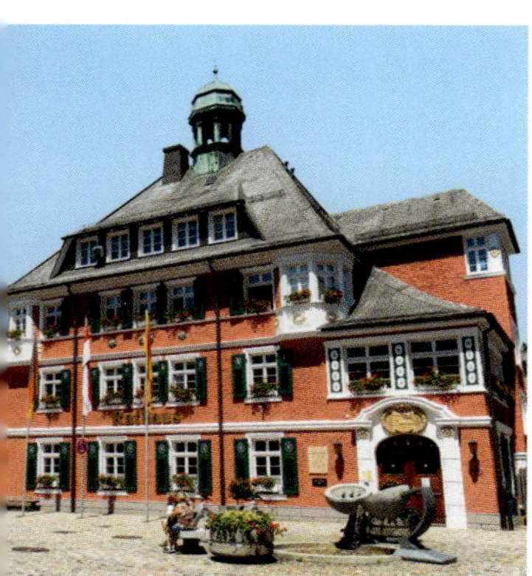

Aussichtspunkt Schliecht Alle anderen biegen nach dem Stadion mit dem Mittelweg links, dann 120 Meter beim Wegweiser **Am Geopark** rechts nach Lenzkirch ab. Zusammen mit dem Schluchtensteig kommen wir so zum **Aussichtspunkt Schliecht**. Beim Rückweg folgen wir den Markierungen vom Mittelweg und Schluchtensteig zur Bühlstraße sowie rechts bergab bis zur Straßenmündung in die B315. Jenseits der Bundesstraße gelangen wir auf dem Fußweg an einem alten **Mühlrad** vorbei zurück zum **Kurhaus von Lenzkirch**.

Wichtiges zur Tour

Tourencharakter
Im Bereich des Aussichtspunkts Schliecht verläuft die Runde kurz auf einem Pfad des Mittelwegs. Ansonsten technisch einfache Runde auf breiten Forst- und Fahrwegen

Ausgangspunkt/Endpunkt
Kurhaus Lenzkirch, 804 m

Höchster Punkt
Bereich Geschindbach, bis ca. 930 m

Anfahrt
GPS 47.8679, 8.2036
Bus/Bahn: Ab den Bahnhöfen in Titisee und Seebrugg bestehen Busverbindungen zur Haltestelle Kurpark, Lenzkirch.
Auto: Von der B 315 Titisee–Bonndorf in Lenzkirch zum Kirchplatz oder auf die Testostraße abbiegen, weiter geradeaus bis zu den Parkmöglichkeiten beim Kurhaus fahren.

Einkehr
Auf der Strecke keine, Gastronomie in Lenzkirch

Beste Jahreszeit
April bis Oktober

Karte
Karte des Schwarzwaldvereins 1:25 000, W258 Titisee-Neustadt

Informationen
Touristinformation Lenzkirch, Tel. 07652/ 12060, www.hochschwarzwald.de/ Lenzkirch

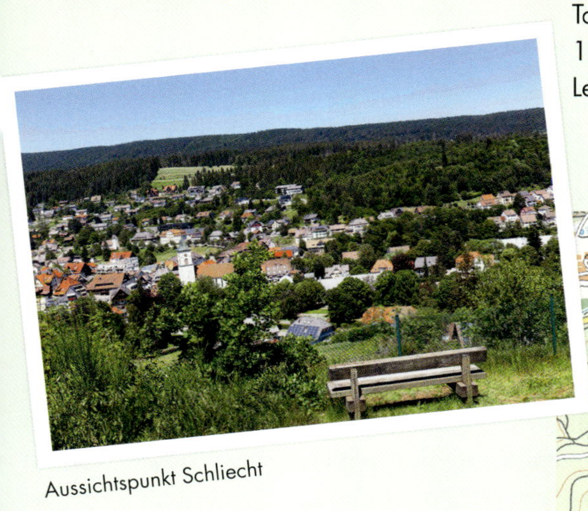

Aussichtspunkt Schliecht

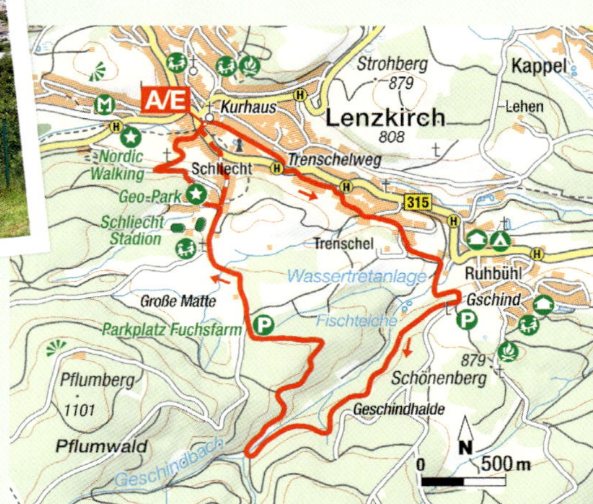

22 Auf der Sonnenseite vom Hochfirst

Höhenklimaweg von Saig

- leicht
- 1.20 Std.
- 120 Hm
- 3,6 km

Saig erstreckt sich als ein typisches Streudorf auf den Wiesen zwischen dem Hochfirst im Norden und dem Kuhberg im Süden. Da dieser niedriger ist als weite Teile dieser Runde, eröffnen sich uns Aussichten zum Höhenzug zwischen der Haslach und dem Schluchsee.

Wechselnde Aussichten Wer mit dem Bus anreist, gelangt über die Straße an der Kirche vorbei zum Wegweiser oberhalb des **Hauses des Gastes**. Ab dort folgen wir der Beschilderung des Saiger Panoramawegs Platzbergrunde über den Hochfirstweg und dem Turmweg hoch zum Wegweiser **Saig Waldhaus**. Danach biegen wir rechts ab und sehen im Westen kurz die Gemeinde Breitnau. Am Horizont gut zu erkennen ist das Windrad zwischen dem Hohwarth (rechts) und dem Haldenbuck (links).

Junge Maria im alten Antlitz Bei der Gabelung halten wir uns rechts und folgen der gelben Raute in den Wald. Gut 600 Meter weiter orientieren wir uns abermals rechts und kommen am Waldrand zur **Mariensäule**. Bei dem Bildnis kreuzen wir den Forstweg und folgen dem kleinen Pfad erst am Waldrand, im weiteren Verlauf kurz durch den Wald bis zum Wegweiser **Ob dem Vitenhof**, wo wir erneut rechts abbiegen. Gleich danach verlassen wir den Wald und sehen vor uns den **Vitenhof**. Bei dem Hof wechseln wir auf den Vitenhofweg (blaue Raute und weißer Strich) und erreichen einen auf einem **Wasserhochbehälter** eingerichteten Aussichtsplatz mit zwei Bänken. Direkt voraus sehen wir den Kuhberg, links und rechts davon erheben sich die Hügel jenseits der Haslach. Bei der nächsten Kreuzung halten wir uns links und bleiben auf dem Vitenhofweg, der uns nun direkt zurück zur Ortsmitte von Saig führt.

Wichtiges zur Tour

Tourencharakter
Gemütliche Höhenwanderung auf wenig befahrenen Straßen sowie breiten Forstwegen

Ausgangspunkt/Endpunkt
Saig, 1000 m

Höchster Punkt
Abzweig oberhalb Mariensäule, ca. 1090 m

Anfahrt
GPS 47.8930, 8.1772
Bus/Bahn: Ab dem Bahnhof Titisee und Seebrugg bestehen Busverbindungen zur Haltestelle Saig Ochsen.
Auto: Von der B 315 Bonndorf–Titisee-Neustadt westlich von Lenzkirch nach Saig abbiegen. Der Parkplatz befindet sich beim Haus des Gastes in der Ortsmitte.

Einkehr
Auf der Strecke keine, Gastronomie in Saig

Beste Jahreszeit
April bis Oktober

Karte
Karte des Schwarzwaldvereins 1:25 000, W258 Titisee-Neustadt

Informationen
Touristinformation Lenzkirch, Tel. 07652/12060, www.hochschwarzwald.de/Lenzkirch

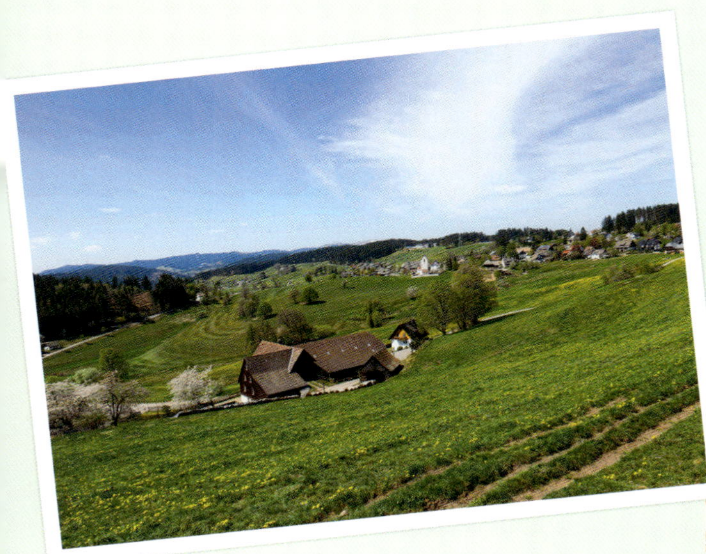

Aussicht über Saig

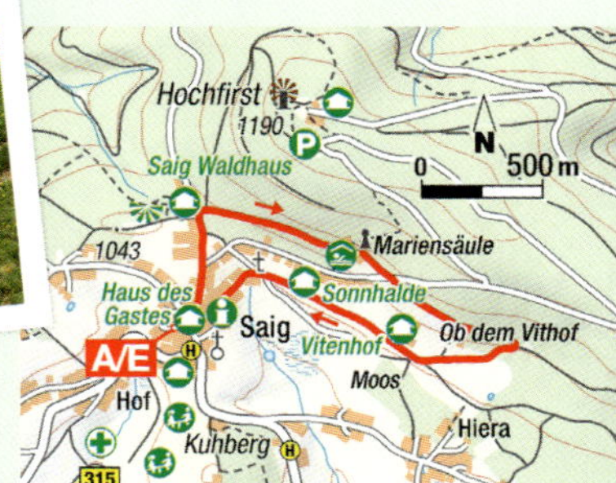

23 Aussichten zwischen Galgen- und Lindenbuck

Auf dem Panoramaweg von Bonndorf

mittel

2.30–3 Std.

120 Hm

7,2 km

Die nahe Wutachschlucht ist für viele Wanderer, die nach Bonndorf kommen, ein häufiges Ziel. Doch auch auf dem Hochplateau selbst finden wir lohnende Touren. Hier führt uns der Panoramaweg rund um die Löwenstadt. Die Tour lässt sich auch gut in zwei kurze Runden aufteilen.

Bloß nicht anpflaumen lassen Am Schnittpunkt zwischen dem Hochschwarzwald und dem Alb-Wutach-Gebiet bildet Bonndorf eine der bedeutendsten Hochburgen der Alemannischen Fasnacht bzw. Fasnet, wie es hier heißt. Die Ursprünge reichen bis ins 18. Jahrhundert zurück. Als Beleg ist in einem Handwerkzunftbuch vermerkt, dass schon im Jahr 1765 Fasnachtsmasken – Schemen genannt – in Bonndorf gefertigt wurden. Heute ist die Narrenzunft der Pflumeschlucker mit rund 500 Narren eine der größten im Kreis Waldshut. Ihr Name geht auf eine Legende zurück, laut der die Bonndorfer die ersten Pflaumen, die in den Schwarzwald kamen, mitsamt Stein, Stumpf und Stiel verputzt haben sollen. Vor dem Verzehr sollen sie allerdings geprüft haben, ob sich diese größenmäßig auch wieder ausscheiden ließen.

St.-Peter-und-Paul-Kirche

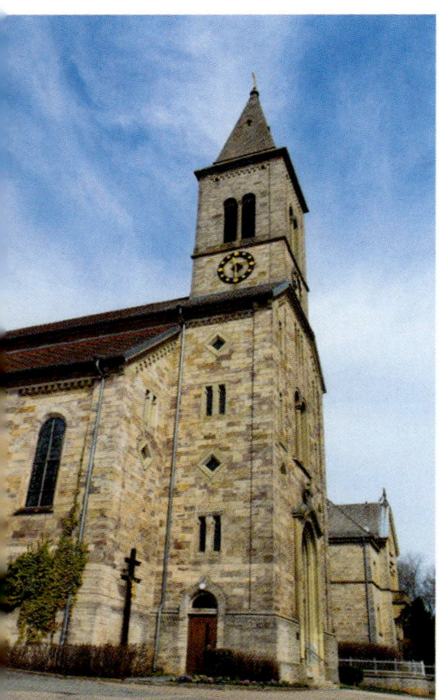

Aussichtsreicher Auftakt So eingestimmt führt uns der erste Abschnitt vom Parkplatz bei der **St.-Peter-und-Paul-Kirche** über die Kirchstraße aus dem Ort heraus. Wir folgen somit dem örtlichen Rundwanderweg 14 am Friedhof vorbei in die offene Landschaft. Schon nach wenigen Schritten öffnet sich beim **Christuskreuz** die Sicht über die Bundesstraße zur Alpenkette. Nach knapp 1300 Metern biegen wir beim Wegweiser **Schleierweg** rechts zum Galgenbuck ab.

Strafvollzug auf dem Galgenbuck Neben der Beschilderung des Rundwanderwegs können wir uns fortan auch

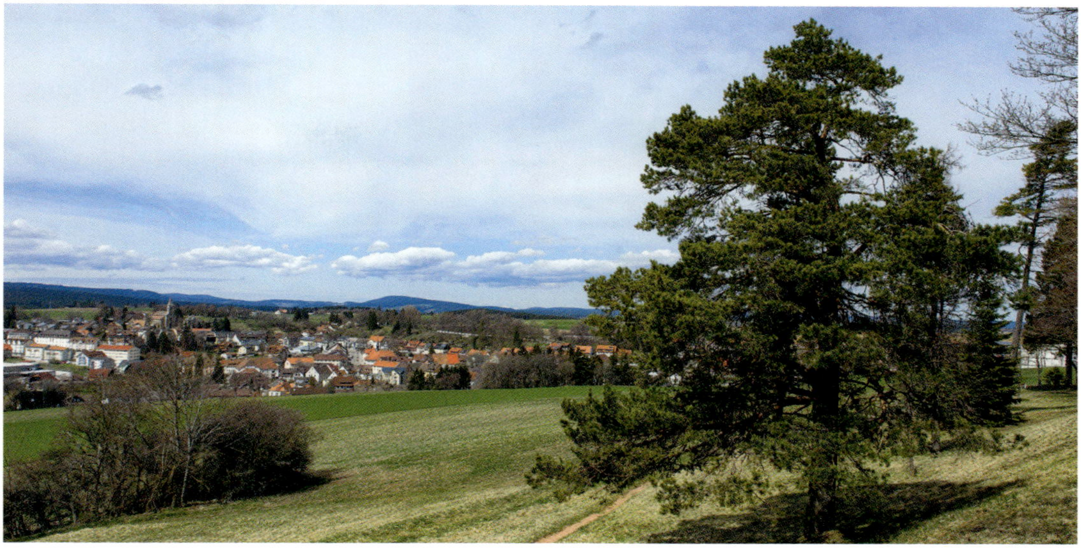

Aussicht vom Lindenbuck nach Bonndorf

an der gelben Raute des Schwarzwaldvereins orientieren. Auf dem **Galgenbuck** angekommen, erwartet uns neben der Sicht zu den Alpen und den umliegenden Schwarzwaldgipfeln eine weitere Sicht nach Osten zum Randen mit dem Sender Donaueschingen. Der Name des Hügels stammt noch aus dem Mittelalter, als sich die Rechtsprechung in hoher und niederer Gerichtsbarkeit gliederte. Während sich die hohe Gerichtsbarkeit in Schaffhausen befand, hatten in Stühlingen die Grundherren das Sagen. Zum Tode verurteilte Delinquenten wurden auf dem Galgenbuck aufgeknüpft.

Christuskreuz nahe unserem Ausgangspunkt

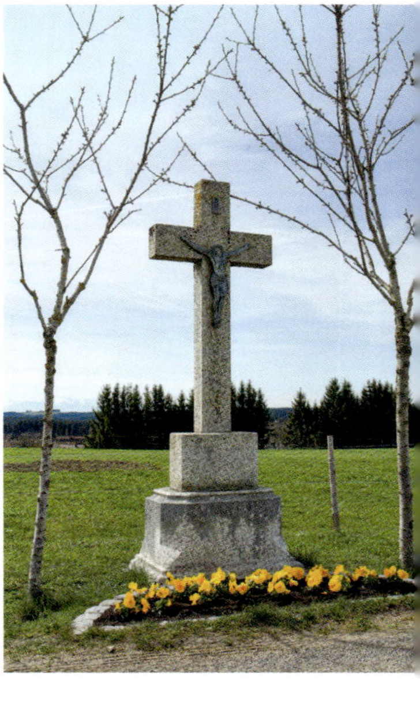

Philosophenweg Geradeaus weiter laufen wir wieder auf den Ortsrand zu. Wer es bei einer kurzen Runde belassen will, kann beim Wegweiser **Bergstraße** vorbei direkt hinunter zur Ortsmitte sowie der Kirche wandern. Alle anderen wechseln von der Bergstraße links auf den Philosophenweg. In diesem Fall erreichen wir zwei, drei Minuten weiter einen **Platz mit Aussicht auf Bonndorf**. Am Ende des Philosophenwegs zweigen wir erneut links auf die Lindenstraße ab. Auf ihr geht es vor zur Kreisstraße sowie dann rechts zur Landstraße, die wir auf Höhe des **Gasthofs Lindenbuck** möglichst umsichtig überqueren.

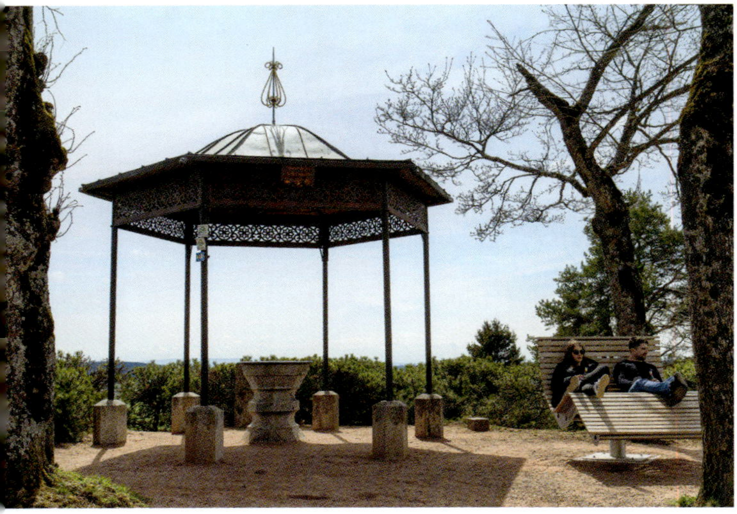

Pavillon und Liege auf dem Lindenbuck

Aufstieg auf den Lindenbuck Bei Drucklegung dieses Buchs wurde der Gasthof als reiner Hotelbetrieb geführt. Für unser nächstes Ziel passieren wir erst den Gasthof auf dessen Südseite, dann die Fleischwarenfabrik Adler. Im Bereich eines Funkmastes sowie bei der nächsten Gabelung biegen wir schließlich zweimal nacheinander rechts ab und folgen dem Weg durch eine Allee auf den **Lindenbuck**. Auf der malerischen Anhöhe laden mehrere Rastmöglichkeiten zum Verweilen und Landschaftgenießen ein.

Den Überblick bewahren Leider ist die Beschilderung auf dem Lindenbuck widersprüchlich. Bis sich diese bessert, können wir auf dem Feldweg direkt auf Stühlingen zulaufen. Oder, besser, wir nutzen den in südlicher Richtung verlaufenden Weg bis zu seiner Einmündung in die Dillendorfer Straße. Auf dieser geht es rechts zum Brunnaderner Weg, dem wir zum Schweizer Weg sowie über die B315 hinweg durch den Süßwinkel zum **Bonndorfer Schloss mit den Narrenstuben** folgen. Ebenfalls sehenswert ist der japanische Garten mit Pagode und traditionellem Teehaus unterhalb des Schlosses. Anschließend führt uns die Mühlenstraße wieder an die Durchgangsstraße, wo wir rechts zurück zur Kirchstraße sowie zur **St.-Peter-und-Paul- Kirche** finden.

Schloss-Narrenstuben

Das Fasnachtsmuseum in den Bonndorfer Schloss-Narrenstuben beherbergt über 400 originalgetreue Narrenfiguren. Die von Theo Hany (1924–2012) geschaffenen Miniaturen bilden zusammen ein europaweit einmaliges Ensemble. Im Schlossgewölbe befinden sich außerdem über 300 originale Masken oder Larven aus dem Alemannischen Raum, aus Tirol und Venedig. Infos zu den Öffnungszeiten sind bei der Touristinformation oder direkt im Schloss unter der Tel. 07703/269 erhältlich. Der Eintritt ist frei.

Wichtiges zur Tour

Tourencharakter
Bei Schneemangel selbst im Winter gut zu begehende Höhenwanderung auf technisch einfachen Wegen mit Fernsicht zu den Alpen. Die Beschilderung auf dem Lindenbuck könnte besser sein.

Ausgangspunkt/Endpunkt
St.-Peter-und-Paul-Kirche in Bonndorf, 980 m

Höchster Punkt
Lindenbuck, 900 m

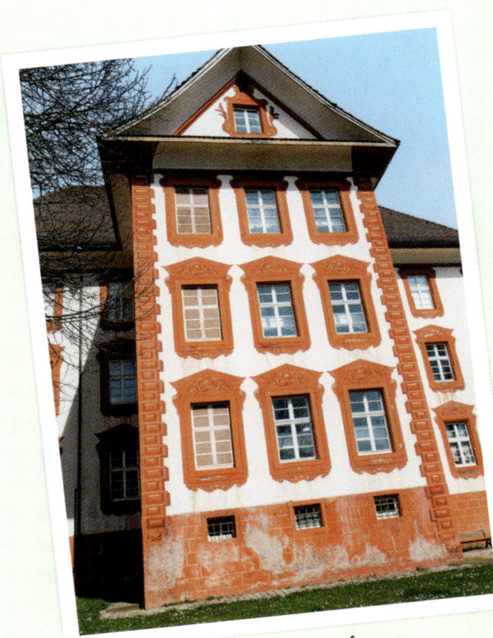

Mittelrisalit mit dem Treppenaufgang des Bonndorfer Schlosses

Anfahrt
GPS 47.8196, 8.3369
Bus/Bahn: Es bestehen ab dem Bahnhof Seebrugg Busverbindungen zur Haltestelle Schwarzwaldhotel Bonndorf.
Auto: Von der B 315 Titisee–Weizen in Bonndorf zum Parkplatz in der Kirchstraße abbiegen.

Einkehr
Auf der Strecke keine, Gastronomie in Bonndorf

Beste Jahreszeit
Mai bis Oktober

Karte
Karte des Schwarzwaldvereins 1:25 000, W267 Stühlingen

Informationen
Touristinformation Bonndorf, Tel. 07703/7607, www.bonndorf.de

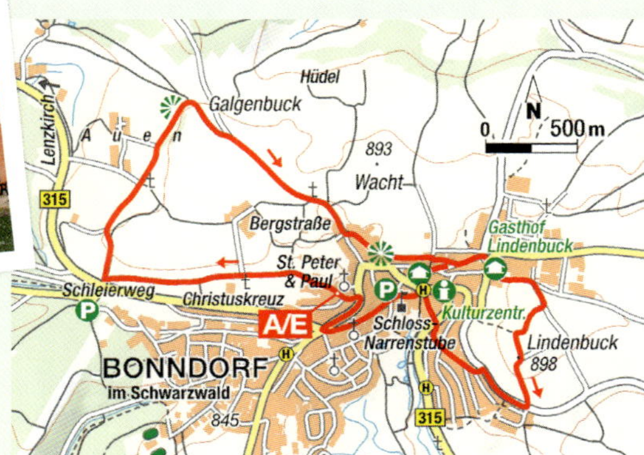

24 Aussichtsrunde am Roßberg

Von Breitnau zur Wanderhütte am Fahrenberg

- mittel
- 2 Std.
- 160 Hm
- 5,8 km

Die Gemeinde Breitnau wird zum Schwarzwald hin von Hinterzarten, Titisee-Neustadt und St. Märgen umschlossen, die bekannte Ferien- und Ausflugsorte sind. Auf dem Hochplateau von Breitnau finden wir noch die Beschaulichkeit, für die wir den Schwarzwald lieben.

Erstmal Höhe machen Nach der ersten Orientierung nutzen wir den Fußweg am Wanderparkplatz bei der Kirche und dem Schwimmbad hoch zur Straße Panoramaweg. Dort halten wir uns kurz links, eh wir beim Wegweiser **Am Panoramaweg** rechts zum Roßberg abbiegen und sogleich die Rechtskurve nehmen. Der mit gelber Raute markierte Wanderweg steigt relativ steil an, entschädigt uns aber zugleich mit zunehmend weiterreichenden Aussichten über die Bergwiesen und Dächer von Breitnau zum gar nicht so fernen Feldbergmassiv. Sowie der Weg nach Norden zum Waldrand schwenkt, lassen wir den Verbindungsweg zum Schanzenhäusle links liegen und überwinden 100 Meter weiter beim **Umsetzer Roßberg** den höchsten Punkt der Runde.

Heuernte am Roßberg

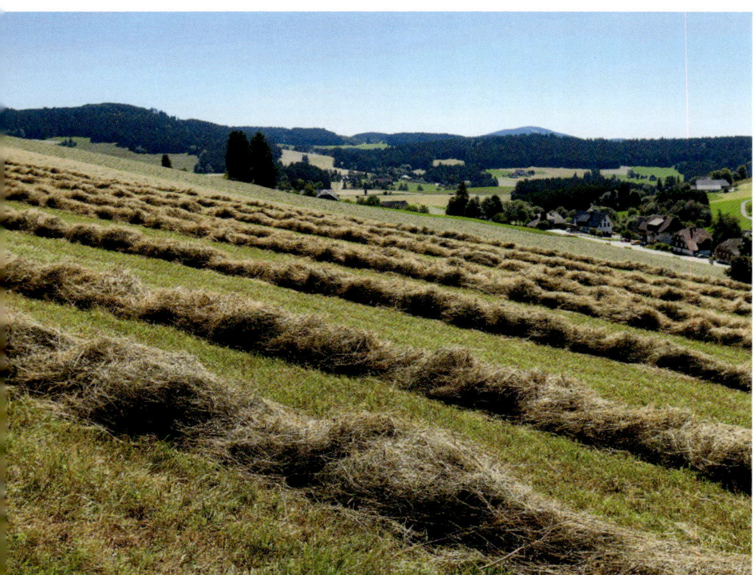

Durch den Schwangwald zum Hugenweiher Einen Steinwurf weiter schwenkt der Weg nach Nordwesten und führt uns in den Schwangwald. 400 Meter später biegen wir bei der

T-Kreuzung rechts auf einen anderen Weg ab und folgen diesem in einem weiten Bogen zum **Hugenweiher** (beim Wegweiser oberhalb des Weihers links). Gerne können wir ein wenig Verweilen. Oft lassen sich Enten auf dem idyllisch am Waldrand gelegenen Gewässer beobachten. Anschließend führt uns der Weg wieder über offene Wiesen zum Wegweiser **Oberer Fahrenberg**.

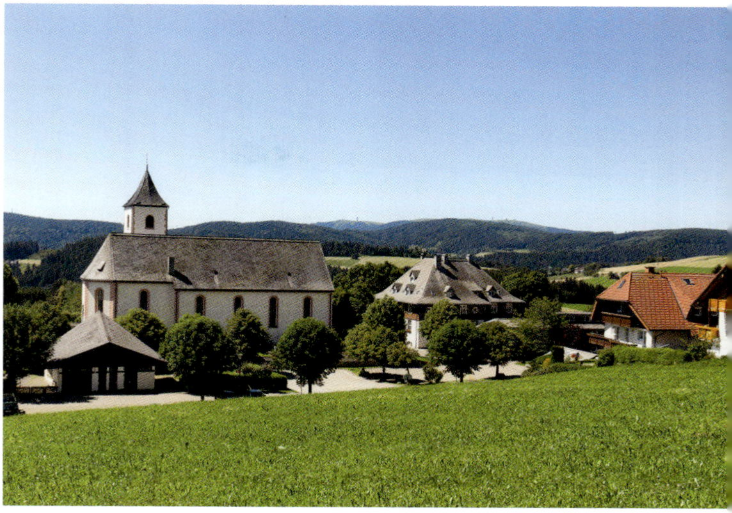

Die Breitnauer Pfarrkirche Sankt Johann Baptist wurde 1752 errichtet.

Naturfreundehaus Breitnau Rechts ginge es zur Fahrenberger Höhe, einem ebenfalls schönen Aussichtspunkt der Gemeinde. Wir indes biegen links auf den als Zufahrt genutzten Höhenweg zum **Naturfreundehaus Breitnau** mit der Wanderhütte am Fahrenberg ein. Das auf 1060 Metern gelegene Haus lockt mit einem ansprechend gestalteten Biergarten. Während der kühlen Jahreszeit verströmt ein grüner Kachelofen eine wohlige Wärme in der Roßberg-Stube. Rund ums Jahr können wir uns über einfache Gerichte wie Bauernbratwurst und Schnitzel mit Kartoffelsalat oder Brägele, der badisch-elsässischen Variante der Bratkartoffeln, freuen. Die auf dem Bergrücken herrliche Umgebung gibt es gratis obendrauf.

Ravennaschlucht

Die Ravennaschlucht ist die bekannteste Attraktion von Breitnau. Sie verbindet das Hochtal mit dem Höllental. Eine abwechslungsreiche Rundwanderung durch die Schlucht beschreiben wir in *Wander Dich glücklich südlicher Schwarzwald* (Bruckmann Verlag).

Barockschanzen auf dem Roßberg Der spätere Rückweg erfolgt auf dem Weg, der von der Zufahrt südlich am Naturfreundehaus vorbeiführt. Mit der gelben Raute wandern wir nochmals leicht bergan durch den Wald sowie in einigem Abstand an der **Ringelschanze** vorbei. Zusammen

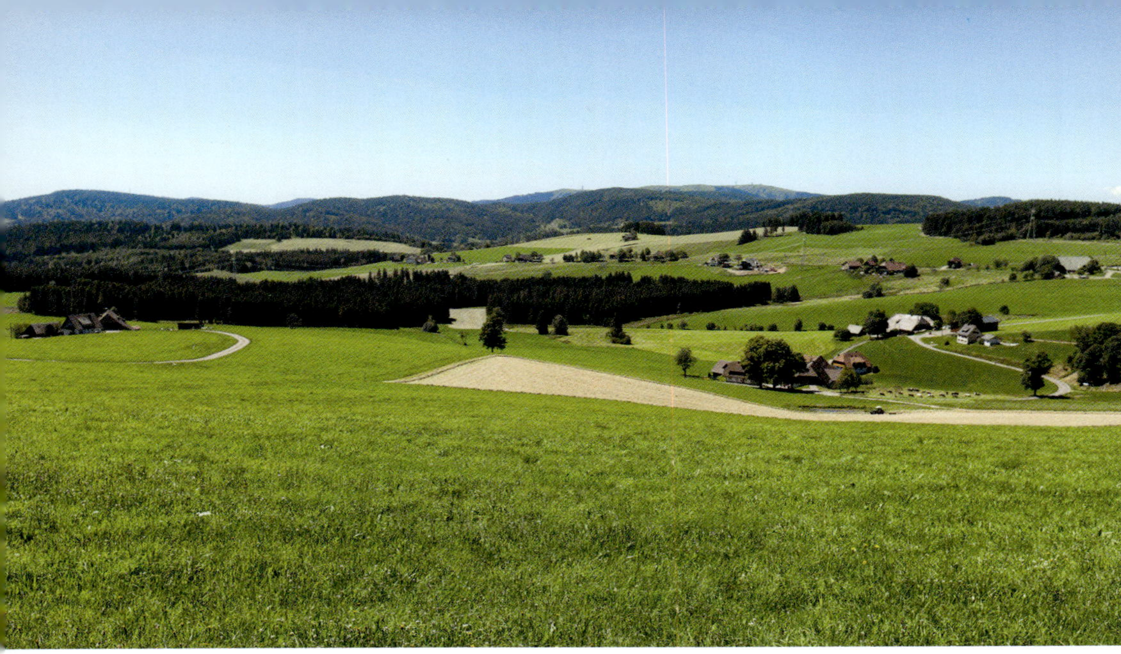

Aussicht über das Gemeindegebiet von Breitnau zum Feldberg

mit der Roßbergschanze beim Naturfreundehaus, mehreren Wällen, Gräben und dreieckigen Bastionen wurde sie Ende des 17. Jahrhunderts als Teil der Barocken Verteidigungsanlagen im Schwarzwald errichtet. Diese dienten dazu, feindliche Einmärsche Frankreichs zu stoppen. Tatsächlich kam es 1690 zu Kämpfen im Raum Breitnau. Schon zu Beginn des 18. Jahrhunderts verloren sie ihre militärische Bedeutung jedoch wieder. Die Barockschanzen sind auch als Schwarzwaldlinien bekannt.

Aussichtsreicher Rückweg Wo wir den Wald wieder verlassen, öffnet sich die Sicht nach Westen zum benachbarten Hohwart. Auf dem Aussichtspunkt oberhalb von Breitnau befand sich eine weitere quadratische Barockschanze mit mehreren Blockhäusern. Rechts von dem alten Posten reicht der Blick über Freiburg und die Oberrheinebene hinweg bis zu den Vogesen, auch wenn diese meist nur schemenhaft zu erkennen sind. Mit dieser eindrucksvollen Sicht geht es links entlang des Walds sowie in einem Bogen um den Wald herum, über den Wegweiser Schanz Waldeck bis zum **Schanzenhäusle**. Ab dort können wir der Straße hinunter zu unserem Ausgangspunkt nach Breitnau folgen, wo diese zu Beginn vielleicht etwas schweißtreibende, dafür aber kurzweilige Runde endet.

Wichtiges zur Tour

Tourencharakter
Technisch eher einfache Wanderung auf Fuß- und Fahrwegen bzw. schwach befahrenen Straßen. Ab dem Naturfreundehaus erfolgt ein 500 m langer Abschnitt auf einem Waldweg.

Ausgangspunkt/Endpunkt
Wanderparkplatz Breitnau, 1013 m

Höchster Punkt
Umsetzer Roßberg, 1102 m

Anfahrt
GPS 47.9398, 8.0784
Bus/Bahn: Ab Hinterzarten und Kirchzarten bestehen Busverbindungen zur Haltestelle Kirche Breitnau.
Auto: Von der B 500 Hinterzarten–Triberg beim Gasthaus Löwen nach Breitnau abfahren, weiter auf der Dorfstraße und dem Kirchweg bis zum Wanderparkplatz fahren.

Einkehr
Wanderhütte am Fahrenberg, Mi–So ab 11 Uhr, Tel. 07652/302, www.naturfreundehaus-breitnau.de

Beste Jahreszeit
April bis Oktober

Karte
Karte des Schwarzwaldvereins 1:25 000, W258 Titisee-Neustadt

Informationen
Touristinformation Breitnau, Tel. 07652/12060, www.hochschwarzwald.de/Breitnau

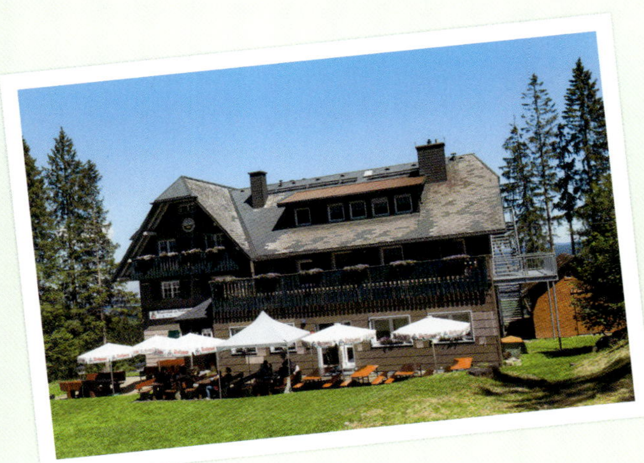

Naturfreundehaus Breitnau

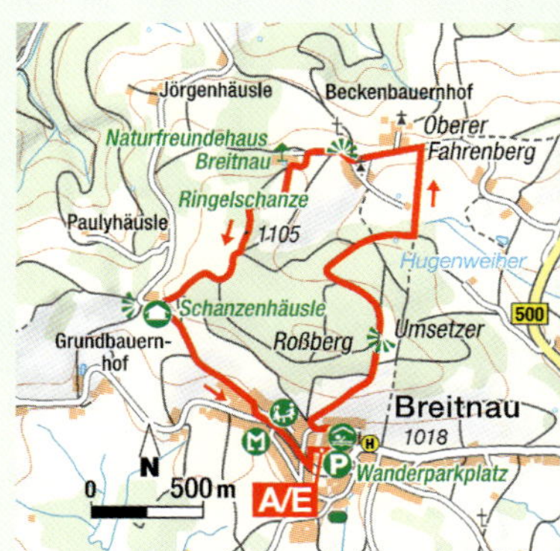

25 Über den Höchstberg zur Hochebene

Panoramaspazierweg bei Eisenbach

- leicht
- 1.45 Std.
- 100 Hm
- 5 km

Der Spazierweg führt von Höchst in der Gemeinde Eisenbach über den Höchstberg bis zur Hochebene. Wer den Ausflug mit Grillen verbinden will, findet bei der Schutzhütte am Platzberg den idealen Platz zum Verweilen.

Aufstieg zum Höchstberg Zur besseren Orientierung laufen wir zur Kreuzung bei der Sparkasse mit dem frei zugänglichen **Infopoint Eisenbach**. Von der kleinen Servicestelle aus gesehen, überqueren wir die Durchgangsstraße und folgen der Markierung gelbe Raute in die Straße Höchstberg. Nach knapp 200 Metern zweigen wir halb rechts zum **Sportplatz** des SV Eisenbach ab. Wer mit dem Pkw oder Wohnmobil anreist, findet dort einige Stellmöglichkeiten. Weiter geradeaus folgen wir dem als Winterwanderweg ausgewiesenen Weg durch den Wald bis auf den **Höchstberg**.

Das Russenkreuz erinnert an den vereinten Kampf gegen Napoleon.

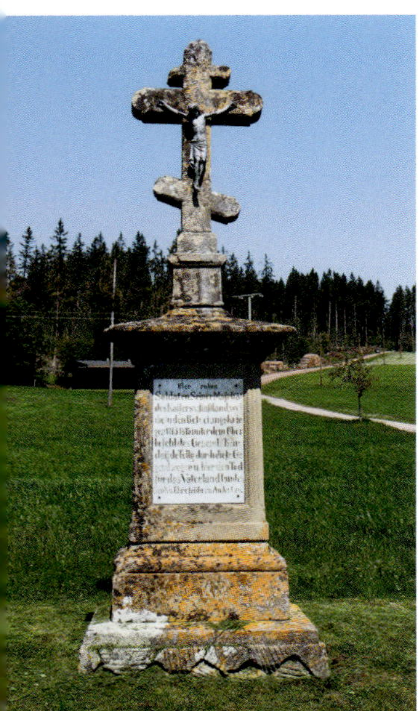

Auf die Hochebene Sowie wir den Wald wieder verlassen und vor uns einen Hof sehen, biegen wir rechts auf den Mittelweg ein. Nach wenigen Metern beschreibt dieser eine Linkskurve, führt am Waldrand entlang und über die offene Fläche zu einer Rastbank. Im Südwesten sehen wir über das Gutachtal und den Titisee hinweg zum Feldberg. Gut zu erkennen sind links der alte Feldbergturm, die Bergstation des Lifts auf dem Seebuck sowie rechts der Sender nahe dem Feldberggipfel. 100 Meter weiter finden wir beim **Christuskreuz** die nächste Rastmöglichkeit samt Himmelsliege. Danach haben wir auch schon die **Hochebene** erreicht.

Grillen oder retour? Bei der **Schutzhütte am Platzberg** können wir den großzügig angelegten Grillplatz nutzen, oder wir drehen um und folgen dem einfachen Spazierweg zurück zum Ausgangspunkt beim Sportplatz oder in **Höchst**.

Wichtiges zur Tour

Tourencharakter
Die Streckenwanderung verläuft auf der Zufahrt zum Sportplatz sowie auf Schotterwegen und asphaltierten Landwirtschaftsstraßen. Der Abschnitt vom Sportplatz bis zur Hochebene ist 1,5 km lang.

Ausgangspunkt/Endpunkt
Höchst, 1030 m

Höchster Punkt
Höchstberg, 1080 m

Anfahrt
GPS 47.9503, 8.2477
Bus/Bahn: Ab dem Bahnhof in (Titisee-)Neustadt bestehen Busverbindungen zur Haltestelle Höchst, Eisenbach.
Auto: Von der B 31 Freiburg–Hüfingen bei (Titisee-)Neustadt auf die L 172 abfahren. Der Landstraße durch Neustadt hindurch bis nach Höchst folgen. Parkmöglichkeiten bestehen in der Ortsmitte und am Sportplatz.

Einkehr
Restaurant Am Wald, Mo, Di, Fr ab 14 Uhr, Sa und So ab 10 Uhr, Tel. 07657/933466

Beste Jahreszeit
April bis Oktober

Karte
Karte des Schwarzwaldvereins 1:25 000, W259 Blumberg

Informationen
Touristinformation Eisenbach, Tel. 07652/12060, www.hochschwarzwald.de/Eisenbach

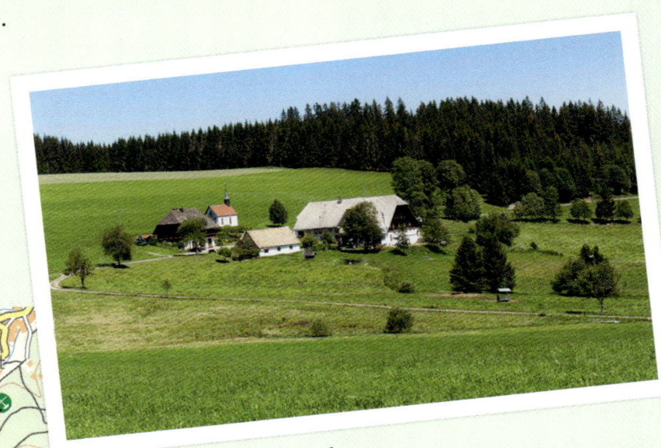

Blick zum Ebenemooshof

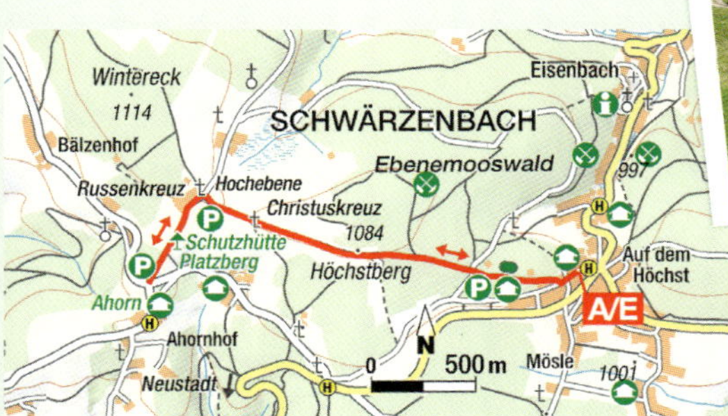

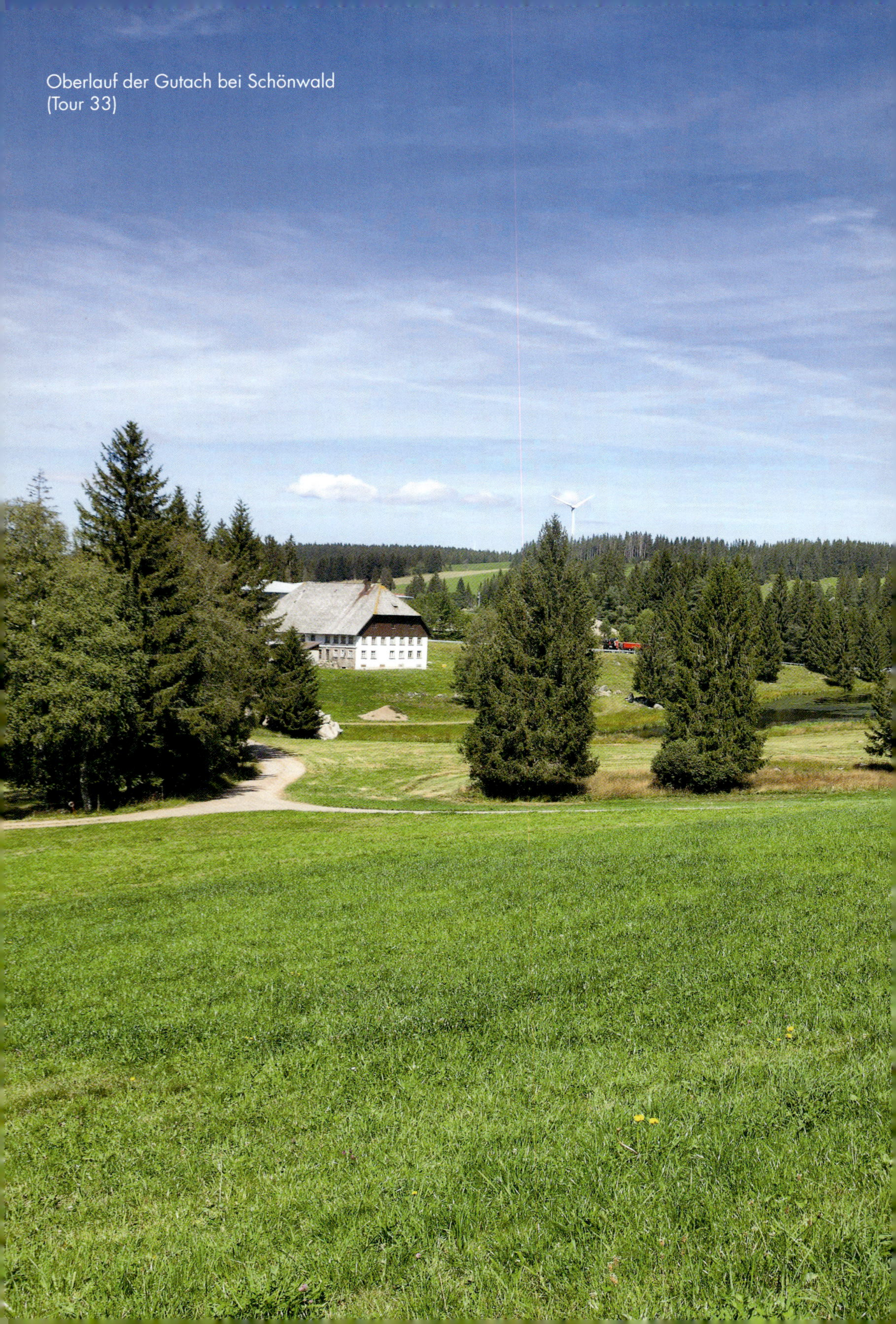

Oberlauf der Gutach bei Schönwald
(Tour 33)

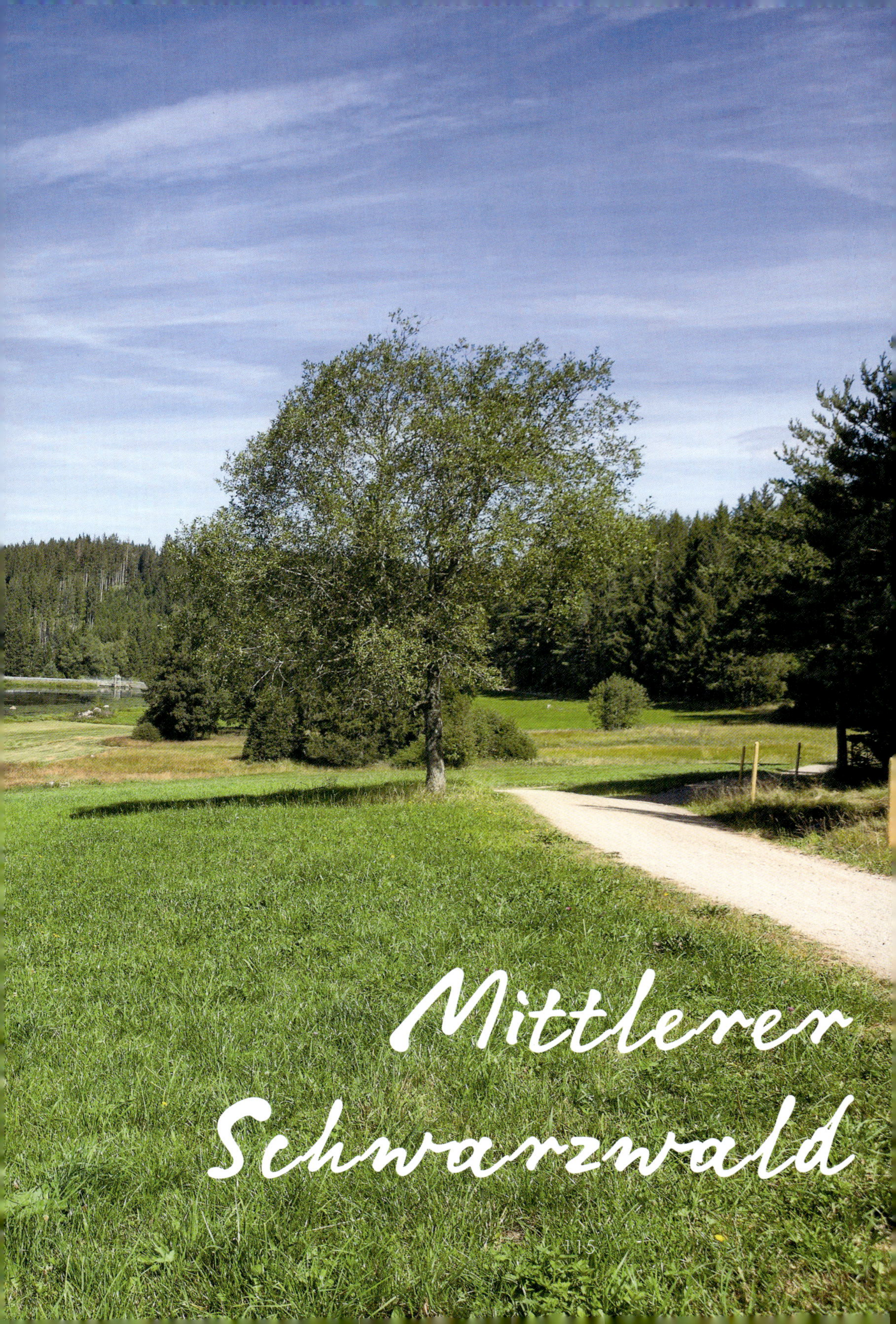
Mittlerer
Schwarzwald

26 Vom Kloster zur Wallfahrtskirche

Von St. Peter auf den Lindenberg

mittel

2.30 Std.

220 Hm

6,8 km

Seit 1497 ist die Wallfahrt auf den Lindenberg bei St. Peter bekannt. Nach einer wechselvollen Geschichte finden Pilger wie auch Wanderer bei der Wallfahrtskirche einen Ort der inneren Einkehr. Zugleich eröffnet uns die Terrasse der Kirche herrliche Aussichten über das Ibental.

Vom Zähringer Eck zum Muckenhofweiher Beim Ausgangspunkt am **Zähringer Eck** in St. Peter überqueren wir die Kreisstraße und folgen auf den ersten Metern der gelben Raute in Richtung Kirchzarten in den Roten Weg. Beim Wegweiser Birkenrain biegen wir rechts ab und folgen der Straße bis zu ihrer Mündung in die Spittelhofstraße. Erneut rechts, liegt der Ortsrand von St. Peter bald hinter uns, und es öffnet sich die Sicht über ausgedehnte Wiesen zum Höhenzug jenseits des Ibenbachs. 200 Meter weiter biegen wir vorm Muckenhof rechts ab, passieren den Muckenhofweiher und kreuzen beim gleichnamigen Wegweiser die Zufahrt zum Lindenberg.

Wallfahrtskirche Lindenberg

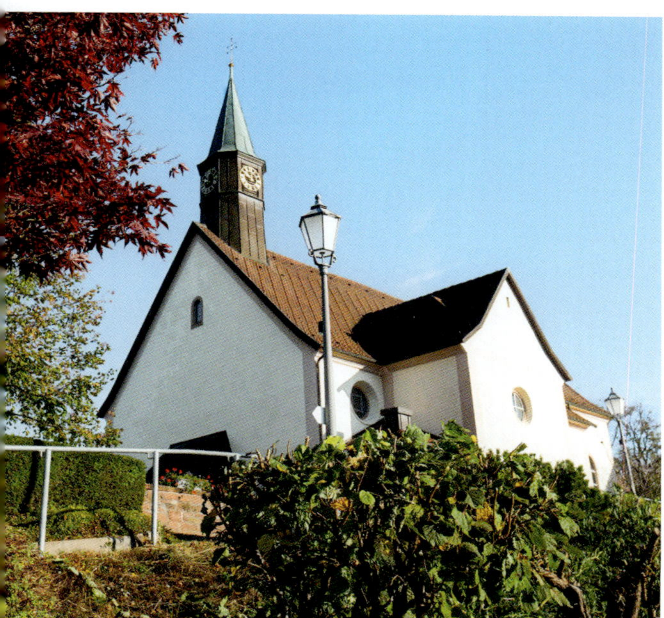

Aussichtspunkt am Hochgericht Gleich danach gelangen wir zu einer T-Kreuzung. Von links werden wir später zurückkommen. Damit bleiben wir geradeaus auf dem auch als Jakobsweg beschilderten Weg zum **Hochgericht**. Mit 813 Metern überwinden wir dort den höchsten Punkt dieser Wanderung. Beim 1997 aufgestellten Kreuz laden zwei Bänke zum Verweilen ein. Schauen wir von dort nach Süden, ist in der Ferne der oft noch im Frühling verschneite Feldberg zu erkennen. Lassen wir den Blick nach Westen schweifen, rückt der Schauinsland ins Bild. Direkt im Westen blicken wir schließlich über Teile Freiburgs und die Rheinebene hinweg bis zu den Vogesen.

Marienerscheinung am Lindenberg

Die erste Kapelle auf dem Lindenberg entstand, nachdem ein Hirtenjunge von einer Marienerscheinung beim Frauenbrunnen berichtet hatte. Ihm soll sie prophezeit haben, dass binnen eines Jahrs die drei reichsten Bauern des Tals sterben sollten. Von einer weiteren Marienerscheinung berichtete später der Bauer Hans Zähringer. Ihm soll Maria ein aus zwei Spänen gefertigtes Kreuz gegeben haben.

Hoch über dem Ibental Nach diesem schönen Rundumblick führt uns der Weg erst an den Waldrand, dann relativ steil hinunter zu einem weiteren Christuskreuz an der Lindenbergstraße. Auf dieser passieren wir nun links den Wegweiser Renzenhof und haben bald darauf die **Wallfahrtskirche Maria Lindenberg** erreicht. Wenige Meter vor der Kirche lädt die Pilgergaststätte mit Salaten und überwiegend einfachen Gerichten zur Einkehr ein. Andernfalls finden wir auf der Süd- und Westseite der Kirche einige schöne Plätze zum Verweilen und um die Umgebung zu genießen. So liegt uns das Ibental malerisch zu Füßen. Schauen wir darüber hinweg, reihen sich im Süden mehrere Hügelketten eng hintereinander auf.

Südwestlich der Kirche erwartet uns eine liebevoll gestaltete Terrasse.

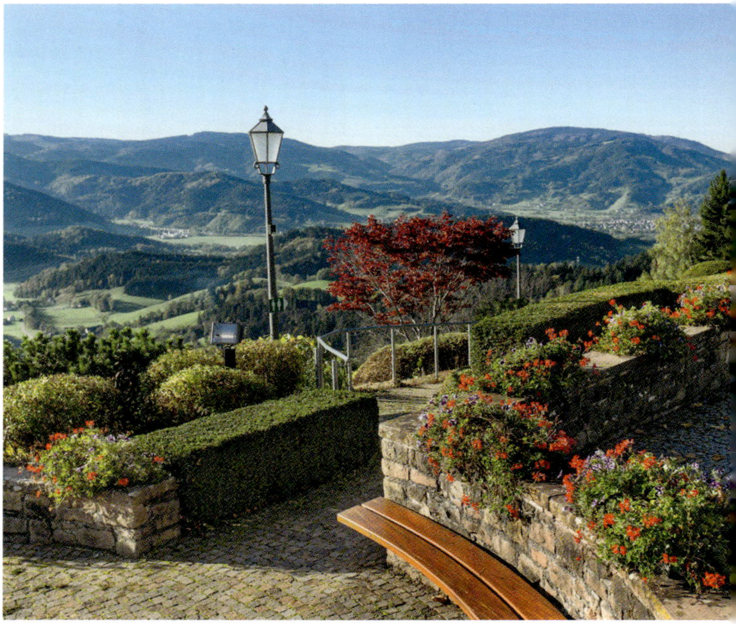

Leidensweg einer Wallfahrtskirche Die Wallfahrt auf den Lindenberg kann auf eine mehr als 500 Jahre lange, allerdings auch mit vielen Leiden versehene Geschichte zurückblicken. So wurde die erste, vor 1525 fertiggestellte

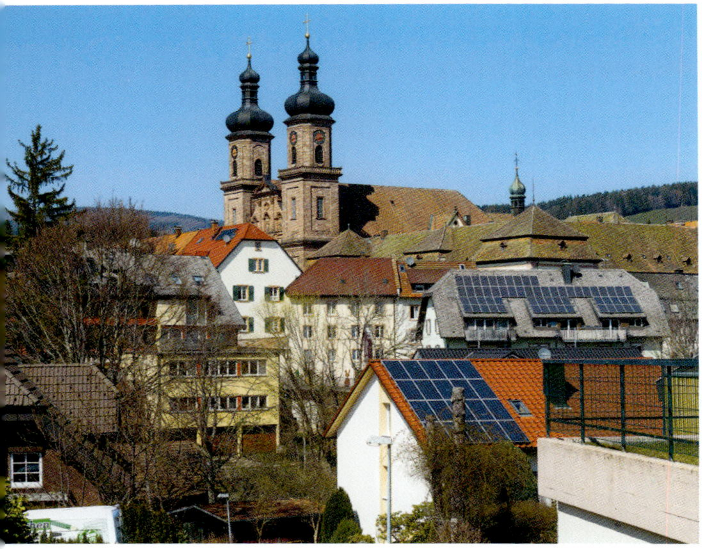

Das Ortsbild von St. Peter wird durch die Zwillingstürme der ehemaligen Stiftskirche geprägt.

Kapelle während des Bauernkriegs geschändet und, im nächsten Jahrhundert, im Zuge des Dreißigjährigen Kriegs geplündert und zerstört. Nachdem eine neue Kirche noch Mitte des 18. Jahrhunderts vergrößert wurde, befahl Kaiser Joseph II. von Habsburg-Lothringen 1787 den Abriss. Die Begründung hierfür war eine sehr weltliche: Der im fernen Wien regierende Kaiser hielt Wallfahrten für Zeitverschwendung und Aberglauben. Das auf dem Lindenberg abgebrochene Material wurde für den Bau der Pfarrkirche von Eschbach verwendet. Trotz weiterer Rückschläge wie der Säkularisierung des Klosters St. Peter etablierte sich zur Mitte des 19. Jahrhunderts eine erneute Wallfahrt. Das Kreuz, das Hans Zähringer einst erhalten haben soll, ist heute im Gnadenbild der Kirche zu sehen.

Rückweg um den Lindenberg Nach dem Besuch der Kirche kehren wir auf der Zufahrtsstraße zurück zum Wegweiser **Renzenhof**. Wer auf leicht begehbare Strecken angewiesen ist, dem empfehlen wir, auf der Straße nach St. Peter zurückzukehren. Wer auch mit etwas schwierigerem Terrain zurechtkommt und nicht zweimal die exakt gleiche Strecke wandern möchte, wechselt rechts auf den Waldweg in Richtung Eckpeterhof. In diesem Fall folgen wir der gelben Raute über die bewaldete Südseite des Lindenbergs. Rund 1100 Meter weiter führt links ein kurzer Pfad hoch zu einem einzeln stehenden Haus ab. Erscheint uns dieser zu mühsam, können wir alternativ auf dem breiten Waldweg bleiben und erst bei der nächsten Gelegenheit links abbiegen. Ab dem Waldrand nutzen wir dann den Fahrweg am **Eckpeterhof** vorbei bis zum **Muckenhofweiher** und gehen ab dort auf bekannter Strecke zurück nach St. Peter.

Wichtiges zur Tour

Tourencharakter
Außerhalb von St. Peter verläuft die Runde überwiegend auf wasserdurchlässigen Landwirtschafts- und Waldwegen. Der Abstecher zur Kirche erfolgt auf der Zufahrt.

Ausgangspunkt/Endpunkt
Zähringer Eck in St. Peter, 715 m

Höchster Punkt
Hochgericht, 813 m

Anfahrt
GPS 48.0166, 8.0347
Bus/Bahn: Ab den Bahnhöfen in Kirchzarten und Denzlingen bestehen Busverbindungen zur Haltestelle Zähringer Eck, St. Peter.

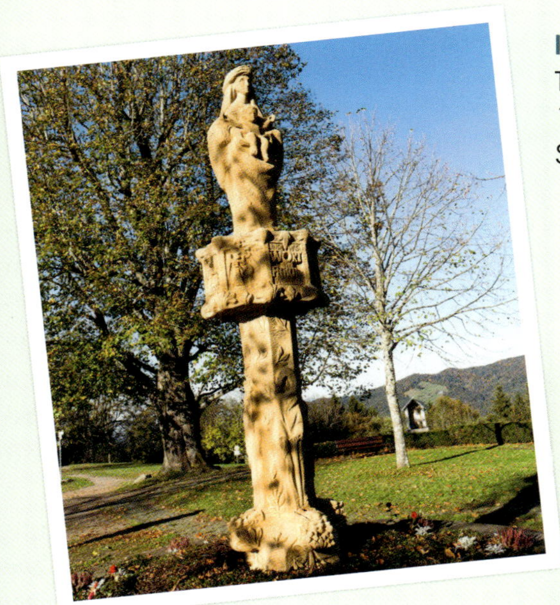

Mariensäule auf dem Lindenberg

Auto: Von der B 294 Freiburg–Haslach bei Denzlingen ins Glottertal abfahren und der L 112 bis St. Peter folgen. Im Ort rechts auf die Glottertalstraße (L 127) abfahren, dann in die Zähringer Straße zum Parkplatz abbiegen.

Einkehr
Pilgergaststätte Maria Lindenberg,
Di–So ab 11 Uhr, Tel. 07761/908 43 21

Beste Jahreszeit
April bis Oktober

Karte
Karte des Schwarzwaldvereins 1:25 000,
W247 Freiburg

Informationen
Touristinformation St. Peter, Tel. 07652/12060, www.hochschwarzwald.de/St.-Peter

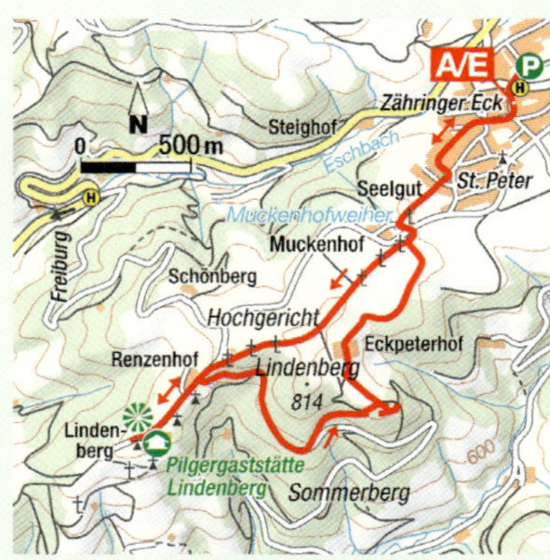

27 Wettstreit der Klöster

Von St. Märgen nach St. Peter

mittel

3.30 Std.

210/375 Hm

9,3 km

St. Märgen und St. Peter haben beide ihren Ursprung in Klostergründungen. Während St. Peter dem Benediktinerorden unterstellt wurde, siedelte der Dompropst Bruno von Straßburg im höher gelegenen St. Märgen französische Mönche des Augustinerordens an.

Ordentlich protzen Dem Konkurrenzgehabe der Benediktiner und Augustiner verdanken wir zwei Klosteranlagen, die – obgleich mehrmals zerstört – zu den bedeutendsten Barockbauten im süddeutschen Raum zählen. Beide ehemaligen Klöster liegen nur fünf Kilometer auseinander zwischen dem südlich angrenzenden Ibental und dem Tal der Wildgutach im Norden. Zwischen ihnen eröffnet der Panoramaweg Wanderern reichlich Ausblicke zu den Hochlagen im Schwarzwald.

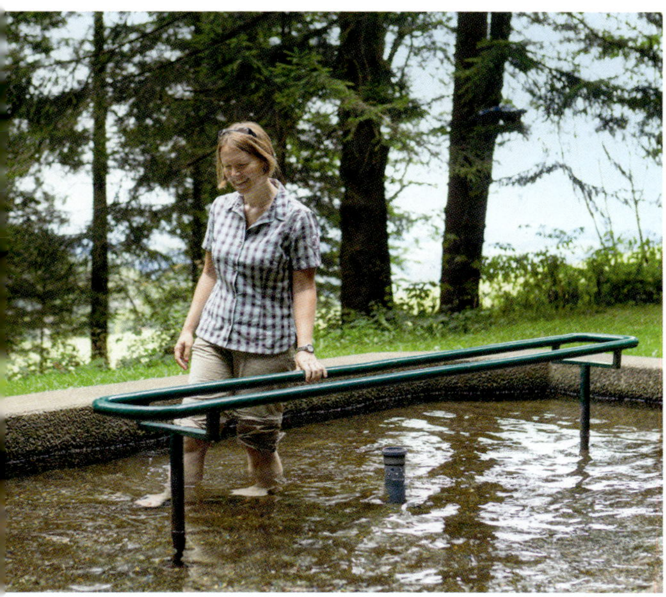

Kurze Abkühlung nahe dem Birkwegeck

Kloster St. Märgen Innerhalb von St. Märgen sind nur wenige Parkmöglichkeiten ausgewiesen. Platz bietet jedoch der **Parkplatz Hausmatte** an der L128 am südlichen Ortsausgang. Dieser ist über einen Fußweg mit der nahen **Klosterkirche** verbunden. Auf dem Kirchplatz davor zieht die Christusglocke die Blicke auf sich. Mit 2100 kg ist sie die größte Glocke des 1947 eingesetzten sechsstimmigen Geläuts. 1989 wurde sie durch ein Geläut aus Bronze ersetzt. Das Kloster selbst wurde in Folge von Kriegen und Feuer fünfmal zerstört, zuletzt nach einem Blitzeinschlag am 12. September 1907. Nach dem umgehenden Wiederaufbau zählt die Klosterkirche heute zu den bedeutendsten Marienwallfahrtskirchen des Erzbistums Freiburg. Laut der Überlieferung geht dies auf Chorherren aus Lothringen zurück, die das Gnadenbild mitbrachten, das in der Kirche verehrt wird.

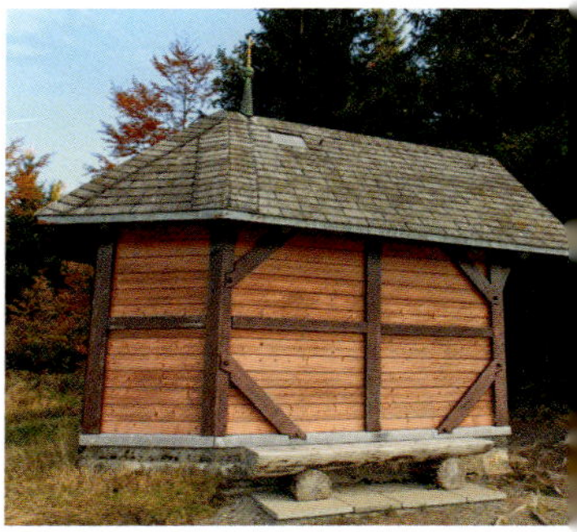

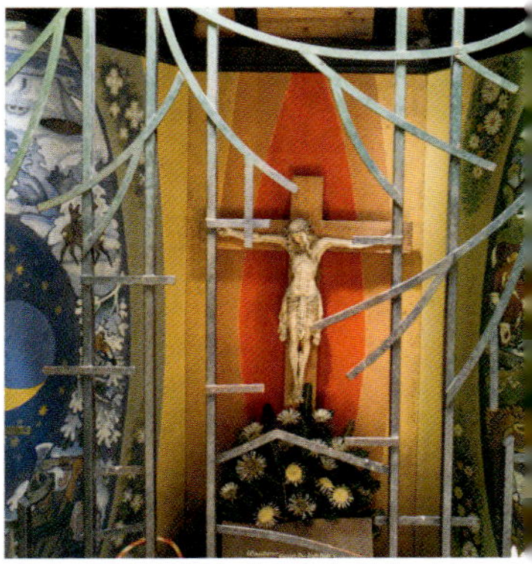

Oben: Die Kapfenkapelle

Unten: Blick ins Innere der kleinen Kapelle

Aussichten wie am Schnürchen Über die Nordseite der Kirche gelangen wir zur Ortsmitte mit der Bushaltestelle **Post St. Märgen**. Nach wenigen Schritten entlang der Feldbergstraße biegen wir vorm Gasthaus Hirschen links in den Landfeldweg ein und verlassen den Ort. Beim Wegweiser **Landfeld** wechseln wir halb links von der Straße auf den Schotterweg zur Kapfenkapelle. Dieser bietet uns am Waldrand bald eine schöne Sicht zum Feldbergmassiv. Sowie wir ein nahe dem Waldrand errichtetes **Bewegungsbecken** passiert haben, erreichen wir das **Birkwegeck**. Dort biegen wir rechts ab und kommen zu zwei Aussichtspunkten, zum Totenkopf und Kaiserstuhl sowie – nach der nächsten Kurve – über den Oberrhein zu den Vogesen.

Kapfen- und Vogesenkapelle Im Bereich der Ibenbachquelle queren wir nochmals den Wald, eh sich die Sicht bei der **Kapfenkapelle** über den gesamten Höhenzug zwischen Thurner und dem Schauinsland öffnet. Die Kapelle wurde 1850 durch Josef Hummel errichtet. Zwei Jahre zuvor hatte dessen Vater nach einem erlittenen Schlaganfall versprochen, eine Kapelle an dieser Stelle erbauen zu wollen, wenn er noch einmal »ohne Stock und Krücke« hier herauflaufen könne. Die heutige Kapfenkapelle stammt aus dem Jahr 1975. Rund 100 Meter

Vogesenkapelle

Die Vogesenkapelle geht auf den Alt-Reinerbauern und Soldaten Leopolt Hättich zurück. Als dieser am 16. Januar 1915 im oberelsässischen Nieder-Asbach (Aspach-le-Bas) vor Sonnenuntergang eine Anhöhe bestieg, reichte die Sicht bis zum Kapfenberg. Sogar sein eigenes Haus konnte er erkennen. Beim Blick hinab auf die brennenden Häuser im Tal gelobte er, eine Kapelle zu errichten, sollten der Schwarzwald und seine Mitbürger vom Krieg verschont bleiben.

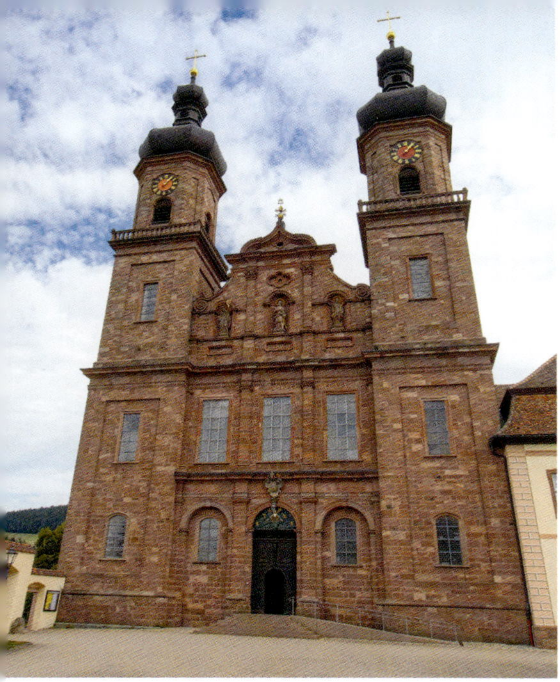

weiter wählen wir beim **Roten Kreuz** den Weg ganz links, sodass wir der gelben Raute zunächst am Waldrand, dann durch ein weiteres Waldstück zur winzigen **Vogesenkapelle** folgen.

Abstieg nach St. Peter Weiter geht es mit der gelben Raute über **Vorderwillmen** (links ab) nach **Schmittenbach**. Wo der Wanderweg auf den Fischerweg trifft, setzt er sich leicht nach Süden versetzt fort, sodass wir weiter über einen Feldweg hinunter nach St. Peter wandern. Sowie wir die Landstraße überquert haben, kommen wir über die Straße Mühlegraben zum **Kloster St. Peter**. Die Barockkirche zählt zu den bedeutendsten Kirchen an der Schwarzwald-Panoramastraße. Als Besonderheit wird das große Bild des Hochaltars im Laufe des Kirchenjahrs achtmal ausgetauscht. Durch diesen Kulissenwechsel wird der Altar zu einer Art volksnahen Bilderbibel. Wie die Kirche wurde auch die Klosterbibliothek nach Plänen von Peter Thumb errichtet. Sie gilt als der schönste Rokokoraum im Breisgau.

Markante Westfassade der Stiftskirche von St. Peter

Hochaltar der Barockkirche

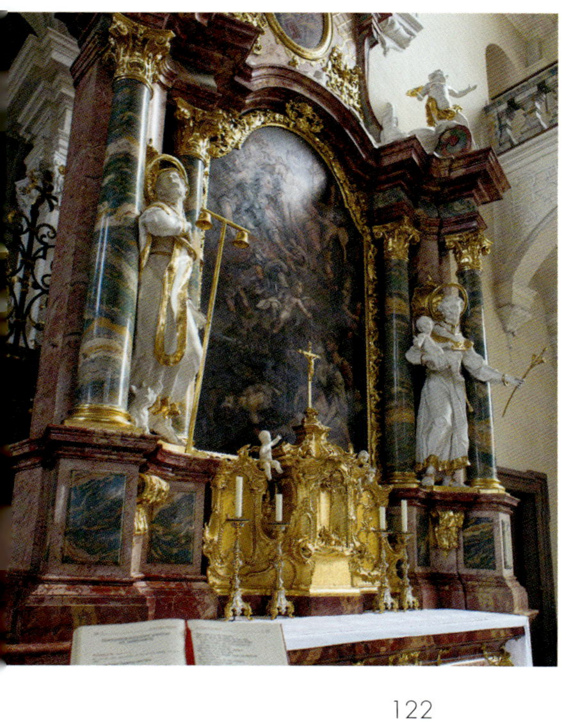

Fahrplan im Blick behalten Nach der Besichtigung gelangen wir über den Klosterhof und den Durchgang beim Klosterstüble an die Zähringer Straße. Auf dieser finden wir links zum Rossweiher zur Haltestelle beim **Zähringer Eck**. Ab dort geht es mit der Buslinie 7216 zurück nach St. Märgen. Da diese an den Wochenenden und Feiertagen zwischen 8 und 18 Uhr nur im Zweistundentakt (Stand bei Drucklegung im Frühjahr 2021) verkehrt, empfehlen wir, die aktuellen Abfahrtszeiten schon im Vorfeld zu überprüfen und sich die Zeit entsprechend einzuteilen.

Wichtiges zur Tour

Tourencharakter
Die als Streckenwanderung angelegte Tour verläuft auf bequem zu wandernden Wegen. Neben den Aussichten zum weiter südlich gelegenen Hochschwarzwald sorgen eine Kneippanlage und die Kapfenkapelle für Abwechslung.

Ausgangspunkt
Parkplatz Hausmatte St. Märgen, 880 m

Endpunkt
Zähringer Eck in St. Peter, 715 m

Höchster Punkt
Kapfenkapelle, 1035 m

Anfahrt
GPS 48.0063, 8.0900
Bus/Bahn: Ab Kirchzarten und Hinterzarten bestehen Busverbindungen zu den Haltestellen Post, St. Märgen und Zähringer Eck, St. Peter.
Auto: Von der B 294 Freiburg–Haslach bei Denzlingen ins Glottertal abfahren und der L 112 sowie L 127 über St. Peter bis St. Märgen folgen. In St. Märgen rechts auf die L 128 zum Parkplatz Hausmatte abbiegen.

Einkehr
In St. Peter und St. Märgen

Beste Jahreszeit
April bis Oktober

Karte
Karte des Schwarzwaldvereins 1:25 000, W247 Freiburg

Informationen
Touristinformation St. Märgen, Tel. 07652/12060, www.hochschwarzwald.de/St.-Maergen

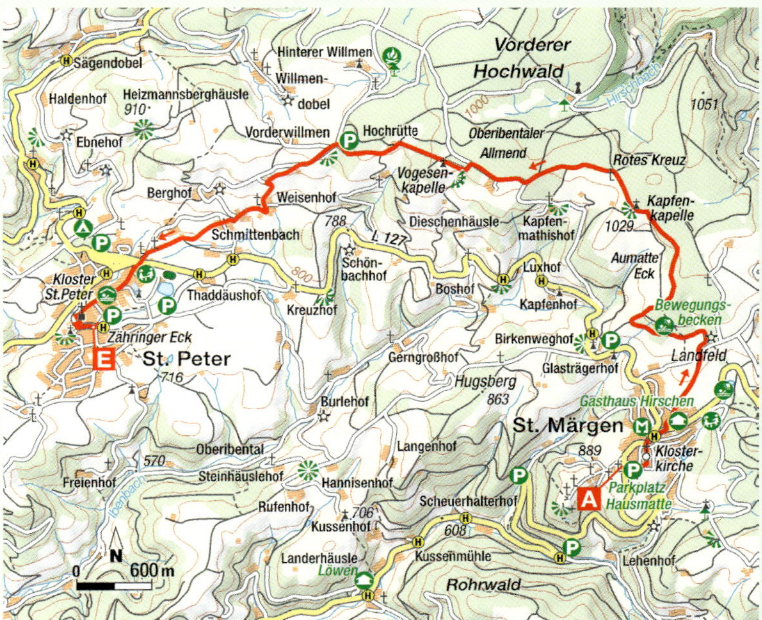

28 Berg der Kräfte

Auf dem Kandel

- mittel
- 2.30 Std.
- 250 Hm
- 6,6 km

Eine Hexe soll den Felssturz am Großen Kandelfelsen ausgelöst haben.

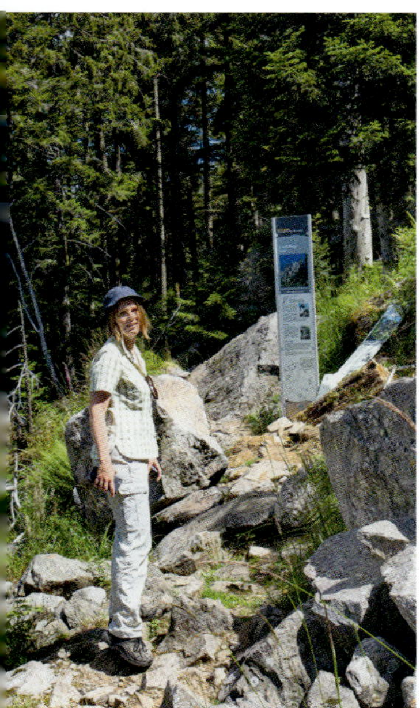

Lange blieb der Kandel weit hinter seinem Potenzial für die naturbezogene Erholung zurück. Ein Problem war der marode Fahrbelag der Kandelstraße. In mehreren Abschnitten soll dieser bis 2024 erneuert werden. Deutlich weiter ist man bei der Bergwelt Kandel.

Es tut sich was Bei unseren bisherigen Ausflügen auf den Kandel schmerzte uns stets der Blick zum alten Berghotel. Im Jahr 2002 wurde es nach einem Brand geschlossen. Danach nagte der Zahn der Zeit unerbittlich an dem einst stolzen Gebäude. 2020 endlich nahm das Trauerspiel ein Ende. Der Abriss des alten Komplexes ermöglichte den Neubau der Bergwelt Kandel. Mit der Eröffnung des gastronomischen Bereichs können wir uns über regionale sowie eine Auswahl elsässischer Spezialitäten freuen. Bei ausreichender Thermik finden wir auf der Terrasse des Biergartens außerdem den perfekten Platz, um die nebenan startenden Gleitschirmflieger zu beobachten.

Blick vom Kandel zum Meer Für die Wanderung folgen wir ab der **Bergwelt Kandel** dem als ZweiTälerSteig ausgewiesenen Weg hinauf zur **Kandel-Pyramide**. Auf der baumfreien Kuppe prägt sie den höchsten Punkt im Mittleren Schwarzwald. Vor Ort verspricht eine Infotafel, dass wir von hier hinab aufs Meer schauen können. Eine solche Aussicht gab es tatsächlich: Wo heute der Oberrhein das Elsass von Baden trennt, befand sich vor 32 Millionen Jahre eine mit Salzwasser gefüllte Verbindung. Diese reichte von der Nordsee über einige Senken und Becken bis zum Oberrheingraben. Weiter südwestlich schlossen sich der heutige Bressegraben und das Rhonetal bis zum Mittelmeer an. Wenn die unter uns liegende Ebene im Herbst unter einer

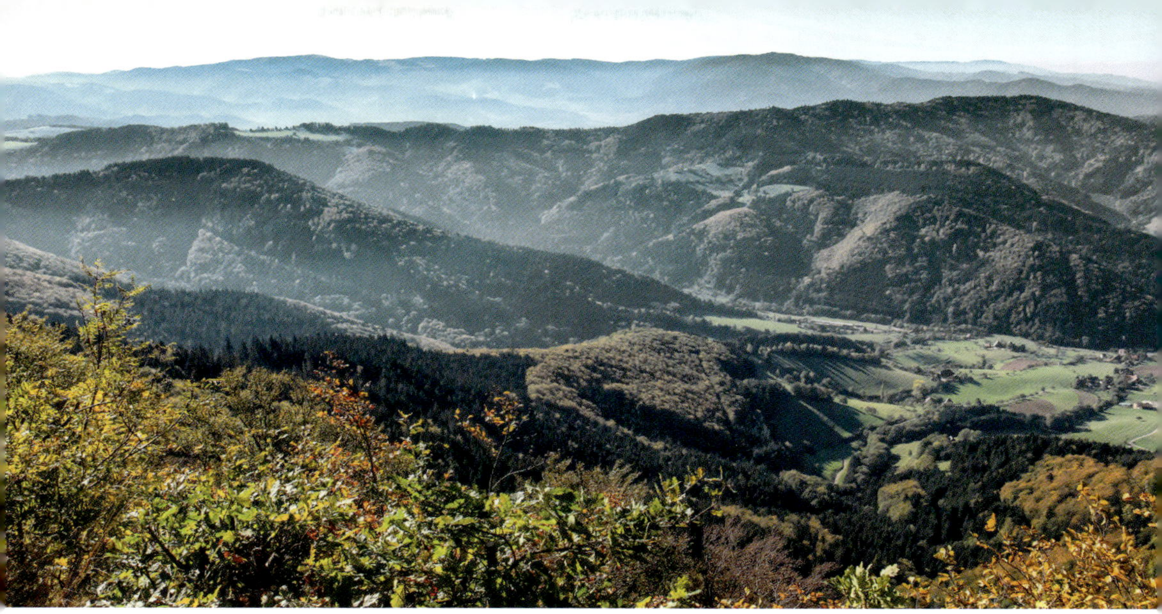

Hochnebeldecke verborgen ist, bekommt man einen guten Eindruck von dem, wie es einst ausgesehen haben mag.

Bei der Thomashütte öffnet sich die Sicht über das Glottertal zum Hochschwarzwald.

Aussichtsloge Thomashütte Nach diesen ersten schönen Eindrücken gleich zu Beginn der Tour verlassen wir die Kuppe in nordwestliche Richtung und gelangen auf dem Damenpfad hinunter zum **Ahornmättle**. Dort biegen wir mit dem ZweiTälerSteig links ab und folgen ihm am **Hoschgetkreuz** vorbei bis zum Wegweiser **Bei der Thomashütte**. Der Abstecher zur **Thomashütte** lohnt sich. Sie steht auf einem Felsen, bei dem das Gelände abrupt zum Glottertal hinabfällt. Damit ist die Sicht nach Süden zum Schauinsland und zum Feldbergmassiv frei. Mit dem Bänkle samt Tisch vor der Hütte finden wir hier außerdem einen urigen Platz zum Vespern. Anschließend kehren wir zum Wegweiser Bei der Thomashütte zurück, wo wir nun links auf den Josef-Seger-Weg wechseln.

Lieblich duftendes Mädesüß

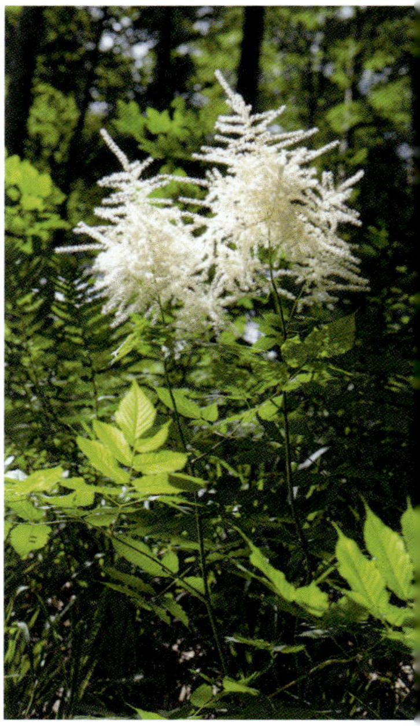

Kandelfelsen und Ausstiegsoption Die mit gelber Raute gekennzeichnete Kandel-Tour fällt bis zur nächsten Wegkreuzung leicht ab. Bei der Kreuzung orientieren wir uns rechts, sodass wir auf schmalem Pfad zum **Großen Kandelfelsen** mit dem Felssturz vom 1. Mai 1981 gelangen. Von der bis heute weitgehend freien Schneise wandern wir in zunächst nördlicher, dann östlicher Richtung zum

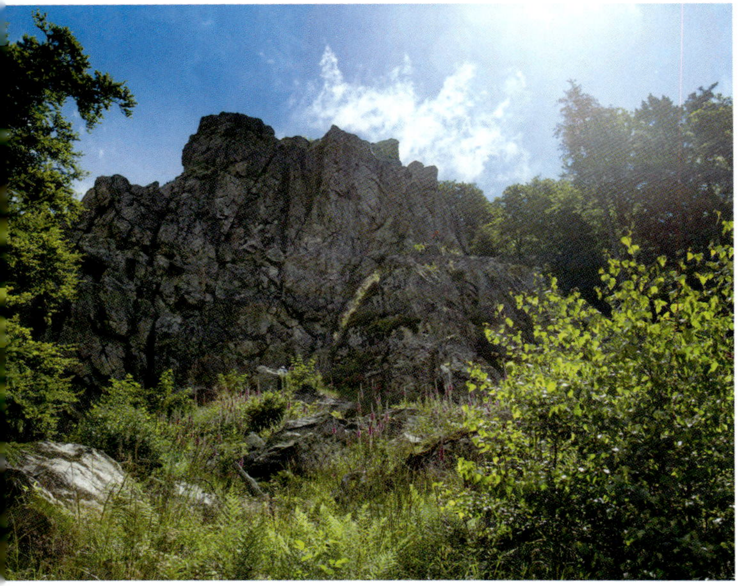

Der Große Kandelfelsen

Wegweiser **Serpentine**. Wer es bei einer kurzen Runde belassen möchte, kann rechts über den Nordhang zur Bergwelt Kandel abkürzen. Der Name ist allerdings Programm: Bis zu unserem Ziel bei der Bergwelt sind auf nur 1,2 Kilometer über einige Kehren an die 200 Höhenmeter zu leisten.

Kohlplätze und Heibererfelsen

Für einen deutlich flacheren Anstieg bleiben wir auf dem Josef-Seger-Weg und folgen der Beschilderung zunächst oberhalb, dann über die L186 hinweg bis **Kohlplätze**. Bei dem Wanderparkplatz treffen wir auf den Kandel-Höhenweg, auf dem es rechts ebenfalls zurück zur Bergwelt ginge. Weil der Fernwanderweg nahe der Landstraße verläuft, finden wir den Rückweg über den Heibererfelsen attraktiver. Damit bleiben wir auf dem Josef-Seger-Weg, orientieren uns 200 Meter weiter beim Wegweiser **Sautränke** in etwa halb rechts und folgen dem Pfad schließlich in südlicher Richtung auf den **Heibererfelsen**. Bei der Aussichtskanzel öffnet sich die Sicht über das Tal der Wilden Gutach zum Elztal. Der weitere Rückweg erfolgt erst in südöstlicher Richtung bis zum Wegweiser **Sattel** und ab dort rechts zurück zur Passhöhe mit der **Bergwelt Kandel**.

Bergwelt Kandel

Die Bergwelt Kandel wurde als energieautarkes Gebäude errichtet, wobei besonders heimische Weißtanne zum Einsatz kam. Das Innere mit der Berggaststätte, dem großen Panoramasaal, der Kaminlounge und dem Raum Kandel bietet bis zu 200 Gästen Platz. Weitere 200 Sitzplätze umfasst der Biergarten. Für bis zu 42 Übernachtungsgäste stehen fünf Gästezimmer sowie zwei Ferienwohnungen bereit. Hinzu kommen Wohnmobilstellplätze im Umfeld. Die Bergwelt Kandel bietet einen Shuttleservice ab Freiburg, Waldkirch und St. Peter. Die Eröffnung ist für das Frühjahr 2021 geplant (www.bergwelt-kandel.de).

Wichtiges zur Tour

Tourencharakter
Der Bereich unterhalb des Großen Kandelfelsens erfordert als technisch schwerste Passage dieses Buchs Trittsicherheit. Stöcke sind hier hilfreich. Ansonsten mittelschwere Runde auf überwiegend gut angelegten Waldpfaden.

Ausgangspunkt/Endpunkt
Bergwelt Kandel, 1202 m

Höchster Punkt
Kandel, 1241 m

Anfahrt
GPS 48.0654, 8.0160

Bus/Bahn: Ab dem S-Bahnhof Denzlingen fährt die Buslinie 7205 zur Haltestelle Kandel Rasthaus, Waldkirch mit Umstieg in Unterwasser, St. Peter.
Auto: Über die B 294 Freiburg–Freudenstadt bis Waldkirch, weiter über die L 186 (Kandelstraße) bis zur Bergwelt Kandel. Parkplätze gibt es entlang der Passstraße.

Einkehr
Ab Frühjahr 2021 Bergwelt Kandel

Beste Jahreszeit
April bis Oktober

Karte
Karte des Schwarzwaldvereins 1:25 000, W247 Freiburg

Informationen
ZweiTälerLand Tourismus, Tel. 07685/19433, www.zweitaelerland.de

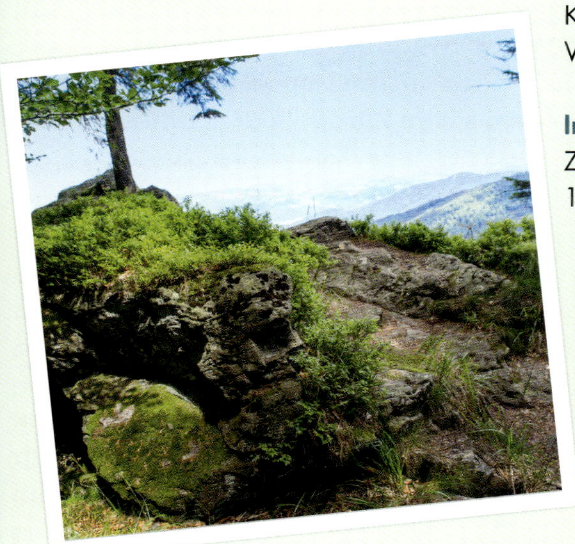

Zugang auf den Heibererfelsen

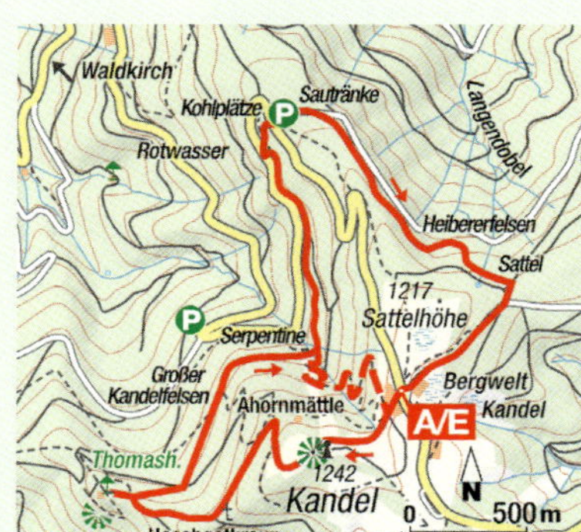

29 Reben unter dem Kandel

Weinwanderung im Glottertal

- mittel
- 2.30–3 Std.
- 300 Hm
- 7 km

Mit der in den 1980er-Jahren gedrehten Fernsehserie Schwarzwaldklinik hat das Glottertal Weltruhm erlangt. Direkt westlich des ehemaligen Drehorts führt uns diese Runde durch die malerische Landschaft zwischen der Oberrheinebene und dem Kandel.

Weinbau im Glottertal Nach dem Hohentwiel und Klettgau im badischen Süden zählen die Glottertäler Rebhänge zu den höchstgelegenen Weinbergen Deutschlands. Die ersten Weinreben wurden bereits im 15. Jahrhundert im Glottertal kultiviert. Nach einem Einbruch im 16. und 17. Jahrhundert – unter anderem durch den Bauernkrieg sowie den Wirren des Dreißigjährigen Kriegs – erlebt der Weinbau seit dem 18. Jahrhundert eine bis heute andauernde zweite Blütezeit. Dabei besitzt die Weinwanderung unter den umliegenden Schwarzwaldgipfeln auch im Winter ihren Reiz. Das gilt insbesondere dann, wenn wenige Zentimeter Neuschnee die sonst schneefreien Hänge bedecken und die Sonne bereits wieder vom blauen Firmament strahlt.

Beim Casa Vino

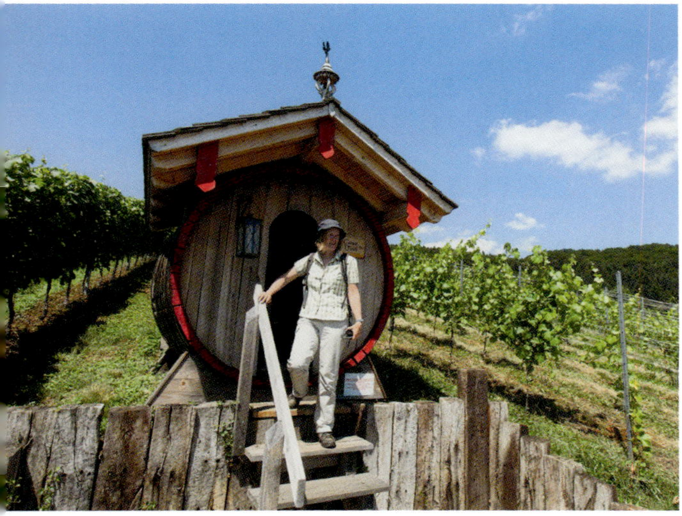

Ein Fass der Gemütlichkeit Als Startpunkt haben wir den **Parkplatz am Friedhof** gewählt. Auf dem ersten Abschnitt folgen wir der Markierung gelbe Raute zum **Schlosshof**. Dort durchschreiten wir den tiefsten Punkt der Wanderung, biegen rechts auf die Schlossstraße ab und halten uns 170 Meter weiter bei der Gabelung links. Mit wechselnden Blickrich-

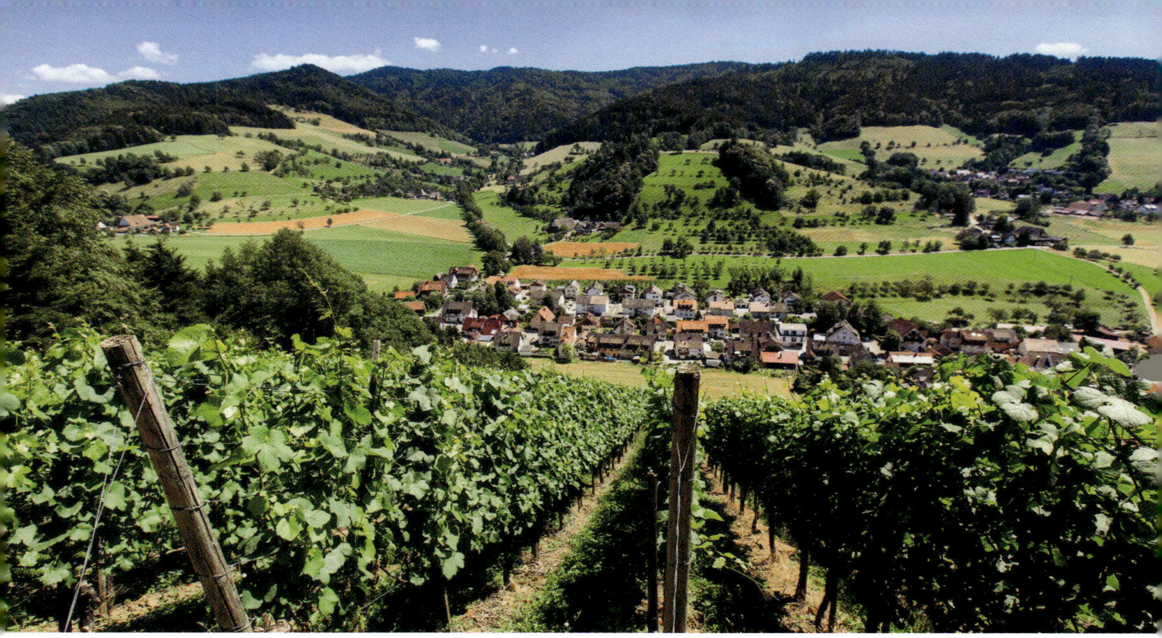

Blick über die Reben ins Glottertal

tungen über die Weinberge gewinnen wir rasch einige Höhenmeter, eh wir auf wieder flacherem Terrain zum **Casa Vino** kommen. Bei dem mit einem begehbaren Weinfass versehenen Rastplatz bietet sich uns die erste schöne Möglichkeit für eine Rast.

Über den Schlossberg zum Schlossdobel Einen Katzensprung weiter beschreibt der Weg eine ausgeprägte Rechtskurve, und wir kommen zum »Schiibeschlage-Platz«. Während der Alemannischen Fasnacht findet hier das traditionelle Scheibenschlagen statt. Zugleich öffnet sich hier die Sicht über das untere Glottertal und Denzlingen zum Kaiserstuhl. Dahinter zeichnen sich je nach Wetterlage mehr oder weniger deutlich die Vogesen ab. Erwischen wir optimale Bedingungen, so erkennen wir direkt im Westen das 1363 Meter hohe Hohneck. Nach einer Passage am Waldrand halten wir uns beim Wegweiser **Schlossberg** rechts. Nachdem der Wanderweg nochmals beidseitig von Reben gesäumt wird, durchqueren wir einen Waldstreifen, eh wir am oberen Rand einer Wiese zum **Schlossdobel** kommen.

Unter dem Fuchsfelsen Beim Schlossdobel tauchen wir erneut in den Wald ein und folgen der gelben Raute über den Wegweiser **Unterm Fuchsfelsen** zum **Rinzberg**. Der Fuchsfelsen

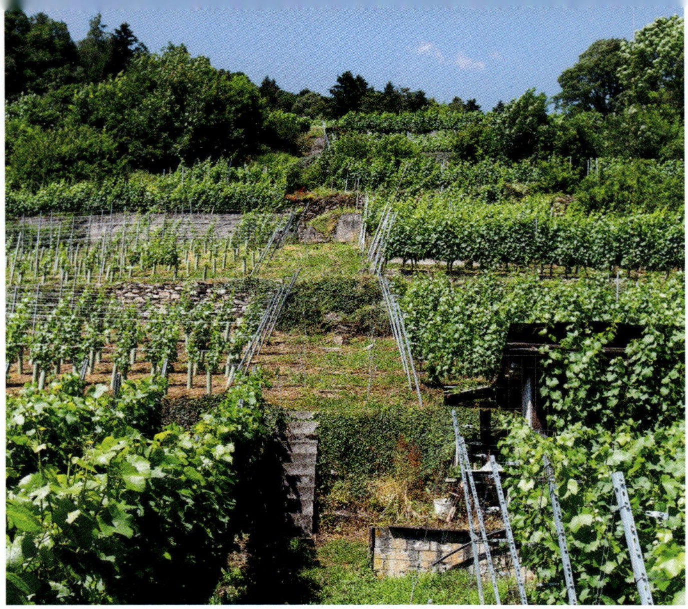

Terrassenanbau am Glottertaler Weinberg

befindet sich weiter oben am Hang und ist für Wanderer unzugänglich. Wer die Tour abkürzen bzw. in zwei kurze Runden aufteilen möchte, kann beim Wegweiser **Rinzberg** rechts direkt nach Glottertal bzw. dem Wegweiser nahe dem Sportplatz hinunterlaufen. Der Abstieg erfolgt dann in mehreren Kehren. Alle anderen verlassen auf dem Weg zum Eichbergwald bald den Wald und kommen in den Genuss weiterer malerischer Aussichten. Diese reichen hier über das obere Glottertal hinweg zum gegenüberliegenden Höhenzug mit dem Brombeerkopf und dem Hochstiegkopf sowie nach Osten bis zum Hochschwarzwald.

Zeit für Gastlichkeit Nach einem Zwischenanstieg geht es zurück in den Wald zum Wegweiser **Eichbergwald** (dort rechts) und es erfolgt der Abstieg zum **Sonnenbühl** nahe der Rehaklinik Glotterbad. Am östlichsten Punkt der Runde geht es scharf rechts zum Schwimmbad bzw. zum Panorama-Freibad Glottertal. Der weitere Rückweg erfolgt an der Georgstube vorbei strikt nach Westen bis zurück zu unserem Ausgangspunkt am **Friedhofsparkplatz**. Auf diesem letzten Abschnitt ermöglichen uns das Gasthaus Eichberg sowie das Restaurant Wissers Sonnenhof, den Ausflug mit einer gemütlichen Einkehr zu verbinden.

Die Schwarzwaldklinik

Der 1913/14 erbaute Carlsbau des Sanatoriums Glotterbad diente der Serie »Die Schwarzwaldklinik« als Außenkulisse. Nachdem das Gebäude zwischenzeitlich als Produktionsbüro für die SWR-Fernsehserie »Tiere bis unters Dach« genutzt wurde, befindet sich hier seit 2014 die Thure-von-Uexküll-Klinik. Weitere bekannte Drehorte für »Die Schwarzwaldklinik« sind das Hüsli in Grafenhausen, der Titisee und Schluchsee-Ort sowie auch die Altstädte von Schiltach und Freiburg. Noch deutlich weiter entfernt als die Drehorte im Schwarzwald ist der Berg Kofel in den Ammergauer Alpen. Er war im Vor- und Abspann der Serie zu sehen.

Wichtiges zur Tour

Tourencharakter
Bis auf einen steileren Anstieg auf dem Weg zum Schlossdobel gemütliche Runde auf landwirtschaftlichen Straßen und Wegen sowie bequemen Waldpfaden. Abkürzung beim Rinzberg möglich

Ausgangspunkt/Endpunkt
Friedhof Glottertal, 325 m

Höchster Punkt
Unterm Fuchsfelsen, 510 m

Anfahrt
GPS 48.0519, 7.9416
Bus/Bahn: Ab dem S-Bahnhof Denzlingen mit der Buslinie 7205 zur Haltestelle Schule, Glottertal. Der Zugang zum Wanderweg erfolgt über den Schurhammerweg.
Auto: Von der B 294 Freiburg–Haslach bei Denzlingen auf die L 112 nach Glottertal abfahren. In der Ortsmitte von der Talstraße links auf den Friedhofweg abbiegen.

Einkehr
Gasthaus Eichberg, Wissers Sonnenhof

Beste Jahreszeit
Ganzjahrestour

Karte
Karte des Schwarzwaldvereins 1:25 000, W247 Freiburg

Informationen
Touristinformation Glottertal, Tel. 07684/ 91040, www.glottertal.de

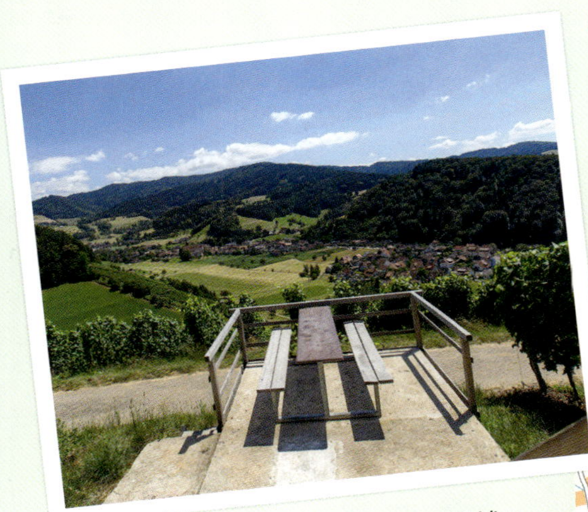
Sonnenverwöhnter Rastplatz vor dem Casa Vino

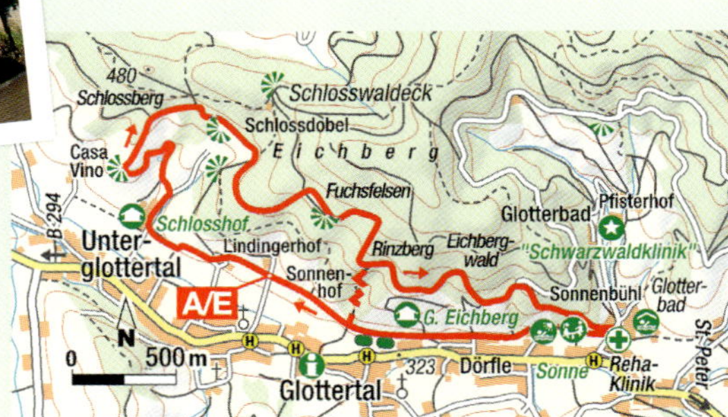

30 Edles Gewächs in malerischer Lage

Weinlehrpfad Buchholz

leicht
1.45 Std.
80 Hm
5,2 km

Der Weinlehrpfad von Buchholz vermittelt Wissenswertes über die Reben und deren Verarbeitung. Beliebt ist der Weg auch für seine Aussichten. So können wir unseren Blick erst über das Elztal, später über die Rheinebene zum Kaiserstuhl sowie bis zu den Vogesen schweifen lassen.

Bahnfahrer im Vorteil Als offiziellen Ausgangspunkt für den Weinlehrpfad nennt die Ferienregion ZweiTälerLand den **Bahnhof von Buchholz**. Dieser befindet sich direkt am Ortsrand, sodass es nicht weit bis zum Weinberg ist. Wer mit dem Auto anreist, findet allerdings nur wenige Parkmöglichkeiten entlang der Bahnstrecke. Sicherer ist es daher, den **Parkplatz Am Waldgraben** zu nutzen. Von dort füh-

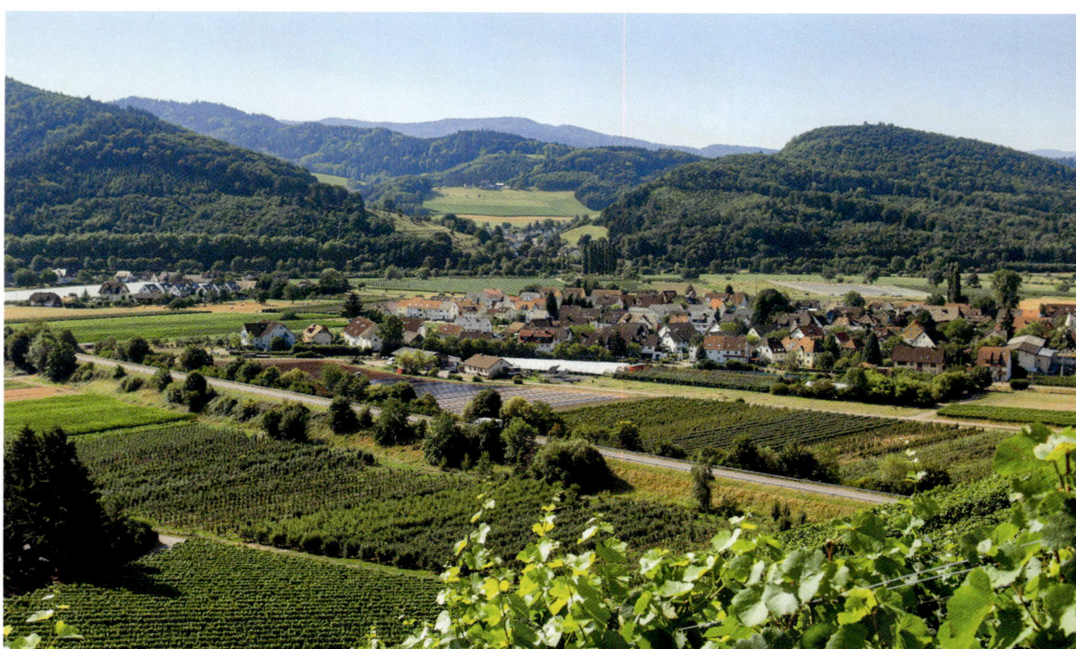

Blick über Buchholz und das Elztal ins gegenüberliegende Suggental

ren der Breisgauer Weinweg sowie auch der Zugang zur Kastelburg-Tour durch die Schwarzwaldstraße bis zur **Kirche**. Dort geht es rechts über die Kirchgasse zur Alten Dorfstraße sowie 50 Meter nach links versetzt über die Eisenbahnstraße zum **Schilderbaum** nahe dem Rathaus.

Buchholz international

Als Ortsname ist Buchholz weit verbreitet. So sind beim Schilderbaum nahe dem Rathaus eigenständige Gemeinden wie auch etliche Ortsteile aus ganz Deutschland angeschrieben, welche diesen Namen tragen. Buchholz gibt es auch in Belgien, Luxemburg, Italien und – als Boholt – im fernen Rumänien.

Steine im Weinberg Sowie wir den Bahnübergang passiert haben, folgen wir der Straße durch die Unterführung der L186 hindurch bis zum unteren Wegweiser **Am Schiibefelse**. Links befindet sich das Jägerhäusle Kilkus. Von dort werden wir später zurückkommen. Wir laufen also geradeaus weiter und folgen dem Breisgauer Weinweg an mehreren Trockenmauern vorbei. Zusammen mit den Steintreppen wurden diese im 19. Jahrhundert angelegt, um den Zugang zu den Reben zu erleichtern und der Bodenerosion vorzubeugen. Zudem geben die Mauern nachts die tagsüber gespeicherte Wärme ab und verbessern so das Kleinklima.

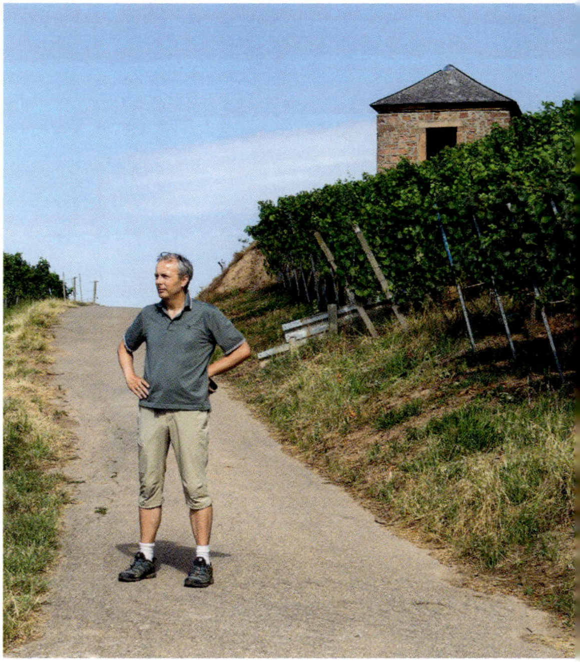
Auf dem Buchholzer Weinlehrpfad

Über den Fohren- auf den Scheibenbühl Am zweiten, oberen Wegweiser Am Schiibefelse treffen wir auf die Kastelburg-Tour und biegen rechts zum **Fohrenbühl** ab. Bei dem Aussichtspunkt erfahren wir, warum die Blattfallkrankheit und Mehltau so immense Schäden anrichten können. Beide Krankheiten wurden erst im 19. Jahrhundert nach Europa eingeschleppt, weshalb die heimischen Reben bislang noch keine natürlichen Abwehrmechanismen besitzen. Gerne können wir ein wenig bei der Ecke vom Fohrenbühl verweilen. Die Sicht hinunter auf Buchholz sowie auch nach Osten über das Elztal bis zum Höhenzug zwischen der Elz und der Wilden Gutach hat was. Anschließend trennen sich die Wege bereits wieder: Während die Kastelburg-Tour geradeaus nach Waldkirch führt, biegen wir mit dem Breisgauer Weinweg links zum Scheibenbühl ab.

Aussichtsreich zum Wachtbühl Nachdem wir bei der nächsten Station einiges über den Wandel im Weinbau hin zu umweltschonenderen Arbeitsweisen erfahren, kommen wir bei der **Infotafel zur Bodenpflege** zu einer Gabelung. Um auf dem Lehrpfad zu bleiben, zweigen wir links vom Breisgauer Weinweg ab. Der Weg steigt noch bis zur Tafel **Grauer Burgunder** an, schwenkt dann aber nach Süden und führt uns bergab bis zu einem Aussichtspunkt inklusive Rastbank und Infos zum Klima und der Bodenentstehung. Wir bleiben auf dem breiten Weg. Mehrere Kurven verwöhnen uns mit wechselnden, doch stets malerischen Blickwinkeln, bis wir schließlich den Aussichtspunkt und **Rastplatz Wachtbühl** erreichen. Nach der hier herrlichen Sicht auf den Kaiserstuhl nehmen wir die Passage an den Waldrand und treffen ein zweites Mal auf die Kastelburg-Tour.

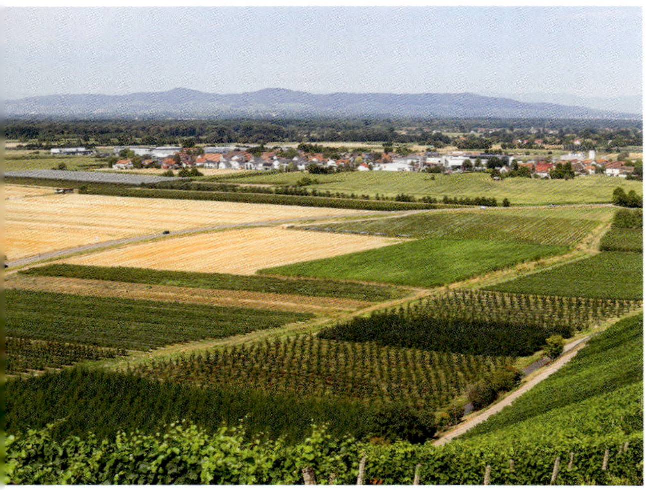

Aussicht vom Wachtbühl zum Kaiserstuhl

Über Peters Bänkle zum Jägerhäusle Wo der als anspruchsvoll bekannte Themenweg links abbiegt, laufen wir noch ein kurzes Stück geradeaus weiter, eh auch unser Weg bei **Peters Bänkle** eine Linkskurve beschreibt. Nach Norden reicht der Blick dort über Sexau und das Brettenbachtal zur Hochburg. Schauen wir direkt nach Westen, bestimmt der Höhenzug des Kaiserstuhls den Horizont. Mit diesen schönen Eindrücken gehen wir anschließend wieder in östliche Richtung bis hinunter zum Jägerhäusle Kilkus am Schiibefelse. Der weitere Rückweg zum **Bahnhof** oder dem **Parkplatz Am Waldgraben** erfolgt auf bereits bekanntem Weg.

Wichtiges zur Tour

Tourencharakter
Barrierefreie Runde mit kurzen Anstiegen und schönen Ausblicken über die Weinberge ins Elztal sowie zur Oberrheinebene

Ausgangspunkt/Endpunkt
Parkplatz Am Waldgraben in Buchholz, 240 m

Höchster Punkt
Station Grauer Burgunder, 315 m

Anfahrt
GPS 48.0808, 7.9193
Bus/Bahn: Ab Waldkirch, Emmendingen und Elzach bestehen Zug- und Busverbindungen zu den Haltestellen Buchholz und Buchholz Kirche, Waldkirch.
Auto: Von der B 294 Freiburg–Haslach i.K. westlich Waldkirch auf die L 186 nach Buchholz abfahren. Den Kreisel zur Schwarzwaldstraße verlassen, im Ort auf die Von-Bayer-Straße zum Parkplatz abbiegen.

Einkehr
In Buchholz, schöner Rastplatz

Beste Jahreszeit
Ganzjahrestour

Karte
Karte des Schwarzwaldvereins 1:25 000, W247 Freiburg

Informationen
ZweiTälerLand Tourismus, Tel. 07685/19433, www.zweitaelerland.de

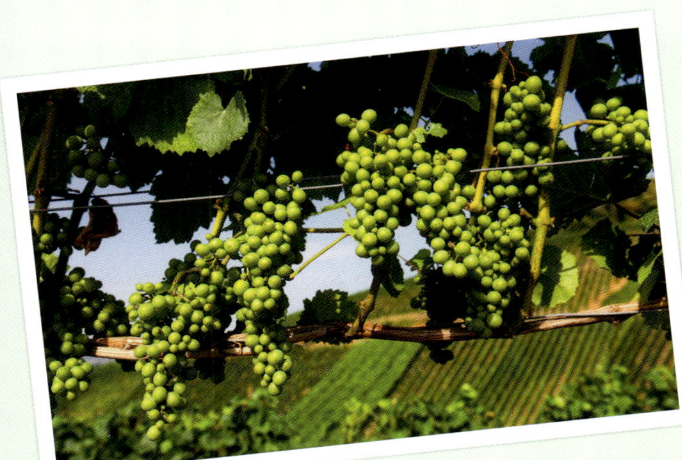

Weißer Riesling wenige Wochen vor der Lese

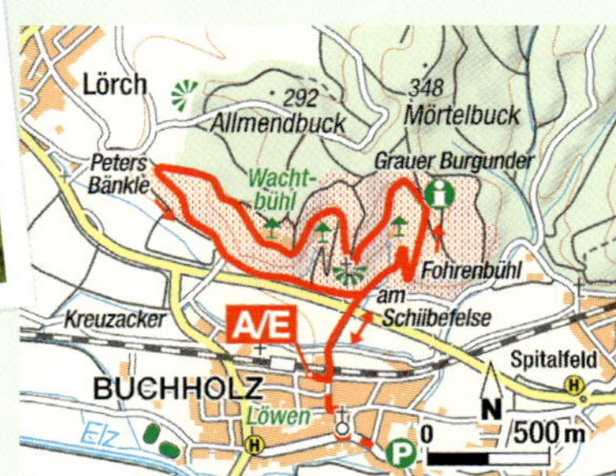

31 Ruine Hochburg

Von Sexau auf den Hachberg

- leicht
- 2.30–3 Std.
- 150 Hm
- 6,4 km

Die Hochburg bei Emmendingen bildet eine der größten Festungsanlagen Badens. Nach einer bewegten Geschichte mit wiederholten Zerstörungen kümmert sich seit 1971 der Verein zur Erhaltung der Ruine Hochburg um die mittelalterliche Festung.

Im Hornwald Ab dem Parkplatz am Waldspielplatz von Sexau und dem Horneck folgen wir der gelben Raute Richtung Windenreute in den Wald und halten uns bei der Weggabelung links. Für den Hinweg zur Burgruine nutzen wir damit den Traufweg. Bei nur geringen Höhenunterschieden verläuft dieser am Waldrand und eröffnet uns erste Ausblicke über das von Wiesen geprägte Tal des Brettenbachs. Beim Wegweiser **Backofen** wechseln wir in etwa geradeaus auf den Dobelweg in den Wald und nehmen die Rechtskurve. 300 Meter weiter biegen wir am nördlichen Waldrand rechts ab und steigen bei zunehmend schöner Sicht über Emmendingen zum Kaiserstuhl sowie über das Elsass zu den Vogesen zum Wegweiser **Am Hornwald** auf.

Aufgang in den oberen Hof der Hochburg

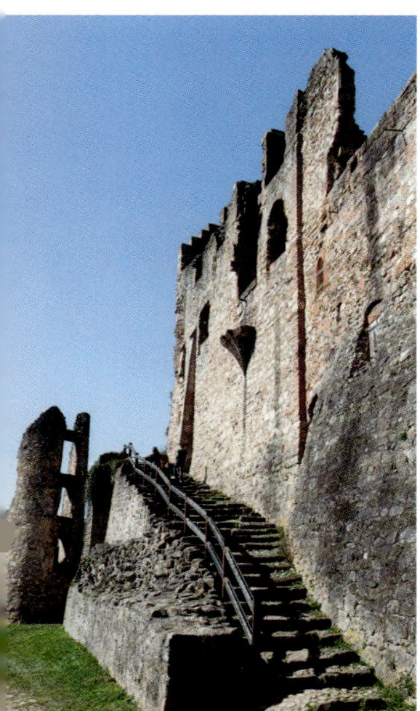

Indirekter Aufstieg zur Festung Bis zur Ruine Hochburg wären es rechts über die Hochburger Rebhalde nur 300 Meter. Um nicht zweimal denselben Weg zu wandern, biegen wir indes links auf den Breisgauer Weinweg ab und nehmen den Umweg über die Straße **Am Burgberg** hoch zur Ruine Hochburg. Die verschiedenen Wege und Aufgänge in die Burg sind frei zugänglich und bieten reichlich schöne Ecken und Stellen für Erinnerungsfotos.

Die Hochburg im Wandel der Jahrhunderte Die Emmendinger Hochburg wird auf das späte 11. Jahrhundert datiert und wurde 1127 erstmals als Hachburg urkundlich erwähnt. 1218 begründete Heinrich I. Markgraf von Baden die Linie der Markgrafen von Baden-Hachberg. Als im Jahr 1386 Markgraf Otto I. in der Schlacht bei Sempach auf Seiten der Habsburger gegen die damals junge Schweiz fällt, wird die Herrschaft zwischen seinen Brüdern aufgeteilt. Es folgt der wirtschaftliche Niedergang, bis 1418 Markgraf Bernhard I. die Burg und Herrschaft Hachberg erwirbt. Als sechs Jahre später der Oberrheinische Städtebund gegen den Markgrafen zu Felde zieht, wird zwar das nahe Emmendingen zerstört. Die Festung aber hält dem Ansturm stand. Ebenso trotzt die Burg dem Deutschen Bauernkrieg im Jahr 1525, wird in der Folgezeit jedoch nach dem Aufkommen der Kanonen weiter befestigt und mit sieben Bastionen verstärkt.

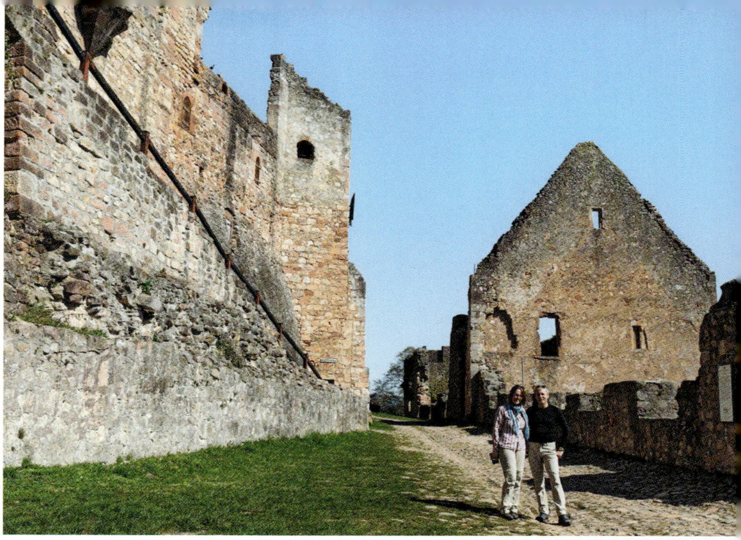

Innerhalb der Ruine bieten sich viele Möglichkeiten für Erinnerungsfotos.

Niedergang im 17. Jahrhundert Der Niedergang der Hochburg erfolgte im Dreißigjährigen Krieg, als Truppen der Katholischen Liga die damals vom protestantischen Heerführer Georg Friedrich von Baden-Durlach gehaltene Festung nach zweijähriger Belagerung zerstörten. Der Wiederaufbau erfolgte zwischen 1660 und 1678, doch nur drei Jahre später wurden die äußeren Werke demoliert, um einem Präventivschlag der Franzosen entgegenzuwirken. Nachdem die Oberburg 1684 einem Feuer zum Opfer fiel, besetzten 1688 Truppen des französischen Königs Ludwig XIV. die Burg und sprengten die verbliebenen inneren Festungsteile. Nachdem 1698 der geplante Wiederaufbau verworfen wurde, dauerte

Museum in der Burg

Im Gewölbekeller der Oberburg, dem alten Wein- und Vorratskeller, sind zahlreiche Fundstücke früherer Burgbewohner ausgestellt. Darüber hinaus gibt das Lapidarium Einblick in die Arbeiten der Steinmetze und Ziegler. Das Museum ist ab April bis Oktober an Sonn- und Feiertagen von 13 bis 17 Uhr geöffnet.

es zwei Jahrhunderte, bis erste Sicherungs- und Erhaltungsmaßnahmen umgesetzt wurden. Heute informieren mehrere Tafeln über die Geschichte und Funktion der verschiedenen Bereiche in der Hochburg.

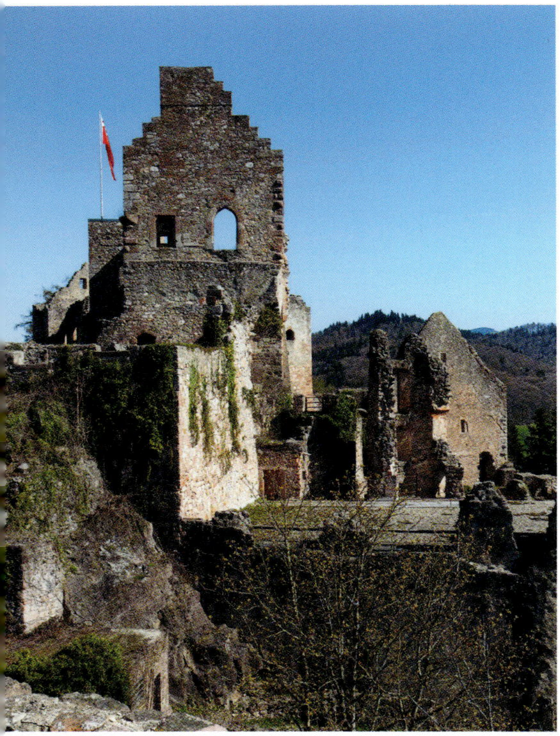

Sicht vom Hohen Werk auf die Südfassade der Kernburg

Rundumblick von der Festung Sowie wir die höheren Festungsteile erreicht haben, eröffnet sich uns ein imposanter Blick über die Oberrheinebene und auf den Kaiserstuhl im Westen sowie über das Brettenbachtal hinweg zum Schwarzwald mit dem Kandel im Südosten. Bei klarer Witterung ist rechts davon das Feldbergmassiv mit dem Feldbergturm auf dem Seebuck zu erkennen. Und nicht zuletzt bietet uns das »Schwatzhüsli« an den Wochenenden und Feiertagen eine willkommene Gelegenheit, die altehrwürdige Kulisse bei Kaffee und Erfrischungsgetränken sowie heißen Würsten auf uns wirken zu lassen.

Auf dem Vierburgenweg Nach dem Burgbesuch orientieren wir uns beim Ein- und Ausgang nach Süden. Noch im Bereich der Burg nutzen wir die Treppe des Sexauer Aufgangs, biegen am Ende der Unterführung erst links, einen Steinwurf weiter rechts zum Wald hin ab. Alternativ zur Treppe können wir auch einmal um die Festung herumspazieren und über den bereits bekannten Hinweg und dem Wegweiser Am Hornwald folgend zum Wald laufen. Dort treffen wir auf den Vierburgenweg, dem wir über die **Hochburger Rebhalde** bis zum **Hornbauernhof** folgen. Wo sich der Weg gabelt, halten wir uns rechts, sodass wir weiterhin mit der gelben Raute entlang des Waldrands bzw. oberhalb des Brettenbachs wandern. Auf dem letzten Abschnitt führt uns der sehr leicht zu begehende Weg am **Sportplatz von Sexau** vorbei zurück zum Horneck und dem Parkplatz am Waldspielplatz, wo wir auf eine gelungene Runde voller Höhepunkte zurückblicken können.

Wichtiges zur Tour

Tourencharakter
Bis auf einige Bereiche in der Burgruine und eine (umgehbare) Treppenunterführung barrierefreie Runde auf breiten Forst- und Waldwegen

Ausgangspunkt/Endpunkt
Parkplatz Waldspielplatz in Sexau, 227 m

Höchster Punkt
Hochburg, 335 m

Anfahrt
GPS 48.0961, 7.8961
Bus/Bahn: Ab Waldkirch und Emmendingen bestehen Busverbindungen zur Haltestelle Lörch Waldhorn in Sexau. Der Zugang erfolgt über den Burgweg am westlichen Ortsrand.
Auto: Von der B 3 in Emmendingen oder der B 294 bei Waldkirch abfahren und der Beschilderung nach Sexau folgen, dort in den Burgweg abbiegen.

Einkehr
Schwatzhüsli in der Hochburg, an Wochenenden und Feiertagen

Beste Jahreszeit
Ganzjahrestour

Karte
Karte des Schwarzwaldvereins 1:25 000, W247 Freiburg

Informationen
Touristinformation Emmendingen, Tel. 07641/ 19433, tourismus.emmendingen.de

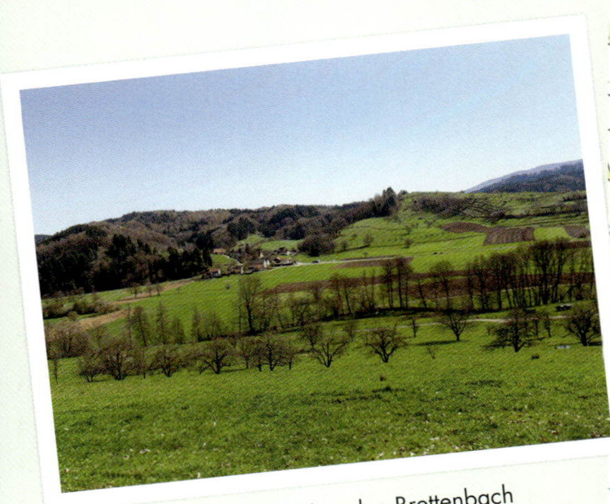

Aussicht nach Südosten über den Brettenbach zum Sexauer Rebberg

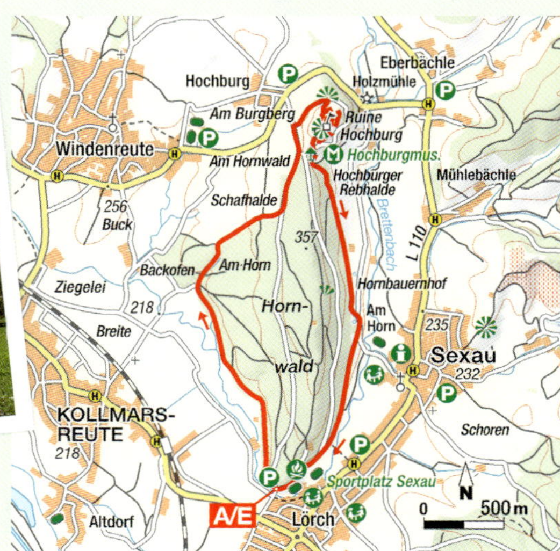

32 Martinskapelle und Spechttanne

Auf der Wasserscheide von Donau und Rhein

- leicht
- 2.30 Std.
- 100 Hm
- 7 km

Auf barrierefreien Wegen verbinden wir die Donauquelle mit der nahen Martinskapelle und der Spechttanne. Auch wenn wir uns auf Forstwegen bewegen, geben die Bäume den Blick nach Norden zum Elztal sowie nach Südwesten zum Höhenzug jenseits der Wilden Gutach frei.

Rechte Seite oben: Die Martinskapelle

Stippvisite bei der Donauquelle Direkt unterhalb des **Höhengasthauses Kolmenhof** entspringt die Breg. Sie ist der Hauptquellfluss der Donau, womit sie sich aus hydrogeologischer Sicht zugleich als Donauquelle qualifiziert. Im Umfeld des Quellbeckens informieren mehrere Tafeln über Zahlen und Fakten sowie auch die Landschaften entlang der Donau bis hin zum Donaudelta am Schwarzen Meer. Seit der Neugestaltung im Jahr 2017 wacht der vom Bildhauer und Künstler Wolfgang Eckert geschaffene Flussgott Danuvius über die »einzig wahre Donauquelle«. Gerne können wir uns Zeit nehmen und den Ort auf uns wirken lassen.

Quelle der Breg und Ursprung der Donau

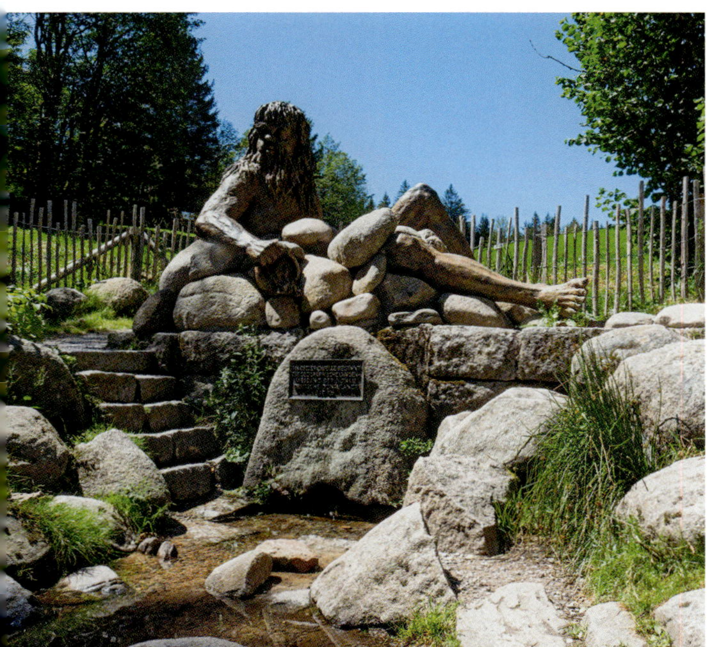

Martinskapelle Für die Wanderung folgen wir anschließend der Zufahrt vom Kolmenhof zur **Martinskapelle**. Sie steht oberhalb der alten Passstraße zur Elzquelle und besitzt ihren Ursprung in der vorkarolingischen Zeit. So legen Grabungsfunde nahe, dass an dieser Stelle bereits um das Jahr 800

ein Sakralbau gestanden hat. Auch wird an diesem Ort ein heidnischer Kultplatz bzw. ein Quellheiligtum gesehen. Die Kapelle selbst wurde nach 1848 als Bauernhaus mit Stall, Heuboden, Schuppen und sogar einem Abort genutzt. Heute finden wir im Innern einen im barocken Stil gestalteten Altar, gotische Skulpturen nebst dem Prozessionskreuz. Ein Blick in die Kapelle lohnt sich.

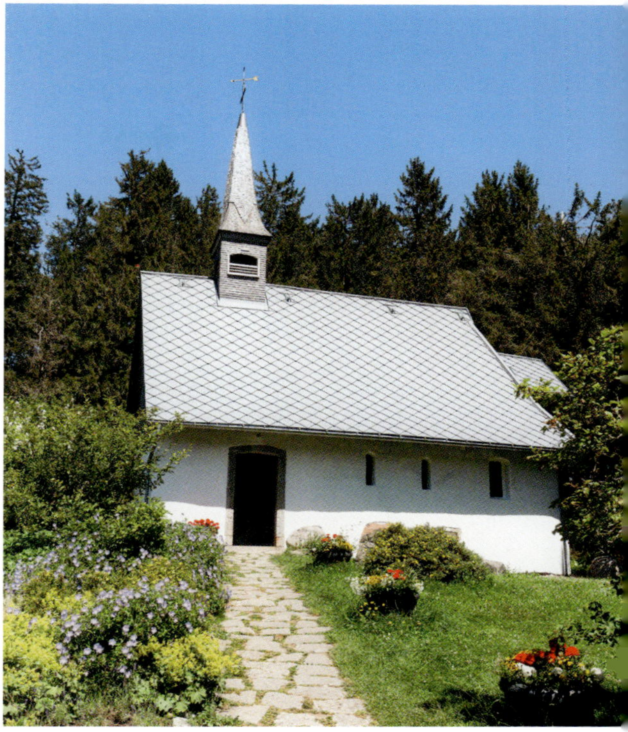

Über die Skihütte zur Käsmatte Wenige Meter von der Kapelle entfernt treffen wir auf den Westweg, dessen roter Raute wir um die Rechtskurve zum **Parkplatz Martinskapelle** folgen. Beim Wegweiser Forsthaus verlassen wir diesen nach nur 300 Metern schon wieder und wechseln links auf den mit blauer Raute markierten Wanderweg zur Käsmatte. Auf dem Weg dorthin halten wir uns bei der **Skihütte Martinskapelle** rechts, passieren einen weiteren Parkplatz, um dann beim Wegweiser **Käsmatte** links auf den Höhenweg zur Spechttanne abzubiegen. Bald schon geben die Bäume erstmals den Blick über das Elztal zu wenigstens zwei Windkraftanlagen frei.

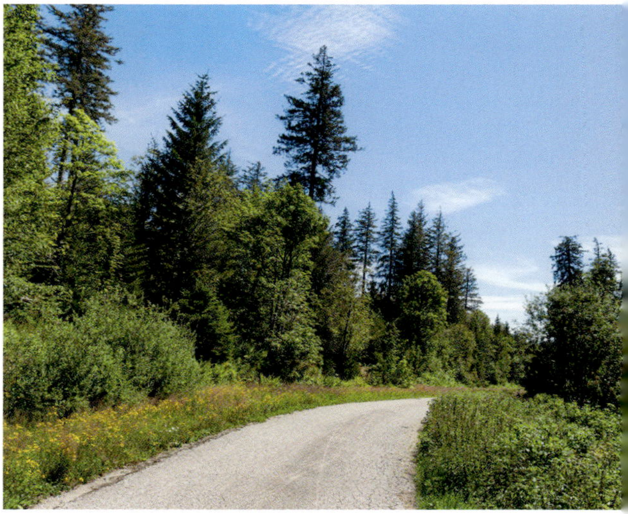

Barrierefreier Rundweg um den Weihenwald

Um den Weihenwald zur Spechttanne Kurz nachdem unser Weg eine Linkskurve beschreibt, zweigt links ein Fahrweg ab. Es handelt sich dabei um eine nur 100 Meter lange Verbindung zu unserem Rückweg. Weiter geradeaus folgen wir dem Höhenweg um den Weihenwald. Durch den nach Norden und Osten lückigen

Wald sind die Höhenzüge jenseits der Elz zu erkennen. Sobald in den nächsten Jahren die bei unserer Begehung im Sommer 2020 halb toten Fichten abgeräumt werden, wird sich diese Sicht noch verbessern. An der **Wallenbrunnenhütte** vorbei gelangen wir schließlich über die nächste ausgeprägte Linkskurve zur **Spechttanne**. Während unter dem stattlichen Nadelbaum eine Bank zu einer kurzen Pause einlädt, informiert die benachbarte Tafel über die Bedeutung dieses Gebiets nahe dem Rohrhardsberg für die Überlebenschancen der Auerhühner.

Politischer Zwist um die Donau

Bereits aus dem 16. Jahrhundert sind Streitigkeiten um die Quelle der Donau überliefert. 1538 erklärte Sebastian Münster die Schlossquelle in Donaueschingen als Quelle der Donau. 1544 widersprach ihm Professor Heinrich Loriti Glarean und machte sich für die Quellflüsse Brigach und Breg stark. 1702 erkannte der österreichische General Marsigli, dass die Breg der Mündung am weitesten entfernt und deshalb die wahre Quelle sei. Als rechtschaffener Schwabe erklärte hingegen Vicarius Breuninger 1719, dass die Urquelle am Hirzwald im Ursprungsgebiet der Brigach – also in Württemberg – zu finden sei. Johann Jakob Scheuchzer sah als Schweizer Naturforscher in der Quelle des Inns in Graubünden den Donauursprung, da sie am höchsten gelegen ist. Ganz unrecht hat auch er nicht. Denn wie auch die Iller führt der Inn mehr Wasser als die Donau.

Rückweg über das Hannovermättle Ebenfalls bei der Tanne biegen wir links vom Wanderweg auf den als Radweg gekennzeichneten Waldweg ab. Im Bereich **Hannovermättle** – zwischen dem Weihenwald und dem westlich anschließenden Martinskapellenwald – halten wir uns bei der Gabelung links. Einen Steinwurf weiter gibt ein bereits gefällter Fichtenwald den Blick zum Höhenzug jenseits der Wilden Gutach frei. Gleich danach passieren wir den oben genannten Verbindungsweg und erreichen dann auch schon wieder die **Skihütte Martinskapelle**. Ab dort erfolgt der weitere Rückweg auf dem bereits bekannten Weg zu unserem Ausgangspunkt beim Parkplatz der Martinskapelle bzw. dem Kolmenhof. Dort sind wir uns sicher einig: Es gibt Panoramawege, die einem deutlich bessere Aussichten bieten. In Verbindung mit einem Ausflug zur Donauquelle bildet die Runde jedoch eine nette Möglichkeit für einen ausgedehnten Spaziergang.

Wichtiges zur Tour

Tourencharakter
Der Zugang zur Donauquelle erfolgt auf einem barrierefreien Fußweg. Die Runde um den Weihenwald verläuft auf breiten Forstwegen und kann durch eine Verbindung um knapp 3 km verkürzt werden.

Ausgangspunkt/Endpunkt
Kolmenhof, 1095 m

Höchster Punkt
Wallenbrunnenhütte, 1130 m

Anfahrt
GPS 48.0955, 8.156
Bus/Bahn: Keine Verbindung
Auto: Die Anfahrt erfolgt über die B 500. Zwischen Triberg und Schönwald oder, von Süden, bei Furtwangen auf die K 5730 abbiegen und der Beschilderung zum Höhengasthaus Kolmenhof folgen. Weitere Parkmöglichkeiten befinden sich am Ende der Straße.

Einkehr
Höhengasthaus Kolmenhof, Do–Di ab 8 Uhr, Tel. 07723/931 00, www.kolmenhof.de

Beste Jahreszeit
Außer bei Schnee das ganze Jahr gut möglich

Karte
Karte des Schwarzwaldvereins 1:25 000, W248 Furtwangen

Informationen
Ferienland im Schwarzwald, Tel. 07722/ 86 08 31, www.dasferienland.de

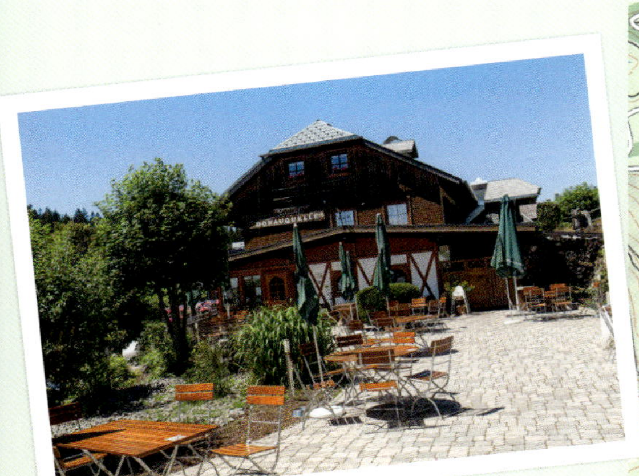

Ruhetag beim Berggasthaus Kolmenhof

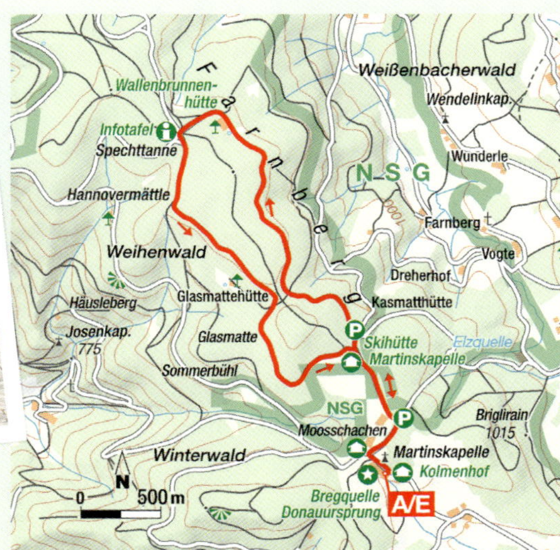

33 Oberes Gutachtal

Von Schönwald zum Reinertonishof

- mittel
- 3 Std.
- 250 Hm
- 7,5 km

Zwischen Schönwald und der Inselklause besitzt die Gutach ein nur geringes Gefälle. So wandern wir entspannt bis zum Reinertonishof. Erst danach stehen zwei größere Steigungen an – doch auch diese können wir über die Varianten locker auslassen.

Mit dem Ortsbach durch den Landschaftspark Ab der Bushaltestelle bzw. dem Parkdeck Ortsmitte Schönwald führen uns die ersten Meter über einen Fußweg in den **Landschaftspark**. Nach dem Kinderspielplatz laden links bei den beiden Teichen bereits mehrere Bänke zum Verweilen ein. Unsere Runde führt dazwischen hindurch zum Wegweiser **Sägloch** und geradeaus weiter am Ortsbach entlang bis zum Bauhof der Gemeinde. Dort geht der Fußweg in die Gutachstraße über, an deren Ende wir rechts abbiegen. Wenige Schritte weiter überqueren wir die noch junge Gutach und biegen bei der **Pension Schweizerhaus** links zur Inselklause ab.

Reinertonishof

Das heute als Freilichtmuseum geführte Anwesen geht auf einen 1619 errichteten Lehenshof unter Habsburger Herrschaft zurück. Bis 1806 wurde der Hof von unfreien Bauern bewirtschaftet. Der Anschluss Schönwalds an das Großherzogtum Baden ermöglichte es den fortan freien Bauern, ihre Höfe zu kaufen. Der erste Bauer mit Grundbucheintrag war Johann Martin Reiner. Der heutige Hofname geht auf seinen Enkel Anton Kuner zurück, der als elfter Besitzer Reinertoni genannt wurde. Im Januar 2006 brannte der Hof ab. Die heutigen Gebäude wurden ab 2008 errichtet.

Oberhalb der Gutach zur Inselklause Auf dem nächsten Abschnitt folgen wir in etwa der hier mäandrierenden Gutach, werden dann aber vom Wanderweg leicht bergan in den Wald geführt. Wo wir diesen wieder verlassen und schräg vor uns hinunter auf einen gestauten Bereich der Gutach blicken, fehlte bei unserer Begehung im Jahr

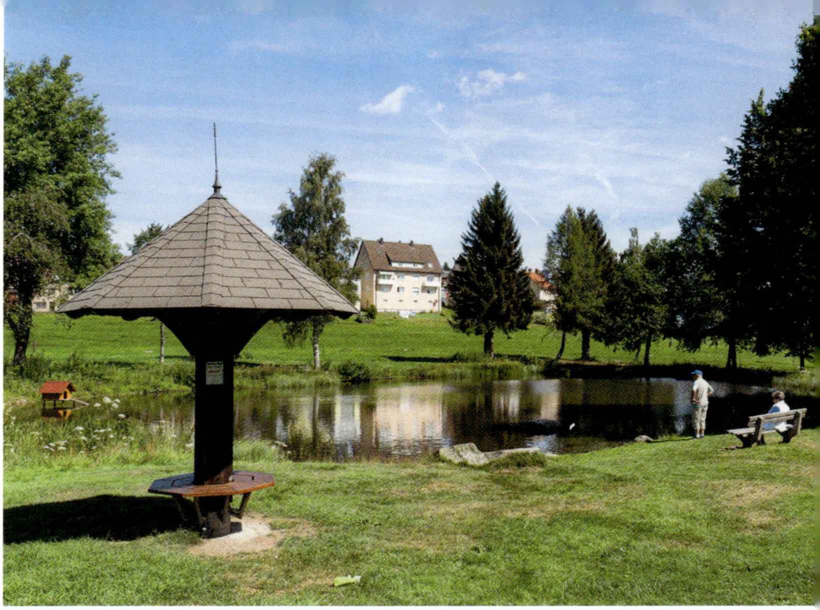

2020 zumindest eine Wegmarkierung. Wir können jedoch einfach weiter geradeaus bzw. in nördliche Richtung laufen. Über zwei Kurven gelangen wir zurück in den Wald, wo wir beim Wegweiser oberhalb der Inselklause links abbiegen, um anschließend die B500 zum Hotel und Restaurant Inselklause zu überqueren. Direkt zwischen der Bundesstraße und der Gutach eröffnet uns die am Restaurant angeschlossene Sonnenterrasse die erste Gelegenheit zur Einkehr.

Einer der Teiche im Landschaftspark von Schönwald

Zum Vesperhäusle Reinertonishof Der nächste Abschnitt führt uns jenseits der Gutach auf der Straße Schwarzenbach bis zum Reinertonishof. Wer eine kurze Runde laufen möchte, kann auf halbem Weg beim **Schneiderjockenhof** links abbiegen und über die Variante am Sportplatz vorbei zurück nach Schönwald wandern. Die beiden größeren Anstiege entfallen damit. Alle anderen laufen geradeaus weiter und wechseln in der Kurve beim Longishof nochmals geradeaus auf den Fußweg zum **Reinertonishof**. Dem historischen Backhaus wurde 1989 ein Vesperhäusle angegliedert, wo hungrige Wanderer von Mittwoch bis Sonntag mit Schwarzwälder Spezialitäten verwöhnt werden. Für die Kleinen gibt es nebenan reichlich Platz auf der Spielwiese.

Das denkmalgeschützte Back- und Brennhaus vom Reinertonishof

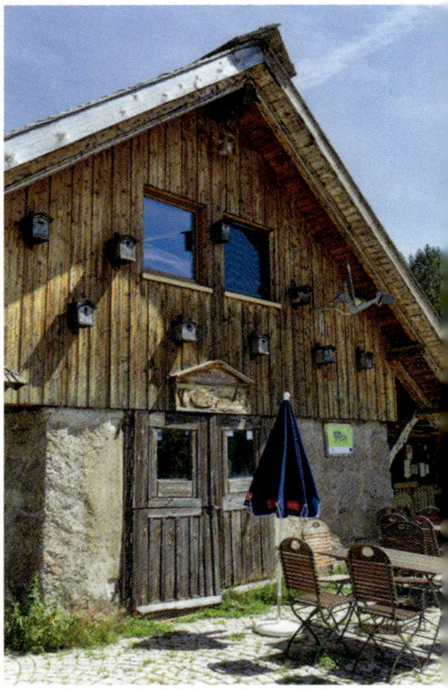

Aufstieg zum Weißenbacher Talblick Gut gestärkt haben wir anschließend die Wahl: keine Lust auf Höhenmeter? Dann kehren wir einfach zum Schneiderjockenhof zurück und biegen dort auf die Variante zum Sportplatz ab. Ansonsten gehen wir zwischen den Gebäuden hindurch bis zum nächsten Wegweiser. Dort biegen wir mit der gelben Raute links ab, passieren 300 Meter weiter das **Naturfreundehaus**

Küferhäusle und nehmen die Steigung zum **Weißenbacher Talblick**. Bei dem Aussichtspunkt biegen wir erneut links ab und kreuzen weiter unten die Straße sowie den Weißenbach. Es folgt ein pfadartiger Abschnitt in den Wald sowie über den Wegweiser **Rüttwald** bis zum Sportplatz.

Ausstieg versus Aufstieg Dort treffen wir auf die Friedhofstraße und dürfen uns abermals entscheiden. Geradeaus ginge es bei nur noch wenigen Höhenmetern am Friedhof vorbei sowie dann links durch die Bourg-Achard-Straße direkt zurück zur Ortsmitte und zum Landschaftspark. Haben wir noch genug Reserven, wechseln wir mit der gelben Raute rechts auf den Waldpfad. Wo dieser weiter oben in einen breiteren Weg mündet, verlassen wir links den Wald, nutzen die Straße bis auf Höhe vom Friedhof, um dann rechts zum Pfälzer Eck abzubiegen. Nach einem weiteren Anstieg lädt dort eine überdimensionierte Bank zur Rast ein – vorausgesetzt, es gelingt, das für Riesen angefertigte Möbelstück zu nutzen.

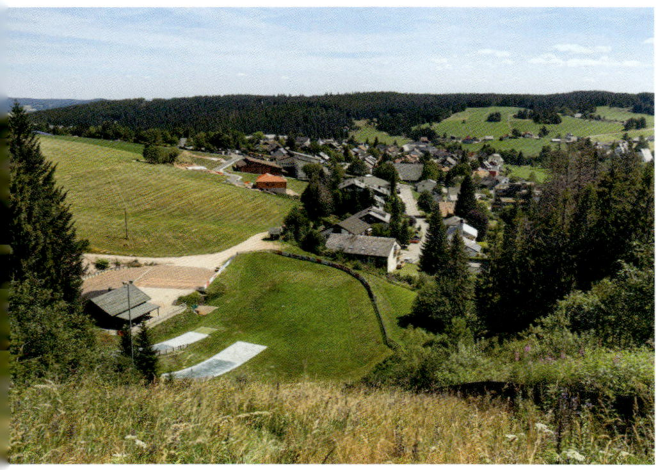

Blick von der Adlerschanze auf Schönwald und das obere Gutachtal

Schönwald aus der Adlerperspektive Beim **Pfälzer Eck** biegen wir anschließend links ab, passieren die Jugendschanze und haben dann auch schon die **Adlerschanze** erreicht. Genau genommen befinden wir uns zwischen dem Schanzentisch und dem im Sommer von Lupinen bewachsenen Aufsprunghügel, der weiter unten in den eigentlichen Landebereich übergeht. Nach dem auch aus dieser Höhe spektakulären Ausblick über Schönwald tauchen wir nochmals kurz in den Wald ein, eh wir mit einer geschickt platzierten **Schaukel** eine weitere schöne Möglichkeit zum Verschnaufen finden. Ein kurzes Stück weiter biegen wir beim Wegweiser **Farnberger Weg** links zum Rathaus ab und folgen der Beschilderung an der Pfarrkirche vorbei zurück zum Ausgangspunkt beim **Landschaftspark**.

Wichtiges zur Tour

Tourencharakter
Mehrere Pfade beim Übergang über den Weißenbach, oberhalb der Fridolinstraße sowie im Bereich der Adlerschanze. Für den Aufstieg zum Weißenbacher Talblick ist etwas Kondition am Berg von Vorteil.

Ausgangspunkt/Endpunkt
Landschaftspark Schönwald, 980 m

Höchster Punkt
Adlerschanze, 1065 m

Anfahrt
GPS 48.1031, 8.2015
Bus/Bahn: Ab dem Bahnhof Triberg bestehen Busverbindungen zur Haltestelle Ortsmitte Schönwald.
Auto: Die Anfahrt erfolgt über die B 500 bis Schönwald. Im Ort von der Hauptstraße zum Parkplatz am Landschaftspark abbiegen.

Einkehr
Hotel Restaurant Inselklause, Reinertonishof, etwas abseits der Strecke Küferhäusle, Gastronomie in Schönwald

Beste Jahreszeit
Mai bis Oktober

Karte
Karte des Schwarzwaldvereins 1:25 000, W248 Furtwangen

Informationen
Ferienland im Schwarzwald, Tel. 07722/ 86 08 31, www.dasferienland.de

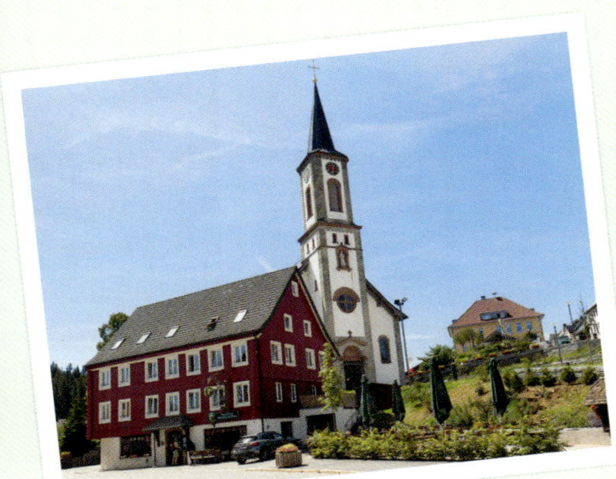

Pfarrkirche St. Antonius und Restaurant Klosterstüble

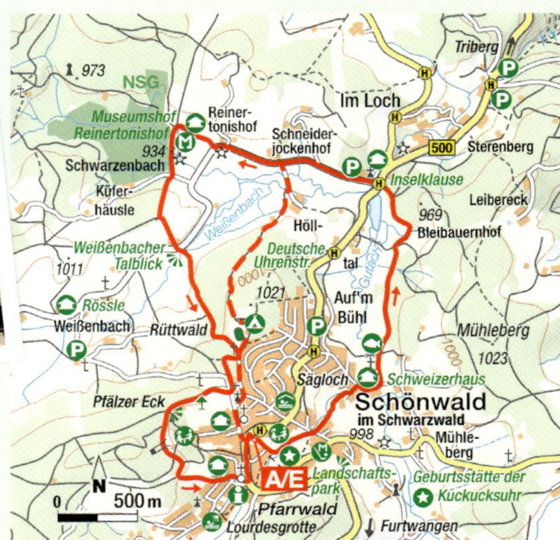

34 Über Kirnach und Breg

Vom Kesselberg zum Breghäusle

leicht

2 Std.

130 Hm

7 km

Die Streckenwanderung führt uns oberhalb der Kirnach sowie westlich am Schlegelberg vorbei bis zum Breghäusle. Noch vor Kurzem war an dem beliebten Ausflugslokal zu lesen: »Für immer geschlossen.« Zeitgleich mit der Veröffentlichung dieses Wanderführers soll es reanimiert werden.

Waldweg zum Freizeitheim Schlempen

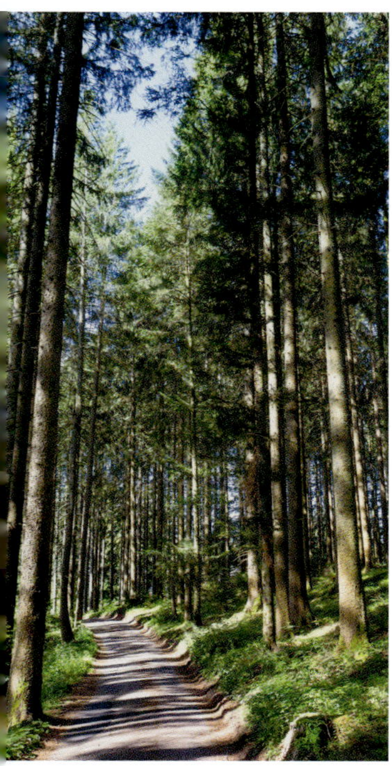

Quellgebiet der Kirnach Vom Parkplatz bzw. der Bushaltestelle erfolgen die ersten Schritte in südwestlicher Richtung bis zum Abzweig zum Freizeitheim Schlempen. Mit schöner Sicht über die Wiesen oberhalb der Kirnach biegen wir links auf die Straße Am Totenhund ab. Diese steuert auf den Waldrand zu und führt am **Skilift Kesselberg** vorbei in den Wald. Sowie wir eine Linkskurve durchlaufen haben, verlassen wir den Wald bereits wieder und passieren das **Freizeitheim Schlempen**.

Auf dem Ortenau-Baar-Weg Beim Freizeitheim treffen wir auf den mit blauer Raute gekennzeichneten Ortenau-Baar-Weg. Weiter in südlicher Richtung verläuft er auf einer Anhöhe zwischen dem Rohrbach rechts von uns sowie der weiter östlich fließenden Kirnach. Mit Sicht über den von Wiesen und Wäldern geprägten Mittleren Schwarzwald folgen wir dem regionalen Wanderweg am **Doldenhäusle** und dem Hof Neue Fuchsfalle vorbei, kreuzen einen schmaleren Waldstreifen und passieren schließlich den Schlegelberg.

Das Breghäusle Sowie wir im Wald eine Kuppe überwunden haben, gelangen wir wieder ins Freie, und die Sicht öffnet sich über das obere Bregtal. Rund 100 Meter weiter haben wir dann auch schon das **Breghäusle** erreicht. Der spätere Rückweg erfolgt in entgegengesetzter Richtung.

Wichtiges zur Tour

Tourencharakter
Nach dem Abschnitt entlang der Kreisstraße nutzt die Streckenwanderung die als Radweg ausgewiesene und asphaltierte Zufahrt zum Freizeitheim Schlempen und weiter zum Breghäusle.

Ausgangspunkt/Endpunkt
Am Totenhund St. Georgen, 1000 m

Höchster Punkt
Nahe der Kreisstraße, bis 1020 m

Anfahrt
GPS 48.0998, 8.2787
Bus/Bahn: Ab dem Bahnhof St. Georgen mit der Buslinie 7266 zur Haltestelle Am Totenhund
Auto: Von der B 33 Hausach–Villingen in St. Georgen nach Brigach abbiegen, weiter auf der L 175 bis zum Abzweig nach Schönwald, bei der Ausleitung dann aber links auf die K 5728 Richtung Kirnach zum Parkplatz abbiegen

Einkehr
Breghäusle, Wiedereröffnung im Frühjahr 2021 geplant

Beste Jahreszeit
April bis Oktober

Karte
Karte des Schwarzwaldvereins 1:25 000, W248 Furtwangen

Informationen
Touristinformation St. Georgen, Tel. 07724/87194, www.st-georgen.de

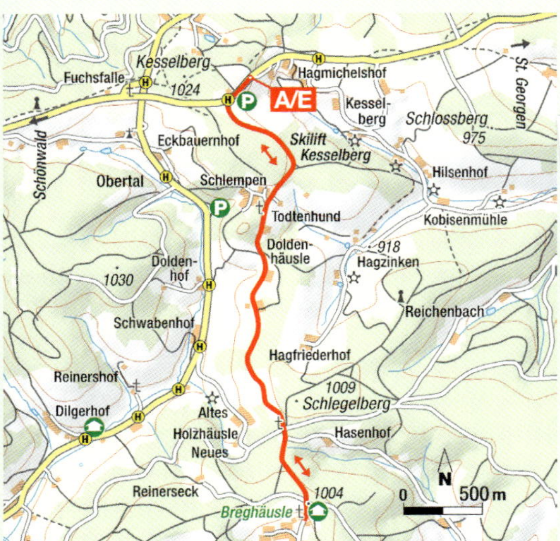

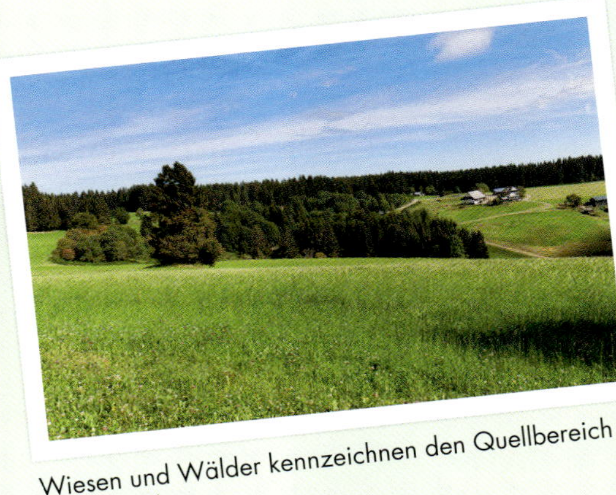

Wiesen und Wälder kennzeichnen den Quellbereich der Kirnach.

35 Ehrenmal und Triberg-Blick

Panoramastrecke am Kroneck

- mittel
- 3 Std.
- 250 Hm
- 7,6 km

Oberhalb der Flüsse Schonach und Gutach verbindet diese Tour den Aussichtsturm des Ehrenmals mit dem Triberg-Blick. Nach Eindrücken über die zwischen den Bergen eingekeilte Stadt können wir uns auf ruhige Momente freuen.

Unterlegener Tourismus Bei unseren ersten Ausflügen nach Triberg war es möglich, nahe dem Triberger Panoramaweg zu parken. Zwei Flächen im Kreuzungsbereich der Schonacher Straße mit der B500 boten ausreichend Platz für Erholungssuchende. Mit Fertigstellung der Schwarzwaldbahn im Jahr 1873 erfuhr die Stadt jedoch neben dem touristischen auch einen wirtschaftlichen bedeutenden Aufschwung. Beides hält bis heute an und steht – da die engen Täler kaum ebenen Baugrund bieten – im ständigen Wettstreit zueinander. Im Bereich unterhalb der Triberger Wasserfälle dominieren touristische Einrichtungen. Am westlichen Ende der Stadt hat aktuell das Gewerbe die Oberhand. Abgesehen von einer winzigen Fläche bei den Altglascontainern nördlich der Schonach sind die Parkflächen den Mitarbeitern der angrenzenden EGT Energievertrieb GmbH vorbehalten. Sonntags liegen diese weitgehend brach, sodass eine Mehrfachnutzung möglich erscheint. Kurzum: Solange sich hier nichts ändert, reisen wir am besten mit dem Bus an.

Das Triberger Ehrenmal

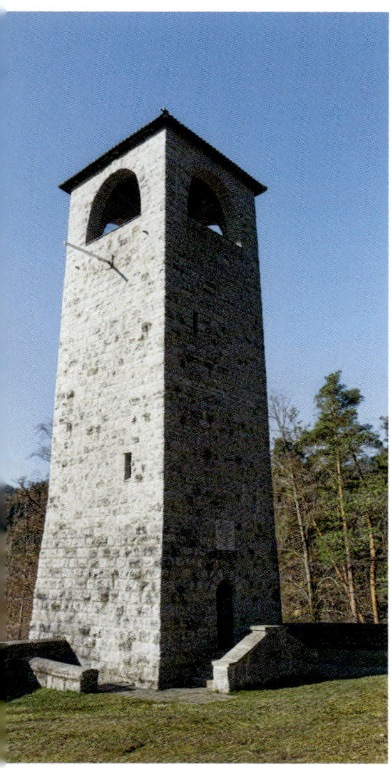

Triberger Ehrenmal Von der Haltestelle Jägerhaus geht es zunächst an der Ampel vorbei sowie links über die Schonachbrücke in den Kroneckweg. Wir passieren die Container und erreichen bald den Wegweiser **Am Kroneck**. Dort gabelt sich der Weg. Von links werden wir später zurückkehren. Für den Hinweg halten wir uns also rechts und

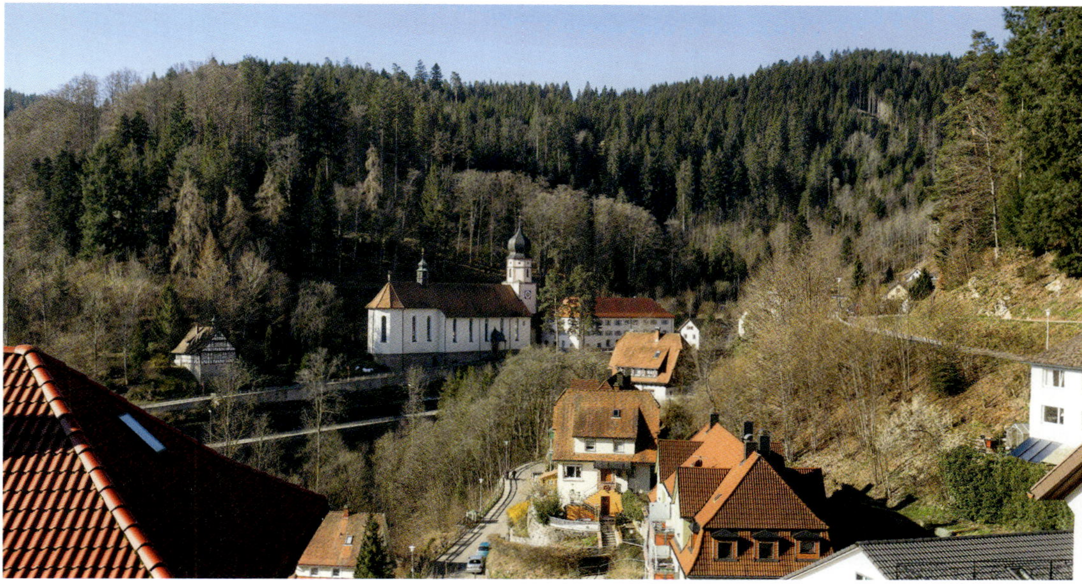

Ausblick zur Wallfahrtskirche Maria in der Tanne

folgen der gelben Raute durch zwei geschwungene Kurven zum **Ehrenmal**. Auf dem Weg dorthin öffnet sich die Sicht zum Gegenhang mit der Wallfahrtskirche Maria in der Tanne. Zusammen mit dem Mesnerhaus zählt sie zu den wenigen Gebäuden, die den Stadtbrand vom 1. Juli 1826 überstanden haben. Beim Ehrenmal selbst haben wir eine weite Sicht über Triberg und finden mehrere Rastmöglichkeiten.

Durch den Wald zum Alpirsbachhof Nachdem wir dem Panoramaweg in einem engen Bogen um den Turm gefolgt sind, tauchen wir in den nahen Wald ein und passieren einen 2017 aufgestellten Brunnen. Bei nur ge-

Gedenkstätte am Panoramaweg

Das Ehrenmal wurde 1934 als Gedenkstätte für die im Ersten Weltkrieg gefallenen Bürger Tribergs errichtet. Die 33 Zentner schwere Glocke im Turm des Denkmals wird am Todestag eines jeden gefallenen Tribergers angeschlagen. Sonntags um jeweils 12.15 Uhr ertönt die Glocke zu Ehren aller Opfer von Krieg und Gewalt. In der Krypta unterhalb des Turms erinnern Marmortafeln an die Gefallenen und Vermissten beider Weltkriege sowie 64 Gefallene, deren vertriebene Angehörige in Triberg eine neue Heimat fanden. Das Ehrenmal ist in den Sommermonaten jeweils samstags zwischen 14 und 16 Uhr geöffnet. Aufgrund der in den Granit gemeißelten Inschrift »Paul von Hindenburg« ist das Ehrenmal auch als Hindenburg-Denkmal bekannt.

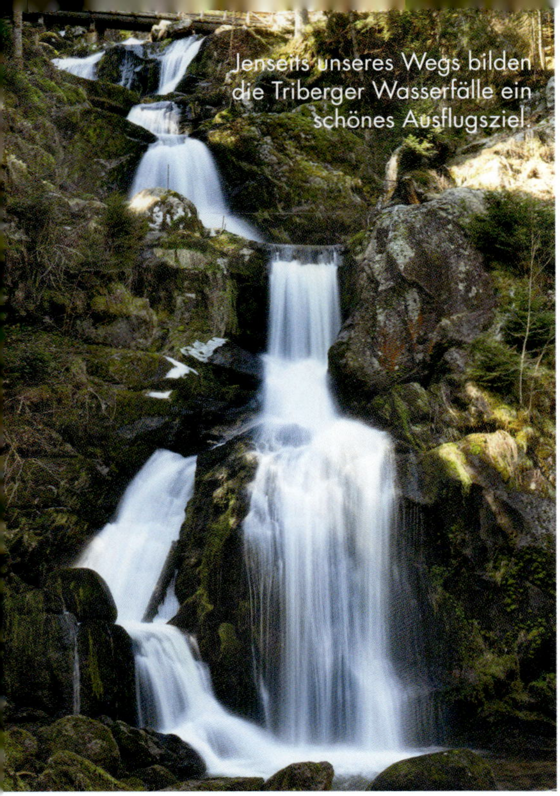

Jenseits unseres Wegs bilden die Triberger Wasserfälle ein schönes Ausflugsziel.

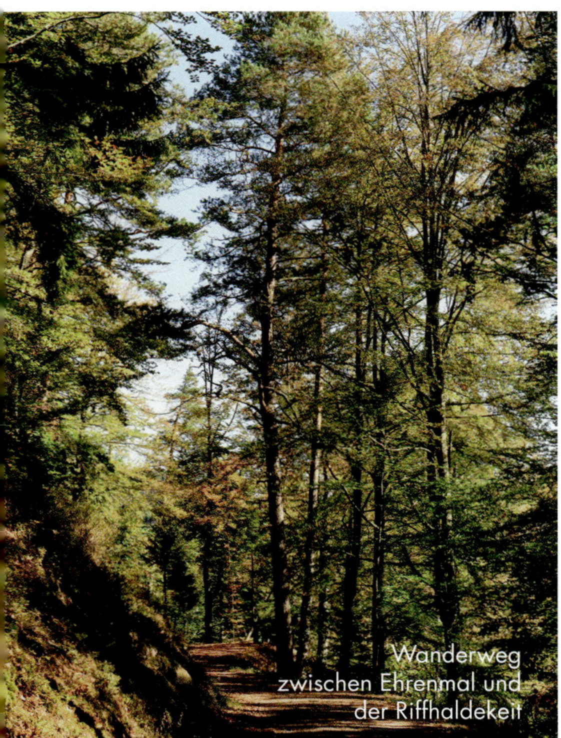

Wanderweg zwischen Ehrenmal und der Riffhaldekeit

ringen Höhenunterschieden kommen wir nach rund 850 Metern zum Wegweiser Panoramaweg. Wer trittsicher ist und selbst mit steilen Pfaden zurechtkommt, kann dort rechts direkt hinunter nach Triberg laufen oder links zum Triberg-Blick abkürzen. Alle anderen nehmen die goldene Mitte und folgen dem breiten Schotterweg über den Wegweiser **Haldenhof** (dort links) zum **Alpirsbachhof**. Dort kreuzen wir den Alpirsbach, tauchen erneut in den Wald ein und erreichen schließlich eine Lichtung.

Über den Langenbach zum Triberg-Blick Sowie der Wanderweg auf der Lichtung eine Linkskurve beschreibt, wird der Weg spürbar steiler. Auch sind die Fahrspuren hier anfällig gegenüber Auswaschungen. Doch die Mühe lohnt. Denn schon bald öffnet sich die Sicht wieder, und wir finden uns in einer idyllischen Schwarzwaldlandschaft wieder. Besonders schön ist dieser Abschnitt im späten Frühjahr, wenn am Wegrand der Besenginster blüht. Beim Wegweiser **Langenbach** angelangt, wechseln wir links erst auf die Straße, dann 200 Meter weiter ebenfalls links auf den Schotterweg. Nach zwei Kilometern im Wald überwinden wir beim Wegweiser mit der offiziellen Bezeichnung **Pt 835** den höchsten Punkt der Tour. Ab dort trennen uns nur noch wenige Minuten vom **Triberg-Ausblick**. Gerne können wir auf einer der beiden Bänke Platz nehmen und durch die schmale Lücke hinunter ins Tal blicken. Anschließend wandern wir weiter bergab zurück zum Wegweiser **Am Kroneck** und ab dort zu unserem Ausgangspunkt.

Wichtiges zur Tour

Tourencharakter
Bis zum Wegweiser Panoramaweg ist die Strecke barrierefrei. Der Anstieg vom Alpirsbachhof und dem Langenbach erfordert etwas Kondition. Auf dem ansteigenden Schotterweg sind Stöcke von Vorteil.

Ausgangspunkt/Endpunkt
Bushaltestelle Jägerhaus, 750 m

Höchster Punkt
Nördlich Wegweiser Pt 835, 850 m

Anfahrt
GPS 48.1331, 8.2216
Bus/Bahn: Ab dem Bahnhof Triberg oder dem Marktplatz mit der Buslinie 7270 zur Haltestelle Jägerhaus
Auto: Die Parkplätze im Umfeld des Panoramawegs befinden sich im Eigentum einer anliegenden Firma sowie eines Hotels. Wer mit dem Auto nach Triberg anreist, findet Parkplätze im Bereich der Bahn oder der Wasserfälle.

Einkehr
Auf der Strecke keine

Beste Jahreszeit
April bis Oktober

Karte
Karte des Schwarzwaldvereins 1:25 000, W248 Furtwangen

Informationen
Touristinformation Triberg, Tel. 07722/86 64 90, www.triberg.de

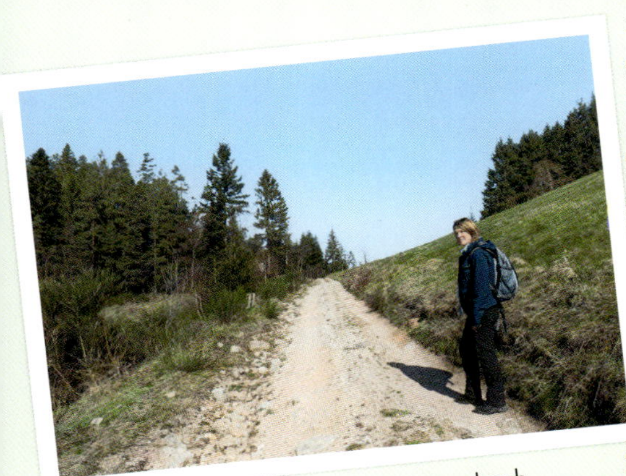

Aufstieg vom Alpirsbachhof zum Langenbach

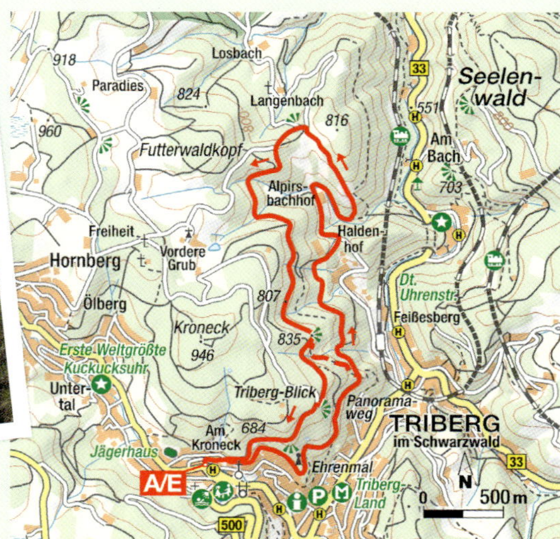

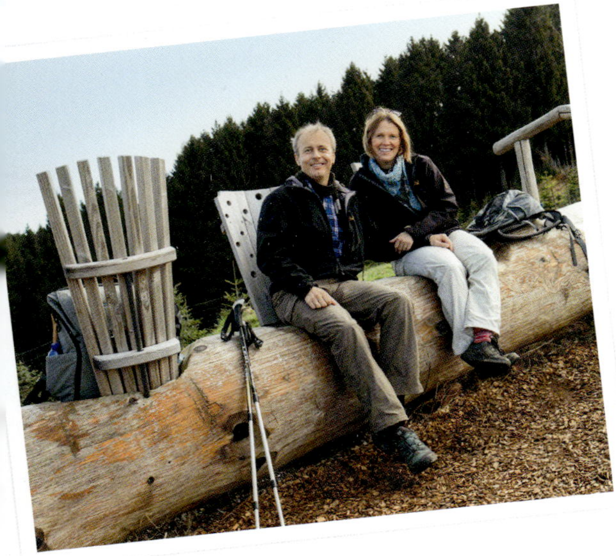

Annette und Lars Freudenthal entdecken gerne gemeinsam lohnenswerte Ziele auf ihren Wanderungen.

Zugabe

Bei unseren Wanderungen beobachten wir immer wieder auch Wanderer, die selbst an den schönsten Aussichtspunkten nur flüchtig verweilen. Oft begnügen sie sich damit, eine Felskanzel zu betreten oder einen Turm emporzusteigen, um im nächsten Moment weiterzueilen. Sicher haben auch diese Menschen Freude an der Bewegung an der frischen Luft. Sobald wir uns die nötige Zeit lassen und unseren Blick mehrere Male über die Landschaft schweifen lassen, werden wir mit der Zeit immer mehr uns vertraute Berge und Landmarken erkennen.

Zugleich lohnt es sich, den Wegrand im Auge zu behalten. Dort lassen sich oft Schmetterlinge und Libellen, Hummeln und Bienen beobachten. Insbesondere auf den sonnenexponierten Wiesen, an den Waldrändern sowie auch auf den Lichtungen ist eine Vielzahl an Insekten anzutreffen. Je nach Saison setzen Winddornröschen und Veilchen, Besenginster und Salbei sowie auch Mädesüß, Mohn und Nelken wechselnde Akzente. Sie alle verstärken das Erlebnis, das dann umso länger in uns nachhallt.

In erster Linie richtet sich dieser Wanderführer an ältere Menschen sowie an Menschen, die motorisch eingeschränkt sind. Die Rückmeldungen zu unseren Wanderungen für Senioren im Schwarzwald sowie auch im Allgäu und Elsass lassen jedoch klar erkennen, dass sich das Buch auch für viele andere eignet. So können wir uns etwa nach einer Operation wieder an die gewohnte Beweglichkeit herantasten oder neue Fitness aufbauen. Hundeliebhaber nutzen die Wanderungen, um auch mit ihrem in die Jahre gekommenen Vierbeiner die Natur gemeinsam genießen zu können. Und auch wer mit Kindern oder Enkeln unterwegs ist, findet in all unseren Senioren-Wanderführern schöne Touren, die unterschiedliche Altersgruppen ansprechen und sich bestens als Familienausflug eignen.

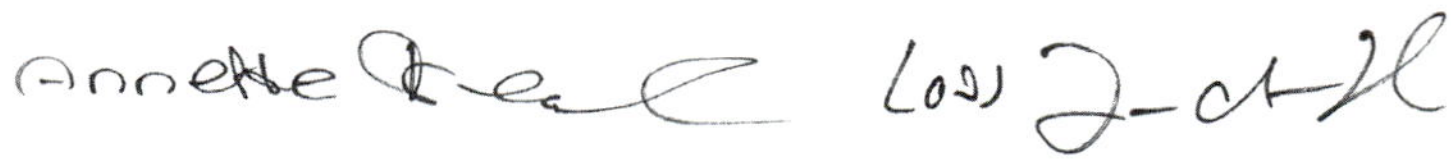

Ebenfalls erhältlich ...

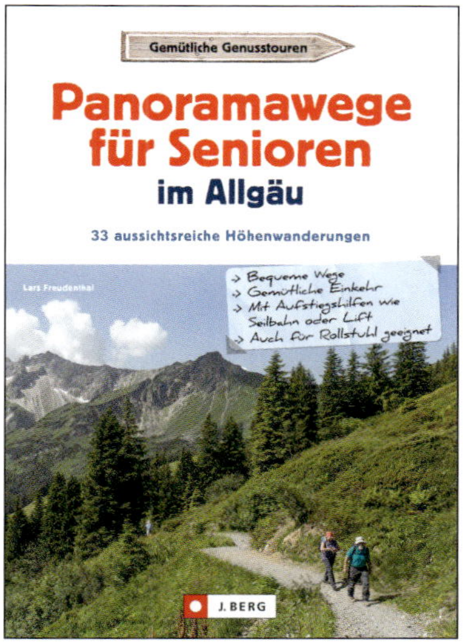

ISBN 978-3-86246-607-8

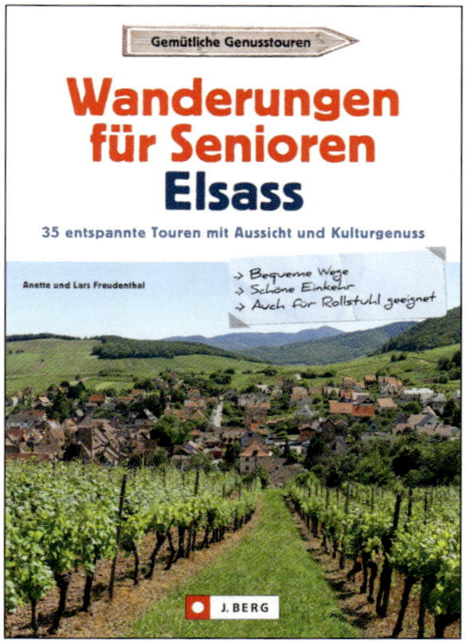

ISBN 978-3-86246-694-8

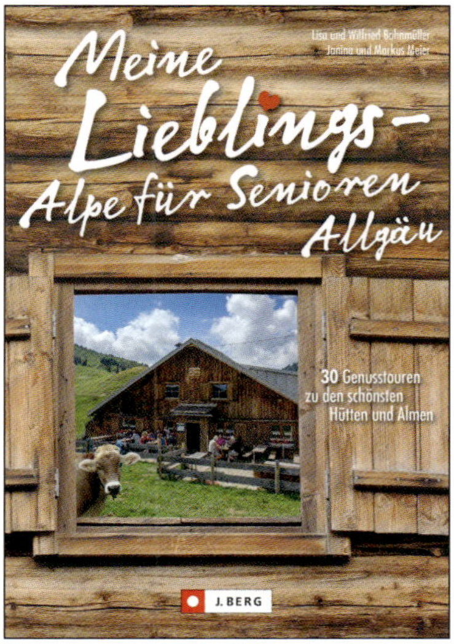

ISBN 978-3-86246-683-2

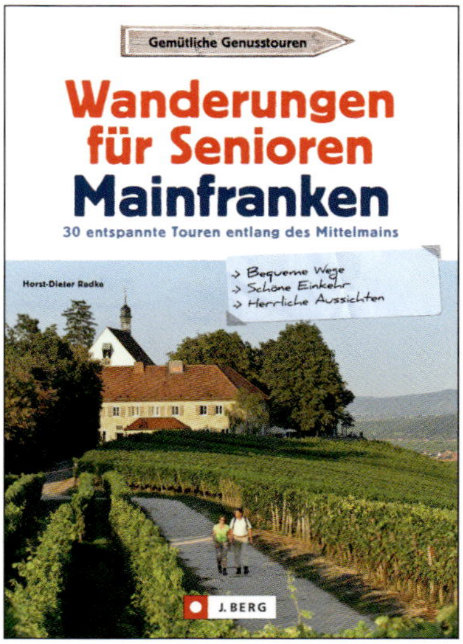

ISBN 978-3-86246-687-0

J. BERG

www.j-berg-verlag.de

Impressum

Verantwortlich: Sabine Klingan
Redaktion und Layout: mcp concept GmbH, Kolbermoor
Repro: Cromika
Kartografie: Bruckmann Verlag GmbH, Heidi Schmalfuß
Herstellung: Stephanie Schlemmer
Printed in Slovenia by Florjancic

★★★★★

Sind Sie mit diesem Titel zufrieden? Dann würden wir uns über Ihre Weiterempfehlung freuen. Erzählen Sie es im Freundeskreis, berichten Sie Ihrem Buchhändler, oder bewerten Sie bei Onlinekauf. Und wenn Sie Kritik, Korrekturen, Aktualisierungen haben, freuen wir uns über Ihre Nachricht an Bruckmann Verlag, Postfach 40 02 09, D-80702 München oder per E-Mail an lektorat@verlagshaus.de.

Unser komplettes Programm finden Sie unter www.j-berg-verlag.de

In diesem Buch wird aus Gründen der besseren Lesbarkeit das generische Maskulinum verwendet. Weibliche und anderweitige Geschlechteridentitäten werden dabei ausdrücklich mitgemeint, soweit es für die Aussage erforderlich ist.

Empfehlung der Redaktion
Sie möchten auch andere Gegenden auf einfachen Panoramawegen kennenlernen? Dann empfehlen wir Ihnen unseren Titel *Panoramawege für Senioren Allgäu*. Oder Sie werfen einen Blick in die Zeitschrift *Bergsteiger*. Hier werden Sie bestimmt fündig.

Bildnachweis: Alle Aufnahmen im Innenteil und auf der Umschlagrückseite stammen von den Autoren.
Umschlagvorderseite: Blick ins kleine Wiesental (Tour 11)
Umschlagrückseite: Himmelsliege auf dem Rümmelsbühl (Tour 9)

Die Deutsche Nationalbibliothek verzeichnet diese Publikation in der Deutschen Nationalbibliografie; detaillierte bibliografische Daten sind im Internet über http://dnb.d-nb.de abrufbar.

Infanteriestraße 11a
80797 München

ISBN 978-3-86246-684-9